智能港口物流丛书
"十三五"国家重点图书出版规划项目

集装箱码头数字化营运管理

（第二版）

赵 宁 徐子奇 宓为建 编著

上海科学技术出版社

图书在版编目(CIP)数据

集装箱码头数字化营运管理 / 赵宁,徐子奇,宓为建编著. —2 版. —上海:上海科学技术出版社,2019.7(2025.8 重印)
(智能港口物流丛书)
ISBN 978 - 7 - 5478 - 4444 - 1

Ⅰ.①集… Ⅱ.①赵…②徐…③宓… Ⅲ.①数字技术—应用—集装箱码头—运营管理 Ⅳ.①U656.1 - 39

中国版本图书馆 CIP 数据核字(2019)第 081835 号

集装箱码头数字化营运管理(第二版)
赵　宁　徐子奇　宓为建　编著

上海世纪出版(集团)有限公司
上海科学技术出版社　出版、发行
(上海市闵行区号景路 159 弄 A 座 9F - 10F)
邮政编码 201101　www.sstp.cn
苏州市古得堡数码印刷有限公司印刷
开本 787×1092　1/16　印张 15.5
字数 300 千字
2017 年 6 月第 1 版
2019 年 7 月第 2 版　2025 年 8 月第 6 次印刷
ISBN 978 - 7 - 5478 - 4444 - 1/U・88
定价:98.00 元

本书如有缺页、错装或坏损等严重质量问题,请向印刷厂联系调换

内容提要

本书主要分析集装箱码头环环相扣的信息流环节及其相互关系,阐述码头信息收集与处理、资源计划与设备调度,以及看板管理模式下的现场实际作业等营运管理过程,提出集装箱码头卸提集装等数字化生产过程中的若干动态决策问题,揭示实时型离散物流系统的基本性质、主要特点及构成要素,描绘未来集装箱码头数字化、智能化、精益化管理的发展趋势。

本书主要内容包括概述、集装箱码头营运管理、集装箱码头卸船业务管理、集装箱码头提箱业务管理、集装箱码头集港业务管理、集装箱码头装船业务管理,以及集装箱行业用词中英文对照、集装箱箱型尺寸对照等,可供港口码头管理人员、港口管理专业学生及教师、港航物流领域的技术人员参考。

为方便相关学校师生学习,本书配有电子课件供下载参考,读者可扫描本页二维码获取。

智能港口物流丛书序

"天下熙熙皆为利来,天下攘攘皆为利往。"司马迁在《货殖列传》中的描述正切合今天全球化背景下熙熙攘攘之经贸往来。在繁忙的全球经贸活动中,物流无疑是支撑世界经济发展的大动脉。作为一个国家和地区的门户,港口正是这一大动脉的枢纽。进入 21 世纪以来,港口的功能不断扩展,保税物流、临港产业、自由贸易区等各种创新功能正不断丰富着港口及港口城市的内涵,如今港口已不仅是吐纳、存储货物的核心节点,还是国际商业贸易的重要环节。对于一个受益于全球化的开放经济体,港口物流的重要性不言而喻。

任何一个产业的发展,都离不开科学技术的支撑。在国家创新驱动、转型发展背景下,港口物流发展路在何方? 2008 年 11 月,全球金融危机伊始,IBM 在美国纽约发布的《智慧地球:下一代领导人议程》主题报告所提出的"智慧地球"的概念,开启了未来产业升级之路。近年来,为了奠定德国在重要关键技术上的国际顶尖地位,继续加强德国作为技术经济强国的核心竞争力,德国推出了以"智能工厂"及"智能生产"为核心的"工业 4.0"概念。"工业 4.0"也被称为继机械、电气和信息技术之后的第四次工业革命。

"智能化"在港口不只是概念上的发展,而正是当前发展实践之路。随着劳动力成本的逐年攀高,码头整体装备设计制造水平的不断提升,以及新工艺、新技术的不断完善,国内外自动化码头在经历了一段时间的技术发展期后,再次掀起新一波建设热潮。近期,天津、青岛、上海等港口已经将自动化码头的建设提上议事日程,国内第一个自动化集装箱码头——厦门远海码头已经建成并投入试运营。智能政务、智能商务、智能管理、自主装卸为核心的智能化发展,正是当前港口物流发展的重要支撑。

在此背景下《智能港口物流丛书》的推出，旨在梳理当前港口物流智能化发展脉络，展示当前及未来一段时间内支撑港口物流智能化发展的相关关键技术及应用前景。丛书主要包括以下相关内容：智慧港口概论、集装箱码头数字化运营管理、无水港数字化运营管理、港口物流系统仿真、自动化码头规划设计与仿真、大型港口机械结构稳定性与裂纹控制技术、装卸机器视觉及其应用、港口智能控制、物流可视化等。

  丛书所反映的内容是作者及其研究团队长期工作的积累和对相关学术领域的探索，也是对长期大量实践及科研成果的总结。希望丛书的出版能对从事该领域的相关管理、技术人员及感兴趣者有所助益。

宓为建

前 言

目前，信息化技术已经渗透到了集装箱码头管理的各个方面，随着大数据、物联网、移动互联网、智能化和云计算技术的进一步应用，有必要从新的视角对集装箱码头营运管理进行分析研究。在信息化的时代背景下，码头管理的核心技术、核心思想及关键技术手段如何围绕集装箱码头营运管理系统（TOS）而设计与实施，本书将通过具体的数字化管理逻辑的梳理及以往管理经验的总结，提供有参考价值的导引。

本书以数字化管理为主线，系统地分析了集装箱码头各种主营业务中环环相扣的信息流环节及各环节之间的相互关系，细致入微地阐述了集装箱码头信息收集与处理、资源计划与设备调度，以及看板管理模式下的现场实际作业等营运与管理过程，提出并分析了集装箱码头卸提集装等数字化生产过程中的若干动态决策问题。

本书作者及其所在团队长期从事集装箱码头生产系统开发、智能决策及辅助决策支持系统的研究，在港口规划、码头设计、工艺仿真、港口物流装备、码头营运及自动化装卸作业等方面有着扎实的研究基础和丰厚的工程项目经验积累，曾承接过天津港、上海港、宁波港乃至国外同行业单位的诸多工程项目。同时研究团队拥有自主知识产权的集装箱码头仿真系统和集装箱码头生产管理系统，在工程实践中积累的大量文档材料和视频资料，为该书的写作提供了丰富的材料来源。

董良才副教授、舒帆博士、何军良博士、添玉博士、杨阳博士等参与了部分内容的讨论与写作。由于作者水平有限，加之时间紧迫，错误之处在所难免，敬请读者批评指正。

本书出版受到"上海市教育系统劳模创新工作室——宓为建智能港口物流工作室"资助。

编 者

目　录

第 1 章　概述　　1

1.1　港口与码头　　3
1.2　集装箱码头发展史　　5
1.3　码头布局与设施　　10
1.4　传统集装箱码头常用装卸设备　　13
1.5　自动化集装箱码头常用装卸设备　　21
1.6　集装箱关键信息及其数据结构　　27

第 2 章　集装箱码头营运管理　　35

2.1　集装箱运输业务概述　　37
2.2　集装箱码头单证　　39
2.3　传统集装箱码头常见装卸工艺　　43
2.4　自动化/半自动化集装箱码头常见装卸工艺　　46
2.5　集装箱码头进出口业务简介　　52

第 3 章　集装箱码头卸船业务管理　　55

3.1　卸船作业流程概述　　57
3.2　卸船业务信息收集与处理　　60
3.3　卸船作业的计划与调度　　83
3.4　卸船实际作业　　96
3.5　卸船作业综合案例　　102
3.6　智能卸船系统　　113

第 4 章　集装箱码头提箱业务管理　　117

4.1	提箱作业流程概述	119
4.2	提箱预约计划	121
4.3	提箱作业进场管理	124
4.4	基于看板式管理的堆场提箱作业	127
4.5	提箱车辆出场信息校核	128
4.6	提箱作业综合案例	129

第 5 章　集装箱码头集港业务管理　　133

5.1	集港作业环节概述	135
5.2	出口箱信息预录	136
5.3	出口箱分港分吨	142
5.4	出口箱场地计划	144
5.5	闸口收箱作业流程	152
5.6	集港作业综合案例	156
5.7	智能收箱系统	171

第 6 章　集装箱码头装船业务管理　　177

6.1	装船业务流程概述	179
6.2	装船作业的信息收集与数据准备	181
6.3	出口箱配载	187
6.4	装船作业的机械调度	205
6.5	出口箱场地发箱指令发送	208
6.6	装船实际作业	209
6.7	装船作业综合案例	212
6.8	智能配载系统	223
6.9	智能船控系统	230

附录 A　集装箱行业用词中英文对照　　233

附录 B　集装箱箱型尺寸对照表　　237

参考文献　　238

第 1 章

概 述

- 港口与码头
- 集装箱码头发展史
- 码头布局与设施
- 传统集装箱码头常用装卸设备
- 自动化集装箱码头常用装卸设备
- 集装箱关键信息及其数据结构

1.1 港口与码头

港口是那些由人工建造而成的,具有完备的船舶航行、靠泊条件和一定的客货运设施的区域,其范围包括水域和陆域两部分。其中,水域部分是港界线以内的水域面积,一般须满足两个基本要求,即船舶能安全地进出港口和靠离码头和能稳定地进行停泊和装卸作业。港口主要包括码头前水域、进出港航道、船舶转头水域、锚地及助航标志等几部分。陆域部分是指港界线以内的陆域面积,一般包括装箱作业地带和辅助作业地带两部分,并包括一定的预留发展地。装卸作业地带布置有仓库、货场、铁路、道路、站场、通道等设施;辅助作业地带布置有车库、工具房、变(配)电站、机具修理厂、作业区办公室、消防站等设施。

港口是一个国家或某地区的大门。港的中文字意为水边之巷,即大陆对外从水(江、河、海)进出的通道;港口英文(Port)一词源于古拉丁文 Port,就具有门户的意思,原意为"位于海岸的门户,除用作安全屏障外,兼有水、陆接运作用"。我们说的港口,是指具有相应设施,提供船舶靠泊,旅客上下船,货物装卸、储存、驳运及相关服务,并按照一定程序划定的具有明确界限的水域和陆域构成的场所。港口通常位于江、河、湖、海沿岸商业贸易活动频繁的城镇或邻近地区。港口是水陆运输的枢纽,旅客和货物的集散地,是国内外贸易物资转运的联结点,也是沟通城乡物资交流的场所。

码头是港口陆域的一部分,所谓码头是指供船舶靠泊、货物装卸和旅客上下的水工建筑物,广义地说,还包括同它配套的仓库、堆场、候船厅、装卸设备和铁路、道路等。码头主要由码头岸线和码头前沿作业地带构成。所谓码头岸线是指码头建筑物靠船一侧的竖向平面与水平面的交线,即停靠船舶的沿岸长度,是决定码头平面位置和高程的重要基线。构成码头岸线的水工建筑物叫码头建筑物。根据船舶吃水深度和使用性质等的不同,码头岸线一般分为深水岸线、浅水岸线和辅助作业岸线等。港口各类码头岸线的总长度是港口规模的重要标志,表示能同时停靠码头作业的船舶数量。码头前沿作业地带是指从码头线至第一排仓库(或堆场)的前缘线之间的场地。它是货物装卸、转运和临时堆存的场所。一般设有装卸、运输设备;有供流动机械、运输车辆操作运行的地带;有的还有供直取作业的铁路轨道。前沿作业地带的宽度没有统一的标准,主要根据码头作业性质、码头前的设备装卸工艺流程等因素确定。我国沿海港口、件杂货码头前沿作业地带的宽度在 25~40 m。前沿作业地带的面层,一般用混凝土、钢筋混凝土块体和块石进行铺砌,以满足运输机械行走和场地操作等要求。

当前码头广泛采用的是直立式码头,便于船舶停靠和机械直接开到码头前沿,以提高装卸效率。内河水位差大的地区也可采用斜坡式码头,斜坡道前方设有趸船作码头使用,这种码头由于装卸环节多,机械难以靠近码头前沿,装卸效率低。在水位差较小的河流、湖泊中和受天然或人工掩护的海港港池内也可采用浮码头,借助活动引桥把趸船与岸连接起来,这种码头一般用作客运码头、卸鱼码头、轮渡码头及其他辅助码头。码头结构形式有重力式、高桩式和板桩式,主要根据使用要求、自然条件和施工条件综合考虑确定。

① 重力式码头。靠建筑物自重和结构范围的填料重量保持稳定,结构整体性好,坚固耐用,损坏后易于修复,有整体砌筑式和预制装配式,适用于较好的地基。

② 高桩式码头。由基桩和上部结构组成,桩的下部打入土中,上部高出水面,上部结构有梁板式、无梁大板式、框架式和承台式等。高桩式码头属透空结构,波浪和水流可在码头平面以下通过,对波浪不发生反射,不影响泄洪,并可减少淤积,适用于软土地基。近年来广泛采用长桩、大跨结构,并逐步用大型预应力混凝土管柱或钢管柱代替断面较小的桩,而成管柱码头。

③ 板桩式码头。由板桩墙和锚碇设施组成,并借助板桩和锚碇设施承受地面使用荷载和墙后填土产生的侧压力。板桩式码头结构简单,施工速度快,除特别坚硬或过于软弱的地基外,均可采用,但结构整体性和耐久性较差。

根据用途,码头可以分为:客运码头、货运码头、汽车码头、石油码头、游艇码头、渔人码头、海军码头和集装箱码头等。

客运码头主要作用是让乘客上下船,小型的客运码头可能只可以供街渡、快艇等小型船只泊岸,而大型的客运码头,如邮轮码头,可供大型邮轮泊岸。客运码头可分为公众码头、渡轮码头和邮轮码头。公众码头开放给所有船使用(需视吃水深,吃水比码头附近海面的水位深的船不能进入码头);渡轮码头通常由固定的航线专用,多条航线亦可共用同一渡轮码头。某些连接不同国家或地区的渡轮码头,会附设出入境设施,如中国香港的港澳码头。

邮轮码头通常用作邮轮泊岸,多数会附有完善的配套设施,如海关、出入境柜位及卫生检疫办事处、行李处理区、票务处、旅游车停泊区及上落客区等。由于邮轮体积和排水量大,邮轮码头需要建在水深港阔的地方。大多数邮轮码头没有指定由何公司使用。有些公众客运码头会用作装卸小量货物,如黄石码头。

货运码头主要是用作装卸货物,以用途和使用权分类,可分为公众货运码头、货柜码头、油品码头、矿产码头、内河货运码头和普通货运码头等。

汽车码头是供一些特别的船泊岸(多为大型特制船舶),以让在陆上的汽车上船,在船上的汽车下船。

石油码头是指装卸原油及成品油的专业性码头。它距普通货(客)码头和其他固定建筑物要有一定的防火安全距离。这类码头的一般特点是货物载荷小,装卸设备比较简单,在油船不大时(如内河系统),一般轻便型式的码头都可适应。由于近代海上油轮巨型化,根据油轮抗御风浪能力大、吃水深的特点,对码头泊稳条件要求不高。目前有四种装卸原油的深水码头(或设施),即单点系泊、多点系泊、岛式码头和栈桥式码头。前三种一般没有防风浪建筑物,最后一种是否设防风浪建筑物,要视布置形式和当地条件而定。

游艇码头是供游艇泊岸的码头,多数是由某一游艇会所拥有。

海军码头又称军用码头,是海军的军舰停泊、补给的地方,多数守备森严。

集装箱码头(图1-1)是指专供停靠集装箱船舶、装卸集装箱的港口作业场所,是在集装箱运输过程中,水路和陆路运输的连接点,也是集装箱多式联运的枢纽。集装箱码头一般设有泊位、集装箱堆场、控制室、检查口、集装箱专用机械和其他专用设施。

图 1-1 集装箱码头

集装箱码头可以根据码头所处的地理位置,分成海港集装箱码头和河港集装箱码头两类。

① 海港集装箱码头。该类集装箱码头位于沿海和河口港口,码头水位随潮汐而变化。码头主要以装卸远洋和沿海集装箱船为主。

② 河港集装箱码头。该类集装箱码头位于内河或湖泊沿岸港口,码头水位随河流或湖泊水位季节性变化,一般水位变化较大。码头主要以装卸内河集装箱船为主。

按码头装卸集装箱专业化程度分,集装箱码头有集装箱专用码头和集装箱多用途码头两类。

① 集装箱专用码头。该类码头只进行装卸集装箱作业,它是为满足集装箱专用船大量发展,针对港口高速装卸的要求而专门修建的,码头均配备有相应的高效装卸机械和搬运机具。目前,世界很多港口均在发展这类集装箱专用码头,特别是近十几年,得到了迅速的发展。

② 集装箱多用途码头。集装箱多用途码头,是指码头除装卸集装箱外,还兼装卸其他货物,如木材、钢铁和重件货物等。它是伴随着集装箱运输发展的新形势而产生的,是集装箱装卸量不大时的一种过渡性码头。

本书主要是讨论海港集装箱专用码头,后文简称集装箱码头。

1.2 集装箱码头发展史

随着社会的不断发展,社会分工不断发展,交换的时间与空间间隔不断加大,生产的组织日趋复杂,对运输(物流)提出了越来越高的要求,传统的货物码头已经不能满足世界货运的需求,而集装箱化正是适应了这种要求。集装箱码头发展是在世界杂货运输集装箱化发展的过程发展起来的,因而追溯集装箱码头的发展历史,它是随着集装箱运输的发展而发展的。集装箱码头的发展大致经历了以下几个阶段。

1. 萌芽期(1956~1966 年)

该时期的重要标志是:美国首先用油船、件杂货船改装成了集装箱船舶,在美国沿海从事海上集装箱运输,并获得良好的经济效益。

1956 年 4 月 26 号,美国泛大西洋轮船公司将一艘 T-2 型油轮"理想"号,经过特别改装以后,在甲板上装载了 58 个集装箱,由新泽西州纽约港的纽瓦克区驶往得克萨斯州的休斯敦进行了海上试运。3 个月后,试运获得了巨大的经济效益,每吨装卸费由原来的 5.83 美元,降到了平均 0.15 美元,仅为普通货船装卸费的 1/37。泛大西洋轮船公司在试运中取得成绩以后,提高了对集装箱化的兴趣,并决定全面彻底地推行集装箱化。在这一基础上,该公司于 1957 年 10 月,将 6 艘 C-2 型货轮改成了带有箱格结构的全集装箱船,第一艘的船名为"盖脱威城"号。该船上设有船用集装箱装卸桥,每船可装载 8 ft×8.5 ft×35 ft* 的集装箱 226 个,每箱总重 25 t,仍航行在纽约—休斯敦的航线上。"盖脱威城"号的投入运营,标志着海上集装箱运输正式开始。

这时期的主要特征:集运船舶由货船改装;无集运专用泊位;使用非标准的 17 ft、27 ft、35 ft 的集装箱;集运航线仅限于美国国内。

2. 开创期(1966~1971 年)

这一时期的重要标志是:1966 年 4 月,海陆运输公司又以经过改装能载运 226 个 35 ft 集装箱的全集装箱船航行于纽约—欧洲航线。于是,在国际航线上出现了集装箱运输。

1967 年 9 月,马托松轮船公司派船航行于日本—北美太平洋岸航线,从此揭开在太平洋航线上进行集装箱运输的序幕。受到美国集装箱船活跃于大西洋和太平洋的启发,日本和欧洲各国的班轮公司也开始大量建造中型集装箱船,建立集装箱船经营体制,进入经营集装箱运输的行列。继美国之后,相继在连接日本、欧洲、美国、澳大利亚等国家和地区的主要航线上开展了集装箱运输。至 20 世纪 70 年代初,已有十余条主要航线基本上实现了集装箱化。1972 年底约有 160 艘、约 277 万载重吨(TEU)的全集装箱船就航。再加上半集装箱船在内,每年运输集装箱的能力约为 128 万 TEU。

这时期的主要特征:集装箱运输逐步国际化;出现第一代集装箱船,建造了集装箱运输专用码头;集装箱标准国际化,以 20 ft、40 ft 为主。

3. 成长期(1971~20 世纪 80 年代末)

由于集装箱运输具有运输装卸效率高、成本低、效益好、运输质量高且便于开展国际多式联运等优点,集装箱运输深受货主、轮船公司、港口及其他有关部门的欢迎。在 1971~1989 年间发展极其迅速,其国际远洋运输航线从欧美扩展到东南亚、中东及世界各主要航线。1971 年末,51 139 t,航速为 26 kn、可装载 1 950 个 20 ft 标准箱的大型、高速集装箱船"镰仓丸"航行于远东—欧洲航线。接着,1972 年海陆公司也将全长 288 m、

---

* 1 ft=304.8 mm,下同。

可装载 1 968 TEU、约 9.8 万 kW(12 万 hp)和航速为 33 kn 的超大型、超高速的全集装箱船投入营运。以此为开端,日、英、德三个国家的三家船公司的联营组织——Scanduch Group,以及美国的海陆运输公司等相继将大型高速集装箱船投入营运。从此,集装箱运输从载箱量约为 700 TEU、航速 22～23 kn 的第一代集装箱船时代进入了第二代集装箱时代,第二代集装箱比第一代集装箱载箱量高 3 倍,航速快 3～5 kn。这时的集装箱运输,就船型而言,以高速的、载箱量为 2 000 TEU 的全集装箱船为主;就运输距离而言,从单一连接大洋对岸港口的运输延伸到跨越两个大洋的运输;就运输线路而言,既形成了集装箱支线运输网,也出现了陆桥运输。这时,不但海运发达国家尽力扩大本国的集装箱船队,发展中国家也开始建本国的集装箱船队,而且集装箱船公司的联合经营也开始盛行。

到 20 世纪 80 年代,世界集装箱运输又有了新发展。由于受先后两次石油危机以及第一代集装箱船已进入更新期的影响,在此期间,出现了以节省能源和提高运输效率为主要目标的第三代集装箱船。1984 年,以长荣公司先后将"长园轮"和"长智轮"投入环球双向运输,开辟环球航行为开端,世界海上集装箱运输有了长足的发展。这一时期的集装箱码头可以说已经进入成长时期。

这时期的主要特征:集运船舶、集装箱码头不断发展,集运能力大幅度提升;港口机械现代,计算机技术应用,使管理水平和手段得以提升;集装箱多式联运开始出现。

4. 普及期(20 世纪 90 年代至今)

1984 年以后,世界航运市场摆脱了石油危机带来的影响,开始走出低谷,集装箱运输又重新走上稳定发展的道路。目前,发达国家件杂货运输的集装箱化程度已超过 80%。据统计,到 1998 年世界上有各类集装箱船舶 6 800 多艘,总载箱量达 579 万 TEU。进入 20 世纪 90 年代,特别是 1994 年以来,世界经济的全面复苏对航运市场产生了积极作用。集装箱运输市场上,各条航线的货运量均表现出强劲的增长势头。据统计,截至 1994 年 11 月 1 日,现役集装箱船运力已达 5 715 艘、410 万 TEU。虽然货运量及集装箱船仍集中于远东—北美,远东—欧洲、地中海,以及北美—欧洲、地中海等三大主干航线的格局并未改变,但是各大船公司投入营运的船舶趋向于大型化的趋势却日益明显。远东—北美航线长约 11 000 n mile(海里),北美—欧洲航线长约 4 000 n mile,这三条主干航线运量充沛,最适于使用大型集装箱船,因而在这些航线上首先使用大型,甚至超大型集装箱船是理所当然的。1996 年,马士基公司将 6 000 TEU 的"女王马士基"号投入远东—欧洲航线营运。2004 年,马士基公司已投入运营的集装箱船舶的载箱量已达 8 360 TEU,此后两年采用的大型集装箱船成倍增加,因而可以预测集装箱船队规模将持续扩大。所有这些都表明集装箱运输进入了普及阶段。

随着集装箱运输进入成熟阶段,集装箱运输已遍及世界上所有的海运国家。世界海运货物的集装箱化已成为不可阻挡的发展趋势,硬件与软件的成套技术趋于完善,开始进入多式联运和"门到门"运输阶段。

这时期的主要特征:集运船舶的大型化及自动化,码头的高效化,集疏运系统的不断完善,管理科学化,手段现代化,广泛采用电子数据交换(Electronic Data Interchange, EDI)系统,并实现了集装箱动态跟踪管理,集装箱多式联运得到空前发展。

我国的集装箱运输发展起步晚,技术落后,但是发展后劲足。1973年9月,"渤海一号"轮由日本神户装载小型集装箱抵达天津港,标志着我国第一条集装箱班轮航线开通。由于我国集装箱运输的起步时期发展缓慢,1973~1976年,天津港仅完成1 188个集装箱,共计3 773 t货物。

1981年12月25日,天津港12号集装箱专用泊位建成投产并正式通过国家验收。该泊位全长398 m,水深为负10 m。码头堆场使用面积92 200 m^2,公路、铁路交接库各一座,铁路专用线3股,配有装卸桥2台、轮胎式龙门吊1台、跨运车2台、大铲车10部、小铲车21部、拖车8部、玛菲拖车11部。1982年天津港的第三港池21号专用泊位也建成投产。1985年12月,天津港第四港池3个集装箱泊位作为国家"六五"计划重点工程正式通过国家验收并投入使用。至此,天津港集装箱公司已拥有4个可停泊5万t级船舶的深水集装箱泊位,年设计通过能力达到40万标准箱,当年居全国首位。1991年由上海港口机械制造厂为我国第一个集装箱码头天津港集装箱公司建造的第一台最大负荷和外伸距的集装箱装卸桥合同在上海签字,1992年8月交付使用。该桥吊外伸距为4 m,最大负荷为40.5 t,在20世纪90年代具有国际先进水平,可以满足国际上第四代集装箱船的装卸要求。

1977年,交通部决定将上海港第十作业区改进为半集装箱泊位,用456万美元从国外购置了部分集装箱专用机械。1980年12月,上海港第十作业区的4—5号集装箱泊位由杂货码头改建投产。在此期间,在国务院及各方努力下,上海至澳大利亚的集装箱班轮航线正式开通,我国远洋船队的"平乡城"轮装载162个集装箱从上海开航,结束了我国国轮没有海上国际集装箱运输航线的历史。随后交通部首次制定《国际航线集装箱港口费收暂行规定》,中国港口集装箱码头茁壮成长,多式联运也相继展开,如我国第一个国际集装箱火车专列从天津港始发经二连浩特开往蒙古国;1989年8月19日从大连港至长春第一汽车厂,开出了我国第一个海铁联运集装箱专列;连云港开辟新亚欧大陆桥,完成了从陆运到欧洲的集装箱运输。

我国开展集装箱运输初期,对集装箱装卸船的管理均采用纸质T卡,挂在墙上的堆场平面插置板上,每张T卡代表一个集装箱,上面记载运载集装箱船舶的名称、箱型、货物名称与数量、收发货人等信息。初期船少箱不多,采用纸质T卡的原始操作方法尚能应付得过去,但随着集装箱吞吐量的快速增长,使用纸质T卡的原始办法不再可行了。现代化的电子计算机已成为国外集装箱码头管理大量集装箱进出的不可或缺的工具。在原交通部的统一领导下,天津港和上海港共同采用并引进日本NEC电子计算机集装箱管理使用技术,分别派出了计算机专业人员和操作人员赴日本进行电子计算机管理和使用知识的培训和实习。同时国内的集装箱码头管理信息系统的自主开发也得到了大力发展。

① 自行设计集装箱软件管理系统。上海港军工路和张华浜集装箱公司联合成立了集装箱计算机技术公司,从事码头计算机软件系统的开发和硬件的维修保养。原来从日本引进的集装箱管理软件在中国并不适用,该公司的计算机软件人员自行开发设计了适合中国港口实际情况的计算机应用软件系统,并成功地在码头上投入使用。

② 计算机完全替代T卡管理。中国港口的集装箱管理水平很快满足了国内外船公司大量集装箱进出的需求,向国际先进港口管理的水平跨进了一大步。

③ 港口集装箱码头率先实现计算机化管理。我国港口集装箱码头使用计算机管理逐步深入到各个方面,包括从最初的堆场重箱管理到空箱在堆场天数的累进与统计,更方便了船公司对其拥有的集装箱在港区留存量的掌握,对船公司适时调运空箱起到了参考作用。

有了这些扎实的基础,我国的集装箱码头开始追求更快、更好的集装箱码头管理信息系统。首先于1987年交通部牵头实行的《国际集装箱多式联运工业性实验项目》在上海港开展,该项目通过"工试"与技术改造相结合,建立以上海港为枢纽的国际集装箱多式联运工业性试验示范线,形成既符合国际惯例又适合我国国际的正规化国际集装箱运输管理体系和现代化的管理信息系统。项目最终取得了很大的成功,其工业性试验成果得到大力推广,为我国集装箱码头生产作业流程标准化奠定了基础。

EDI的出现加快了海运单证的传递速度。1995年6月14日原交通部组织专家评审通过了"建设国际集装箱运输EDI系统示范工程"的可行性研究报告,同年8月29日经国家计划委员会批注立项。计划在1997年完成国际集装箱运输EDI系统的开发,并建成上海、天津、青岛、宁波等口岸和中国远洋运输(集团)公司的EDI系统示范工程。不过该系统仅仅局限于航运公司和集装箱码头之间的数据交换,没有把其他的"一关三检"纳入该系统中来。2001年8月,深圳市物流信息平台电子数据交换系统通关项目正式启动,该系统与海关系统实现了互联网络,进出口企业只要在自己的办公室通过上网,直接输入合同资料,海关通过电脑自动审核,就可在24 h内申办各类进出口通关手续。同年11月1日,上海海关对进口货物实施"提前报关,实货放行"的通关模式。2002年3月1日,海关无纸通关在上海等8个城市试点,该模式可以大幅度提高通关效率,便利国际贸易手续,降低商品流通领域的成本,提升进出口企业的国际竞争力。

通过近几年集装箱物流的大力发展,集装箱码头得到了跨越式发展,当前集装箱码头电子计算机的使用已经赶上了国际港口的先进管理水平,除了互联网技术和EDI技术在集装箱码头的深入应用,还把其他一些国际先进技术应用到了集装箱码头,如无线通信技术在集装箱码头的应用(TETRA技术、Mesh无线网络技术等),使得集装箱码头在信息传输方面做到所有行业的领先;又如RFID(无线射频识别)、GIS(地理信息系统)、GPS(全球定位系统)等技术,也被应用到集装箱码头,为集装箱码头的生产作业更加自动化和智能化奠定了很好的基础。

集装箱码头除了在信息化方面做了很多工作,而且在基础设施和设备方面也投入了很多资源,取得了很大的技术进步。比如,在集装箱码头前沿的装卸设备由原先只能装卸一个集装箱到现在能够同时装卸3个40 ft的集装箱的先进装卸设备;又如大跨度的集装箱轨道吊技术的应用,使得集装箱码头的场地的装卸水平和效率得到了很大的提高;再如AGV水平运输在集装箱码头的应用使集装箱码头基本实现了自动化和智能化的发展。

从1956年4月美国首先用油船、件杂货船改装成了集装箱船舶,在美国沿海从事海上集装箱运输,并获得良好的经济效益,到现在已经有四十多年,由于集装箱运输比传统的运输方式有很强的优势,这就促进了集装箱运输的发展,进而世界各国港口都建造了大量的集装箱码头。集装箱码头在整个集装箱运输过程中对加速车船周转、提高货运速度、降低整体运输成本等提高港口竞争力的诸多方面,起着十分重要的作用。

集装箱码头主要有以下职能:

① 集装箱运输系统中的集散站；
② 提供集装箱堆存，作为转换集装箱运输方式的缓冲地；
③ 水路集装箱运输和陆路集装箱运输的连接点和枢纽。

通常，货物的海上运输过程分为两个阶段（表 1-1），即动态阶段——船舶运输阶段；静态阶段——货物在码头的装、卸和保管存放的阶段。该表反映出传统件杂货运输方式，按动态和静态划分，所需天数及劳力的比例情况。

表 1-1　传统件杂货物运输所需天数及劳力在不同阶段的比例

阶　　段	所需天数的比例(%)	所需劳力的比例(%)
动态阶段	65	20
静态阶段	35	80

集装箱同传统的件杂货相比，在适箱货物装箱以后，同样需要在码头进行换装、集散、临时堆存和保管。从表 1-1 可以看出货物海上运输的整个过程中有 35% 的时间处于静态阶段，而在这一阶段中，要投入所需全部劳力的 80%，因此如何降低劳动力的投入和减少货物在码头的静态时间，是传统件杂货物运输需要解决的主要问题。集装箱运输的出现大大地提高了码头生产力水平，减少了劳动力的输入和降低了运输费用，有效地压缩了货物在码头处理的时间。

1.3　码头布局与设施

集装箱码头布局主要是确定码头泊位的泊位数量、码头前沿宽度、堆场的大小及布局、装卸搬运机械的性能参数及数量等，这主要取决于进港船舶的船型、装载量和船舶进港的密度等。而堆场及水平运输采用不同的机械组成不同的装卸工艺系统，其布局也各有特点。对于一般集装箱码头来说，主要由码头前方装卸船作业区（泊位所在区域）、堆场和大门（又称为检查口/桥、闸口）三部分构成，如图 1-2 所示。

集装箱码头的高度机械化和高效率的大规模生产方式，要求集装箱码头与船舶共同形成一个不可分割的有机整体，从而保证高度严密的流水作业线高效运转，充分发挥集装箱码头三个主要职能的作用。集装箱码头通常应具备的必要设施有泊位、码头前沿、集装箱堆场、货运站、控制塔、闸口、维修车间等。

1. 泊位（Berth）

泊位是指在码头内，给船舶停靠的岸壁线与对应水域构成的区域。泊位的长度和水深，根据港口类型、码头种类和其需停靠船舶的种类与大小的不同而不同。随着集装箱船舶大型化的发展，集装箱码头泊位长度和水深也不断加大加深。目前世界上全集装箱船舶专用码头泊位的长度一般为 300 m 以上，泊位水深在 −11 m 以上。

船舶停靠时所需的系船设施构成了泊位的岸壁（Quay）。这些设施一般包括：系缆桩和碰垫木（橡胶墩）。船舶靠、离泊时，所需的岸壁线的有效长度一般为船舶长度的 1.2 倍。

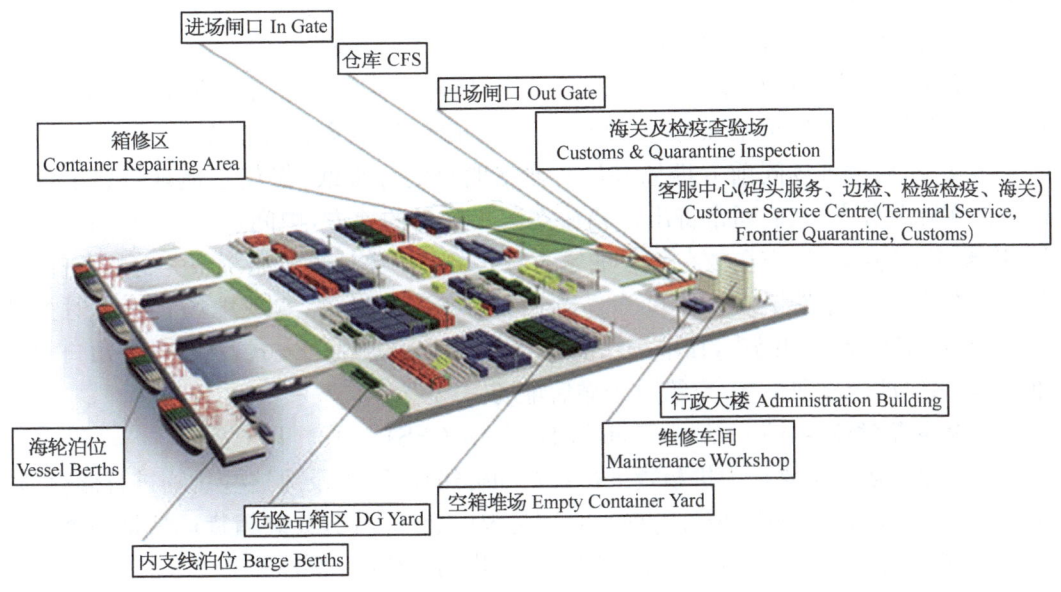

图1-2 集装箱码头布局示意图

2. 码头前沿(Apron)

码头前沿是指沿码头岸壁线,从泊位岸壁到堆场之间的码头区域。由于码头前沿装有集装箱桥吊(Quay Crane,QC),又是进出口集装箱进行换装的主要地点,因此其宽度根据集装箱桥吊的跨距和装卸工艺的种类而定,一般由下列三部分构成:

① 从岸壁线到集装箱桥吊第一条轨道(海侧)的距离,一般2~3 m;
② 桥吊的轨道间(海侧到陆侧)距离,一般15~30 m;
③ 从桥吊第二条轨道(陆侧)到堆场前(防汛墙)的距离,一般10~25 m。

从上述构成可以看出,集装箱码头前沿宽度一般为30~60 m。集装箱码头前沿除安装了集装箱桥吊和铺有桥吊轨道外,一般还备有高压和低压电箱、船用电话接口、桥吊电缆沟、供水设施和灯塔等设施。码头前沿应始终保持畅通,其宽度要能满足堆放船舶舱盖板的同时,保证足够的陆运机械用通道,以确保集装箱桥吊作业的效率。

3. 集装箱堆场(Container Yard,CY)

集装箱码头堆场指在集装箱船舶进港前,将准备装船的集装箱按预先制定的船舶配载图堆放所占用的场地,以及将从船上卸下的集装箱按交货计划要求暂存所占用的场地。集装箱码头堆场面积大小不等,主要视到港的集装箱船舶载箱量及船舶靠泊率确定。简单点讲,堆场就是指集装箱码头内所有堆存集装箱的场地,由前方堆场和后方堆场两部分组成。

(1) 前方堆场(Marshalling Yard)

前方堆场又称出口箱区、临时堆场、编排堆场、调度堆场、过渡堆场和缓冲堆场,位于码头前沿和后方堆场之间,为加快船舶装卸作业效率,用以堆放集装箱的场地。其主要作用是:船到港前,预先堆放将要装船出口的集装箱;卸船时,临时堆存卸船的进口的集装箱。其面积占堆场总面积的比例较大,其大小根据集装箱码头所采用的装卸工艺系统不同而定,同时也因堆放的层数不同而不一样。

(2) 后方堆场(Back-up Yard)

后方堆场是指储存和保管空、重箱的场地,是码头堆场中除前方堆场以外的部分,包括中转箱堆场、进口重箱堆场、空箱堆场、冷藏箱堆场、危险品箱堆场等。

事实上,后方堆场同前方堆场并没有严格明显的分界线,仅仅是地理位置上的不同。在实际业务中,人们通常将出口箱放在码头堆场的前方,中间放中转箱,而将进口箱、冷藏箱、危险品箱、空箱放在码头堆场的后方。在码头计算机系统很完善的条件下,特别是在应用无线终端(Radio Data Transport,RDT)设备,实现堆场管理实时控制(Real-time Control)的码头,在堆场功能划分上,采用更灵活的方式,甚至于进出口箱混堆,仅将重箱放于靠前堆场,空箱放于靠后堆场。

4. 集装箱货运站(Container Freight Station,CFS)

集装箱货运站主要是为拼箱货进行装箱和拆箱作业,以及对这些货物进行储存、防护和收发交接的作业场所,俗称仓库。它同传统的仓库不同,集装箱货运站是一个主要用于装、拆箱作业的场所,而不是主要用于保管货物的场所。

集装箱货运站一般建于码头后方,侧面靠近码头外公路或铁路的区域,尽可能保证陆运车辆不必进出码头堆场,而直接进出货运站。

近年来,随着集装箱运输的发展、竞争,市场细分不断深入,专业化分工也不断发展。在一些大型集装箱港口,随着集装箱码头吞吐量的增加,船公司开始将自己的空箱集中到指定的码头外堆场进行专业化管理,同时也出现了专业化的进口拆箱分拨和出口装箱的码头外货运站,形成了将码头内货运站和空箱堆场移至码头外的趋势。通常将这种码头以外的堆场和货运站称为场站(Depot)。

5. 控制塔(Control Tower)

控制塔又称控制中心、中心控制室、指挥塔(室),是集装箱码头各项作业的指挥调度中心,它的作用是充分发挥码头各生产要素资源的作用,监督、调整和指挥集装箱码头各项作业计划的执行。其地理位置一般设置在码头操作或办公楼的最高层,可以看到整个码头上各作业现场。

控制室内装有电子计算机系统、测风仪及气象预报系统,并配有用于指挥码头现场作业的无线对讲机(VHF),用于监控码头作业现场的闭路电视(CCTV)和望远镜,以及用于对内对外联系的电话、传真机等设备,是码头现场作业的中枢机构。

6. 闸口(Gate House)

闸口又称检查口/桥、大门等,是集装箱码头的出入口,集装箱和集装箱货的交接点,因而也是区分码头内外责任的分界点。由于闸口是集装箱进出码头的必经之口,因此,在闸口处不但要检查集装箱的有关单证,而且还要办理集装箱和货物好坏的责任交接,检查有关箱号、铅封号、集装箱箱体和货物的外表状况等。

闸口一般设置在集装箱码头的后方,出于保证码头机械、船舶积载的安全性和海关监管需要,还设有地磅,另外还配有计算机、IC卡机、收放栏杆和箱号自动识别系统等设备。

7. 维修车间(Maintenance Shop)

维修车间又称修理车间(Repair Shop),是集装箱和集装箱装卸专用机械进行检查、修理和保养的地方。集装箱维修车间对于确保装卸机械的维修质量、确保各种机械处于完好备用状况、提高集装箱码头效率和充分发挥集装箱运输的优越性,都起着十分重要的作用。

　　修理车间一般设置在不影响集装箱码头作业的码头后方或在保养区附近,配有行车、车床、焊接和切割机、工作台、空气压缩机、修理坑道和配件库等设施设备。

　　以上是集装箱码头的主要设施。除此以外,还有供码头行政职能部室办公用码头行政楼(Administration Office),以及其他电力、通信、食堂、计算机房、油库、给/排水、照明、道路等辅助设施。

1.4　传统集装箱码头常用装卸设备

　　为了有效地提高传统集装箱码头的装卸效率,加快货船、集装箱等资源的周转,传统集装箱码头采用高效的专用机械设备,实现装卸机械化。整个传统的集装箱码头机械化系统包括岸边装卸设备、水平运输设备和场地装卸设备等。

1.4.1　岸壁式集装箱装卸桥

　　集装箱的标准化和集装箱船的专用化为港口装卸机械高效化提供了良好条件。在现代化的集装箱港口上,目前从事码头前沿集装箱起落舱作业的设备普遍采用的是岸壁式集装箱装卸桥,如图1-3所示。岸壁集装箱装卸桥简称集装箱装卸桥或岸桥,是一种体积庞大、自重非常重、价格昂贵的集装箱港口专用设备。

图1-3　岸壁式集装箱装卸桥

集装箱装卸桥主要由带行走机构的门架、承担臂架重量的拉杆和臂架等几个部分组成。臂架可分为海侧臂架、陆侧臂架和门中臂架 3 个部分。门中臂架是专门用于连接海侧和陆侧臂架的。臂架的主要作用是用来承受带升降机构的小车重量，而升降机构又是用来承受集装箱吊具和集装箱重量的。海侧臂架一般设计成可以俯仰，以便集装箱装卸桥移动时与船舶的上层建筑不会发生碰撞。

从框架外形上来看，集装箱装卸桥一般分为 A 形和 H 形。现在由于码头吞吐量变大，码头大多使用 H 形装卸桥。从臂梁形式上分，集装箱装卸桥一般分为俯仰式、梭动式和折叠式三种，目前俯仰式在码头运用的比较多。从配备小车数量上分，可以分为单小车和双小车装卸桥两种。从桥吊的吊具上来分，还分为单吊具、双吊具和三吊具等装卸桥。

装卸桥作业时，由于集装箱专用船舶的船舱内设有箱格，舱内的集装箱作业对位非常方便，无须人工协助，因此在作业中没有了像件杂货那样的舱内作业工序。根据世界集装箱港口营运经验，一般一个集装箱泊位平均可配备装卸桥 1～3 台。

集装箱装卸桥作业过程：
① 船舶靠泊以前，将装卸桥打车行驶至安全位置，目的是不影响船舶的安全靠港；
② 船舶靠泊以后，将大车移动至具体的作业舱位；
③ 移动装卸桥上面的小车，将小车移动到待作业箱的正上方，放下吊具。卸船的作业顺序一般是从内档往外档、由上往下一层进行卸船，装船的顺序与卸船顺序相反；
④ 吊具上的扭矩装置（通常为 4 个）将集装箱锁定（通过集装箱的 4 个角进行扭矩装置固定），吊起集装箱；
⑤ 小车沿着悬臂向陆地一侧移动，将集装箱调至码头前沿的水平运输机械上；
⑥ 松开扭矩装置，将吊具和集装箱分离；
⑦ 装卸桥吊具升起，小车沿着悬臂向海一侧移动，进入下一步作业。

集装箱装卸桥的有关参数可按以下方法确定。

1. 起重量（负荷）

它是表示集装箱能力的指标，根据额定起重量和吊具重量确定。

$$Q = Q_t + W$$

式中　Q——岸壁集装箱装卸桥的起重量；
　　　Q_t——额定起重量；
　　　W——吊具重量。

所谓额定起重量是指所起吊的集装箱的最大总重量，例如 ISO 的 1A、1AX、1AA 型 40 ft 集装箱最大总重量为 30.5 t。集装箱装卸桥的起重量是指额定起重量加集装箱吊具的重量。确定集装箱装卸桥起重量一般要考虑以下作业条件：

① 起吊集装箱船舱盖板的需要。舱盖板的重量一般不超过 28 t，但个别的舱盖板重达 35.6 t，其尺寸为 14 m×14 m。
② 考虑装卸非国际标准箱的需要。非国际标准集装箱的最大总重量可达 38 t，甚至更大。

③ 考虑有可能采用同时起吊 2 个 20 ft 型集装箱的作业方式，2 个 20 ft 型的集装箱最大总重为 40.6 t。

④ 兼顾装卸其他重大货件的需要。

2. 主要尺寸参数

集装箱装卸桥的尺寸参数的确定与所装卸的集装箱船型和箱型、港口作业条件及堆场作业方式有关。

(1) 起升高度

集装箱装卸桥的起升高度由两部分组成：轨顶面以上的高度和轨顶面以下的高度。它取决于集装箱船的型深、吃水、潮差、甲板面上装载集装箱层数、港口标高及船体倾斜等因素。在确定巴拿马型集装箱船装卸桥的起升高度时，应保证船舶轻载高水位时能通过 3 层集装箱，并能堆高到 4 层；在满载低水位时，能吊到舱底最下一层集装箱。允许装卸作业时船体向外横倾 3°。

(2) 外伸距

外伸距是指集装箱装卸桥海侧轨道中心线向外至集装箱吊具铅垂中心线之间的最大水平距离。外伸距主要取决于到港集装箱船的船宽，并考虑在甲板上允许堆放集装箱的最大高度，当船舶向外横倾 3°时，仍能起吊甲板上外舷侧最上层的集装箱。

(3) 内伸距

内伸距是指集装箱装卸桥内侧轨道中心线向内至吊具铅垂中心线之间的最大水平距离。确定内伸距主要考虑两个问题，一是放置集装箱，即当港口前沿搬运机械（如跨运车、底盘车等）不能及时搬运时，内伸距可把箱子暂放在港口上，起缓冲作用；二是放置舱盖板，即在确定内伸距距离时，应注意不同供电方式需要占用的距离。

(4) 轨距（又名跨距）

轨距是指起重机两条行走轨道中心线之间的水平距离。轨距的大小影响到装卸桥的整机稳定性。考虑到装卸桥的稳定性和为了更有效地疏运岸边的集装箱，轨距内至少能安排 3 条车道线。将几种集装箱搬运机械进行比较，以用跨运车时一条接运线所占用的宽度最大，如考虑轨距内布置 3 条跨运车接运线，则其轨距应为 16 m。目前，大型装卸桥的轨距一般为 30 m，可以满足 6 条接运线的布置。

1.4.2 水平运输设备

水平运输设备是承担货物平地移位作业的机械，其分为牵引车（俗称拖头）和挂车两部分（俗称集卡），如图 1-4 所示。

1. 牵引车（Tractor）

集装箱牵引车又称"拖头"，其本身不具备装货平台，必须和集装箱挂车（Trailer）连接在一起，才能拖带集装箱进行码头内或公路上的运输。

① 按驾驶室的形式分：平头式（Cabover Type）和长头式（Bonnet Type）。

平头式牵引车的优点是驾驶室短，视线好；轴距和车身短，转弯半径小；缺点是由于发动机直接布置在驾驶员座位下面，驾驶员受到机器振动影响，舒适感较差，如图 1-5a 所示。长头式（又叫凸头式）牵引车如图 1-5b 所示。这种牵引车的发动机和前轮布置

图1-4 集装箱拖挂车

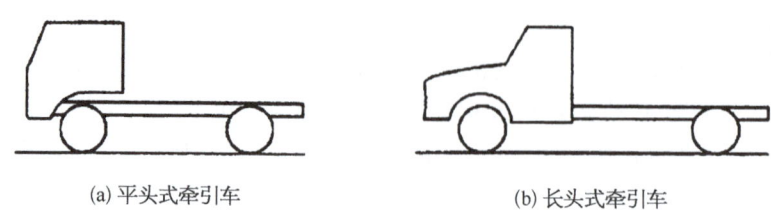

(a) 平头式牵引车　　　　　　　(b) 长头式牵引车

图1-5 集装箱牵引车

在驾驶室的前面,其优点是驾驶员舒适感较好;撞车时,驾驶员较为安全;开启发动机罩修理发动机较方便。主要缺点是:驾驶室较长,因而整个车身长,回转半径较大,目前车身短,回转半径小的平头式牵引车应用日益增加。

② 按用途分类:有长途公路车和短途堆场车。

长途公路车的特点主要是功率大、速度快、爬坡性能优越等。短途堆场车的特点主要是牵引力大和配备起升装置。

2. 挂车

挂车(Trailer)又称为"拖车"或"平板车",其本身没有动力,仅是一个装载箱子的平台。随着港口运输行业的发展,其专业化和标准化程度不断提高,出现了各类满足不同需求的挂车。

挂车与牵引车连接方式:半拖挂式、全拖挂式和双拖挂式。

半拖挂方式是用牵引车来拖带装载了集装箱的转车,如图1-6a所示。由图可见,集装箱的重量由牵引车和挂车的车轴共同分担,故轴压力小;另外由于后车轴承受了部分集装箱的重量,故能得到较大的驱动力;这种拖挂车的全长较短,便于倒车和转向,安全可靠;挂车前端的底部装有支腿,便于甩挂运输。

全拖挂式是通过牵引力杆架与挂车连接,牵引车本身可作为普通载重货车使用,挂车亦可用支腿单独支承,如图1-6b所示。全挂车是仅次于半拖挂车的一种常用的拖带方式,操作比半拖挂车困难。

双拖挂方式是半拖挂方式后面再加上一个全挂车,实际上它是牵引车拖带两节底

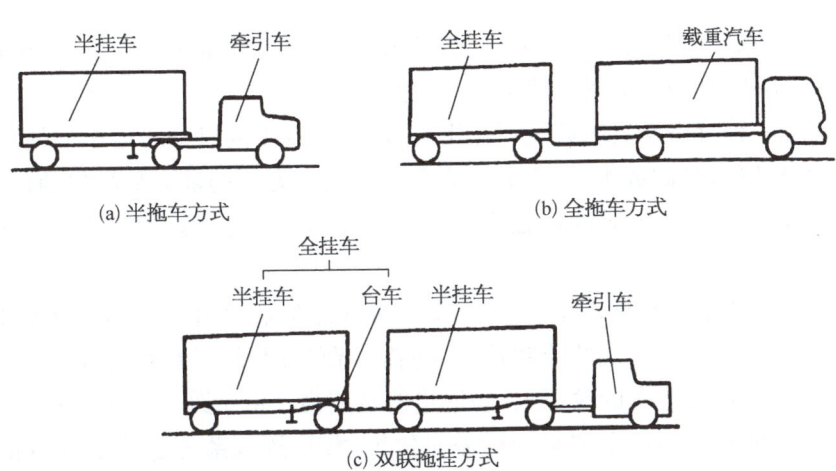

图1-6 集装箱牵引车拖带挂车

盘车,如图1-6c所示。这种拖挂方式在高速行进时,后面一节挂车会摆动前进,后退时操纵性能不好,故目前应用不广。

3. 跨运车

集装箱跨运车是一种应用于集装箱码头和集装箱中转站堆场的集装箱专用装卸机械,其作用是实现集装箱的水平运输、堆码及对集装箱半挂车进行装卸作业,是一种具有搬运、堆垛、换装等多功能的集装箱专用设备,其外形结构如图1-7所示。

在集装箱港口上,跨运车可以完成以下的作业:

① 集装箱运输工具装卸作业点与堆场作业点之间的装卸和搬运;

② 前方堆场与后方堆场之间的装卸和搬运;

③ 后方堆场与货运站之间的装卸和搬运;

④ 对底盘车进行换装。

图1-7 跨运车

跨运车有其自身独特的优势。一台跨运车可以完成多种作业(包括自取、搬运、堆垛、装卸车辆等),减少了码头的机器数量,便于管理;跨运车比较灵活,在码头前沿无须岸边装卸桥精确对位,跨运车便可自行抓取,增加了岸边装卸桥的效率;机动性强,既可以搬运,又可以堆码,且跨运车是流动机械,可以多台配合使用等。

虽然有很多独特的优势,但是跨运车一般被认为是一种故障率较高的设备,在有些国家使用时,故障率高达30%～40%,由此造成维修费用上升,但是随着技术进步及操作管理得当,使跨运车在一些港口上使用得相当成功,如日本的集装箱港口有不少就采用跨运车方式;在比利时的集装箱港口上,采用运行 24 h、保养 6 h 的方式,可以使故障率降至 5%~10%;但在中国采用跨运车方式的很少。

跨运车是一种价格昂贵的集装箱专用机械,为了减少港口上跨运车的使用量,节省港口设备投资,降低装卸成本,目前有许多采用跨运车方式的港口从港口前沿到场地这一段搬运过程的操作改用场地运输车来拖带。这样,跨运车只负责在场上进行堆放作业。

由于一台集装箱装卸桥需配备 4 台以上的跨运车来承担集装箱的转载和堆码作业,另需一台承担进出场车辆的装卸作业,还需一台备用,故一台装卸桥需配备 6 台以上的跨运车。另外,跨运车的轮压大,场地建造费用高。由于跨运车系统存在装卸桥卸箱无须对位,而装箱时跨运车和装卸桥需对位等原因,故该系统适用于进口重箱量大、出口重箱量小的集装箱码头。

1.4.3 场地装卸设备

1. 龙门起重机

龙门起重机简称龙门吊,龙门吊系统工艺是荷兰阿姆斯特丹港口建设时最先采用的,是一种在集装箱场地上进行集装箱堆垛和车辆装卸的机械。龙门起重机有轮胎式(又称无轨龙门吊)和轨道式(又称有轨龙门吊)两种型式。这种工艺方式是把从集装箱船上卸下来的集装箱用场地底盘车(或其他机械)从船边运到场地,在场内采用轮胎式龙门吊或轨道式龙门吊进行堆装或对内陆车辆(公路集卡或铁路货车)进行装卸。

传统集装箱码头用得比较多的就是轮胎式龙门起重机(Rubber-tired Transtainer,RTG),是集装箱码头堆场进行装卸、搬运、堆垛作业的专用机械,如图 1-8 所示。

图 1-8 轮胎式龙门起重机

以胎式龙门起重机为例,其门框和底梁组成门架,支撑在橡胶轮胎上。装有集装箱吊具的行走小车沿着门框横梁上的轨道运行,配合底盘车进行集装箱的堆码和装卸作业。

轮胎式龙门起重机主要特点是机动灵活、通用性强。它不仅能前进、后退,而且还设有转向装置,通过轮子的 90°旋转,能从一个箱区转移到另一个箱区进行作业。

轮胎式龙门起重机的主要参数有起重量、跨距、起升高度、轮压、工作速度等几项。

(1) 起重量

轮胎式龙门起重机的起重量是根据额定起重量和吊具的自重来确定的。额定起重量一般是按所吊集装箱的最大总重量来确定。

(2) 跨距

轮胎式龙门起重机的跨距是指两侧行走轮中心线之间的距离。跨距的大小取决于所需跨越的集装箱的列数和底盘车的通道宽度。根据集装箱堆场的布置,通常按跨六列集装箱和一条底盘车道考虑。

(3) 起升高度

起升高度指吊具底部至地面的垂直距离,它取决于龙门起重机作业的堆码集装箱层数。如果堆场的集装箱堆高层数为 4 层,考虑起重机在作业时的方便,吊具需跨过集装箱,故吊具的最低点应大于 5 层集装箱的高度。目前轮胎式龙门起重机的起升高度一般都在 11~12 m。

(4) 轮压

轮胎式龙门起重机的轮压分为最大工作轮压和最大非工作轮压。轮数是根据场地轮压的要求而设计的,大车行走机构可以是四轮或两轮驱动。

最大工作轮压是指在工作速度为 16 m/s 的情况下,起吊额定起重量时,每个轮胎所承受的最大压力。最大非工作轮压是指在非工作速度的情况下,不起吊集装箱且风向垂直于起重机的大梁方向,每个轮胎所承受的最大压力。

最大轮压是设计起重机行走路面承载能力的依据。

(5) 工作速度

工作速度的大小一般根据装卸工作周期的要求确定。速度过低,会影响码头堆场的作业进度,但如果速度过高,则会使集装箱摆幅过大,影响作业的安全性。

在一些轮胎式龙门起重机上,为防止相互之间及龙门起重机与集装箱之间的相互碰撞,设有手动纠偏系统及大车四角防碰装置。安全设施方面,设有超负荷保护、柴油机超速保护、水温过高和机油压力过低等信号装置,风速指示仪、防台风锚定装置、紧急停止按钮及各机构限位开关和信号指示等。另外还可选配 DGPS(卫星自动定位系统)、ECMS(帝国网站管理系统)、RCMS(故障显示和与中控室联系系统)及方便大车转向和减少轮胎磨损的大车顶升装置及配置登机电梯等设备。

2. 正面起重机

正面起重机(俗称正面吊)是一种目前在集装箱港口堆场上得到越来越频繁使用的专用机械,如图 1-9 所示。虽然这种集装箱堆存设备由于运行方向与作业方向垂直而需要占据较宽的通道,但是它的堆箱层数较高,并且可以为多排集装箱作业设备的灵活性又较强,因此普遍较受欢迎。其采用正面吊可以堆存 3~4 层重箱或 7~9 层的空箱。

图 1-9 正面起重机

因此，堆箱场地的利用率较高。目前，正面吊主要还是作为集装箱堆场的辅助作业机械，但是确实是一种很有前景的集装箱装卸的专用设备。

正面吊可以完成搬运、堆码、装卸作业，也可跨箱区工作和加一些吊钩、抓斗来吊运一些特殊物品等优点。但是正面吊的弊端也很明显，其只能在箱区较小且通道多的堆场作业；单个机械的效率不高，需要多台配合使用；轮胎的压力很大，工作时轮胎和路面磨损严重。综合考虑正面吊的优缺点，目前作为辅助器械使用。

3. 集装箱叉车

集装箱叉车，又称叉式装卸车，如图 1-10 所示，是集装箱港口上常用的一种装卸设备，主要用于操作量不大的综合性港口上进行集装箱的装卸、堆垛、短距离的搬运和车辆的装卸作业，也有用于集装箱堆场的辅助作业，它是一种多功能的机械，是集装箱码头和货场常用的装卸设备之一。它一般在门架前装有一个顶部起吊属具（吊具），借助转锁件与集装箱连接，从顶部起吊；也可以采用货叉插入集装箱底部叉槽内举升搬运集装箱。其性能应符合下列作业需要：

① 起重量应保证能装卸作业所需的各种箱型；
② 起升高度应符合堆垛层数的需要；
③ 负荷中心（货叉前壁至货物重心之间的距离）取集装箱宽度的 1/2，即 1 220 mm；
④ 为适应装卸集装箱的需要，除采用标准货叉外，还应有顶部起吊的专用吊具；
⑤ 为便于对准箱位，货架应能侧移和左右摆动。

叉车搬运集装箱可以采用以下两种方式。

图 1-10 集装箱叉车

① 吊运方式：采用顶部起吊的专用吊具吊运集装箱。
② 叉运方式：利用集装箱底部的叉孔用货叉起运，一般这种方式主要是搬运 20 ft 的集装箱或空箱。

集装箱叉车按照构造形式分为正面集装箱叉车和侧面集装箱叉车。正面集装箱叉车是目前常用的形式。侧面集装箱叉车和普通侧面叉车类似，在装卸集装箱时，将门架和货叉向侧面移出，叉取集装箱后收回，将集装箱放置在货台上进行搬运；也可装设顶部起吊属具进行起吊。与正面集装箱叉车比较，侧面集装箱叉车载箱行走时的横向尺寸要小得多,所要求的通道宽度也较窄(约 4 m);载箱行走时的载荷中心在前后车轮之间,行走稳定性较好,轮压分配均匀。但是,侧面集装箱叉车的结构和操纵较为复杂,司机视线差,装卸效率较低。

集装箱叉车虽然具有通用性比较强、器械便宜和操作技术简单等优点,但是其弊端更大一些,集装箱叉车不适合较大吞吐量的码头,小路较低;进行装卸作业时,对位比较困难;轮胎压力很大,需要的行驶道路宽度足够。所以在码头,集装箱叉车主要是起到辅助作用,结合其他器械更好地完成装卸作业。

1.5 自动化集装箱码头常用装卸设备

上一节介绍了传统集装箱码头常用的装卸设备,随着世界集装箱海运量不断增长和集装箱船舶日趋大型化,集装箱装卸的稳定高效、节能环保和低成本逐渐成为港口经营者关注的重点。自动化集装箱码头(Automated Container Terminal,ACT)的出现很大程度上满足了上述要求。ACT 的常用装卸设备主要分为码头岸边运输设备、水平运输设备、场地装卸设备。

岸边运输设备主要有岸边集装箱起重机(Gantry Crane,Quay Crane,QC)、双小车岸桥、多用途门座起重机等。水平运输机械主要有自动导引车(Automated Guided Vehicle,AGV)、自动升顶导引车(lift - AGV)等。场地装卸设备主要有轨道式龙门起重机(RMG)、全自动轮胎龙门起重机(ARTG)等。

1.5.1 ACT 岸边装卸设备

集装箱自动化码头与传统码头的布局并无很大区别,装卸船作业设备一般都选用岸边集装箱起重机(岸桥)。自动化集装箱码头除了传统的岸桥外,还可以选用一些专门的岸桥,如全自动双小车集装箱装卸桥(图 1 - 11)。

与常规的集装箱岸桥相比,双小车桥式起重机最大的特点是配备两台自行式起重小车,并通过中转平台接力完成集装箱的装卸。它通过把海侧和陆侧装卸作业分别有两个小车承担来提高生产效率,主小车(海侧)装卸船上的集装箱,副小车(陆侧)装卸高架轨道上的集装箱,这种作业方式又被形象地称为"接力式吊运方式"。振华重工为美国 LBCT 码头研制生产的双四十双小车岸桥作业效率可达 103 TEU/h。

1. 全自动双小车岸桥结构特点

① 岸桥配置有两台自行式起重小车。两台起重小车在各自独立的轨道上运行作业互不干涉,主小车可沿铺设在大梁上的轨道运行,副小车的运行轨道铺设在门框连系梁上。两台小车均可自动进行操作,主小车的司机主要负责在起吊集装箱时进行对箱,副小车无须司机操作,而在连系梁下方设置了监控室,工作人员在监控室可清晰地监控两台小车作业及运行的自动导向车的工作情况。

② 在海侧下横梁靠陆侧一边,设置有两个集装箱位的转接平台。转接平台是实现双小车岸桥功能的主要部件之一,主小车和门架小车工作的衔接就是通过转接平台实现的,主小车和副小车吊运的集装箱在转接平台进行"接力"式装卸。主小车将船上的

图 1-11 双小车集装箱装卸桥

集装箱吊运至转接平台的箱位上,副小车将主小车运到转接平台上的集装箱转运到自动导引车(AGV)上。由于从船上卸下的集装箱通过两台小车接力完成集装箱装卸作业,因而大大提高了装卸效率。

③ 由于双小车岸桥采用的是自行式起重小车,移动载荷较大,大梁采用抗弯、抗扭性能好的单箱梁能解决前伸距大(61 m)双箱起吊时偏载较大的问题。但不能忽视的是由于小车轨道直接铺设在箱形梁的腹板上方,当小车在大梁上工作时,其轮压将对腹板产生较大的局部压力。而组成单箱梁的腹板通常较薄,因此必须采取措施防止腹板的局部失稳。

④ 利用先进的电子信息技术来实现两台小车的防碰、防摇、自动对位和识别等自动化控制。主小车采用目前国际上最先进的电子防摇技术,副小车采用机械式防摇方法。在吊具上架的前后左右四个面上,8 根钢丝绳按照最优化的方法构成钢丝绳卷绕系统,以保证吊具在前后左右各个方向上均不会出现摇摆。

⑤ 地面运输采用了先进的自动导引车(AGV),解决了早期双小车系统由于地面运输车不能与起重机相匹配,因而使双小车起重机高效的作业效率得不到充分发挥的问题。这样,当前起重小车将集装箱从装上到卸下,经过最短路线置于转接平台上后,后起重小车迅速将它取走,吊运到自动导向车上运送至堆场。

⑥ 在结构细节方面,由于门架小车要在门架内侧运行,所以其轨道并不是铺设在联系横梁的顶部,而是铺设在通过横向支腿与联系横梁的侧面相连接的承轨梁上。当门架小车工作时,集中轮压作用处,将对联系横梁的腹板产生很大的侧向水平力。因此,在联系横梁与横向支腿的连接处,必须采用合理的结构传递水平力。

⑦ 整机结构具有很好的刚性,前后大梁采用了双拉杆斜拉式结构,加强了结构的刚性,把两台小车同时起制动时起重机的晃动降低到最低程度。

⑧ 整机采用了先进的自动化控制技术和完善的降低设备风险的安全设施、故障显示装置等，并实现了起重小车进行装卸作业时可以对地面自动导向车进行自动控制。

2. 双小车装卸桥技术参数

双小车装卸桥主要技术参数有起重量、外伸距、轨距、后伸距等。

(1) 起重量

由于岸桥采用双 20′ 箱吊具，根据 ISO 规定和国内外使用经验，同时考虑满足 45 ft、48 ft、53 ft 等规格箱及超重箱、舱盖板作业要求，岸桥起重量选用吊具下 65t。

(2) 外伸距

直接设计制造岸桥外伸距适应甲板上积载 22 列集装箱的作业要求，要比现在设计制造适应甲板上积载 16~18 列、未来再进行外伸距加长改造的成本低廉，也可避免对繁忙的装卸作业造成影响。为满足装卸 18 000 TEU 集装箱船的要求及远期发展，按集装箱船甲板上积载 23 列集装箱设计，外伸距选用 70 m。

(3) 轨距

随着全球集装箱船舶发展大型化，岸边集装箱起重机也日趋大型化。岸边集装箱起重机的轨距首先要能满足外伸距增大后整机的稳定性，同时还要保证在装卸大型集装箱船舶时能多机集中作业考虑多机集中作业和岸桥的整机稳定性，岸边集装箱起重机轨距采用 35 m。

(4) 后伸距

为保证港口多机集中作业要求，岸桥陆侧轨后侧增加 2 条作业车道，同时考虑吊运舱盖板，岸桥后伸距定为 20 m。

1.5.2　ACT 水平运输设备

自动化集装箱堆场水平运输设备多采用的是自动导引车(AGV)和自动升顶导引车(lift - AGV)。

1. 自动导引车(AGV)

世界上首座自动化码头 ECT 就采用具有自主导航和定位功能的 AGV 作为水平运输设备。该类型自动化码头的布局比较灵活，比较适用于各种规模大小及堆场平面几何形状不同的码头，后方堆场通常垂直于码头岸线布置。第一代的 AGV 只能按照固定路线行驶，从汉堡 CTA 开始进行了优化，行驶路径灵活，不受作业路线约束，可在任何无障碍物的地方转弯行驶。

AGV 可采用的动力形式为内燃机、纯电池或混合动力，每次可装载 2 个 20 ft 或 1 个 40 ft 集装箱，定位精度达 ±5 cm。有超声波探测装置和其他辅助安全避碰装置，能够检测在全速行驶到停止运行的减速位移范围内的障碍物，避免发生碰撞。码头中央控制室对 AGV 的工作和集装箱堆场中的自动起重机(ASC)进行管理和控制，实现了完全自动化。

由于 AGV 不具备自装卸功能，可能在作业交互区与自动化轨道吊相互等待。为了提高作业效率，解决 AGV 与轨道吊的作业"握手"问题，ZPMC 研制一套 AGV 工作伴侣(图 1 - 12)，工作于堆场端部的作业区。

图 1-12 AGV 及 AGV 伴侣 (AGV-mate)

2. 自动升顶导引车(lift-AGV)

为提高 AGV 系统作业效率,实现 AGV 在箱区头部作业环节解耦。近年来发展出了 lift-AGV 水平运输工艺。lift-AGV 与传统 AGV 不同点主要在于 lift-AGV 自动顶升功能,通过 lift-AGV 与 lift-AGV 伴侣平台(图 1-13)结合使用,实现在箱区头部作业环节的解耦。当 lift-AGV 带箱进入箱区头部即可通过自带顶升机构将集装箱放至与伴侣平台。当 lift-AGV 空车至伴侣平台取箱时也可通过自带的顶升机构取到伴侣平台上集装箱。

图 1-13 lift-AGV 及伴侣

1.5.3　ACT 场地装卸设备

自欧洲鹿特丹港 ECT 码头 1993 年投入运行以来，自动化集装箱码头取得了巨大进步和长足的发展。特别是以堆场作业系统自动化为代表的半自动化码头，在全球得到广泛应用，其技术、设备、工艺及其控制系统非常成熟，主要有两种类型：自动轨道吊（Automatic Rail-Mounted Gantry crane，ARMG）和自动轮胎吊（Automatic Rubber-Typed Gantry crane，A-RTG）。

1. 自动轨道吊（ARMG）

ARMG 作业可完全自动化操作，可不在机上配备司机，在控制室通过遥控方式同时控制多台 ARMG 作业，如英国的泰晤士港、新加坡的 PPT 码头。ARMG 作业也可在机上配备司机，实现半自动化操作。

目前，国内已基本形成了自动化轨道吊（ARMG）（图 1-14）远程自动化轨道式集装箱龙门起重机的自动化作业方式。相比传统的轮胎吊、轨道吊设备，新型的 ARMG 主要是在定位检测技术、安全防护技术、人机交互系统有了明显优势，为生产的高效、稳定提供可靠保障。鉴于 ARMG 技术稳定性好，装卸效率也有保证，因此研究认为，ARMG 是适合自动化集装箱堆场的装卸机械。

图 1-14　自动化轨道吊

全自动轨道式龙门起重机除了具有传统龙门起重机的参数，还有一些自己独有参数，如轨距和有无外伸臂。

（1）轨距

从工艺布置的角度而言，ARMG 的轨距越大，堆场的利用率越高。然而，从机械设计的角度而言，ARMG 轨距越大，对整机金属结构满足强度、刚度的要求，特别是对动态刚度的要求就越高,其结构设计的复杂性、制作工艺的要求将大大增加。

一般认为,ARMG 轨距在 35 m 以下时,采用全刚性的门腿结构是合适的;然而,当轨距达到 35 m 或者以上时,这种结构的 ARMG 支腿很容易发生啃轨。轨距上升时,主梁长度因之增加,因此主梁更容易受力变形,从而导致支腿外扒,造成啃轨。若坚持采用全刚性门腿结构,则必须提高主梁垂直方向的刚度,因此整机重量和轮压都会增大,很不经济。因此,大轨距下,为了避免啃轨现象,ARMG 一般采用一侧刚性腿、一侧柔性腿的方式,但这种方式下小车方向的动态刚度较弱。为保证小车方向的强度足够,因此主梁的刚度必须加强,将使整机重量加大、轮压增大,因而造成轨道基础费用的增加。

另外,ARMG 轨距越大时,整机金属结构随大车运行速度的提高其变形就越严重,此时两侧门腿的运行阻力差别也越大,两侧门腿不同步运行的情况更严重,引发啃轨现象的可能性越高。为克服此现象,需增加电气控制设备,以保证两侧大车运行机构的运行速度同步,然而整机的造价也将随之提高。同时,轨距越大,其小车运行距离越长,可能引起作业效率的降低。

因此需要综合考虑码头实际地质条件和装卸效率、堆场布置等因素,一般选用的轨距是 35～40 m。

(2) 有无外伸臂

目前,ARMG 可分成有外伸臂和无外伸臂两种形式,有外伸臂式 ARMG 又可分为单侧外伸臂和双侧外伸臂。

采用有外伸臂的 ARMG 时,由于要考虑集装箱的通过,设计一般为门架式结构,小车轨距较大,一般需在 16 m 左右,同时结构自身刚性较差、自重大、轮压大。而无外伸臂的 ARMG,其作业通道设在轨内,因不需考虑集装箱的通过,结构简单,刚性较好。

有外伸臂的 ARMG 将会比无外伸臂 ARMG 的整机自重增加很多,在同等轨距下,有外伸臂的 ARMG 将比无外伸臂的 ARMG 机重增加一倍,轮压增大。

有外伸臂的 ARMG 由于在轨道外侧作业,对港区的作业车辆行驶组织和作业安全性较为有利,但在同等条件下,堆场利用率较低。

2. 自动轮胎吊(A-RTG)

A-RTG(图 1-15)的自动化程度不断提高,整机作业性能大大改善,操作灵活性也逐步加强。全自动轮胎式龙门起重机配备箱垛检测系统、防撞系统、堆垛导引系统、底盘车位置检测系统和自动位置指示系统等,可确保其与自动导引车协同作业。

图 1-15　全自动轮胎式起重机

1.6 集装箱关键信息及其数据结构

所谓集装箱,是指具有一定强度、刚度和规格专供周转使用的大型装货容器。使用集装箱转运货物,可直接在发货人的仓库装货,运到收货人的仓库卸货,中途更换车、船时,无须将货物从箱内取出换装。

集装箱(Container),从英文词义上解释是一种容器,在我国香港、台湾地区称之为货箱、货柜,是具有一定规格和强度的用以装运货物并可周转使用的一种容器。这种容器和货物的外包装与其他容器不同之处在于,除了能装载货物外还需要满足许多特殊要求。国际标准化组织不仅对集装箱的尺寸、术语、试验方法等有所规定,而且就集装箱的构造、性能等技术特征也作了某些规定。集装箱的标准化促进了集装箱在国际的流通,对国际货物流转的合理化起到了重大的作用。

要保证这些集装箱在运输过程中不出错,则需要给集装箱设定很多的属性值,这些信息不仅包括集装箱本身的情况,同时还包括了集装箱内货物的状态及相关的运输信息。

1.6.1 箱体信息

① 箱号,箱号是集装箱的唯一标识,理论上讲,就像身份证号码一样,箱号是不重复的。箱号包括两部分,分别是箱主代号和顺序号。箱号一般为11位,如"YMCU2008570",其中前四位即是箱主代号,国际标准化组织规定,箱主代号由四个大写的拉丁文字母表示,前三位由箱主自己规定,第四个字母一律用U表示;后七位是顺序号,由阿拉伯数字组成。如数字不足7位时,则在有效数字前用"0"补足7位,如"0531842"。

② 尺寸,这里的尺寸一般都指集装箱的长度,以英尺(ft)为单位。与集装箱码头相关的箱尺寸主要有三种:20 ft、40 ft 和 45 ft。通常所说的一个标准箱为 20 ft 的集装箱,称为一个 TEU。其他长度的集装箱,如 10 ft、12 ft、30 ft、48 ft、53 ft 等一般都在件杂货码头装卸。图 1-16 所示是 20 ft、40 ft 两种最常用集装箱。

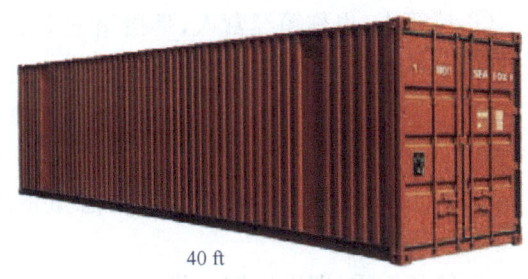

图 1-16 20 ft、40 ft 集装箱

③ 箱高,即箱子的高度,一般有 8′6″(即为 8 ft 6 in,约 259.08 cm)和 9′6″(即为 9 ft 6 in,约 289.56 cm)两种高度,通常把高度为 8′6″的集装箱叫做标准集装箱的高度,称为平箱,而把 9′6″高的集装箱称为高箱。在集装箱码头,一般都不计数字,而只是定

图 1-17　8′6″、9′6″集装箱

义为平箱和高箱两种,以平箱居多,如图 1-17 所示。

④ 箱型,即箱子的类型说明。箱类型决定了可以装载的货物类型。集装箱码头处理的箱型主要有:普通箱、散货箱、框架箱、开顶箱、冷藏箱、罐式箱等。其中绝大多数均为普通箱。主要的箱型代码见表 1-2。

表 1-2　集装箱箱型种类

箱型种类	箱型代码	箱型种类	箱型代码
干货箱(普通箱)	GP	冷冻箱	RF
干货高箱	GH(HC,HQ)	冷高箱	RH
散货箱	BU	油罐箱	TK
挂衣箱	HT	框架箱	FR
开顶箱	OT		

⑤ 持箱人,也称箱经营人,是指箱子本身的所属单位,该信息对空箱管理有至关重要的意义,在码头空箱通常都是按持箱人进行堆放的。

1.6.2　货物信息

① 箱子净重,即出口箱内货物的总重量。该重量不考虑集装箱本身的重量,单位为 t。

② 箱子毛重,即出口箱内货物与集装箱本身的重量之和,单位为 t。该属性是出口箱的另一个非常重要的属性。由于出口箱装船时要尽量避免重箱压轻箱,不同重量吨级的出口箱应尽量分开积载,或重箱在下轻箱在上,这就要求堆场上不同重量吨级的出口箱也应分开堆放,或重箱在上轻箱在下。因此箱子毛重与出口箱进场选位、船舶配载、装船发箱等也有着密切的联系。

③ 货特,是指货物特殊要求,记录某个箱子是否为超限箱或危险品箱,凡是有货特记录的集装箱,在卸船时都需要特殊处理,且要增收特殊箱装卸费,因而该信息也是非常重要的。如果是超限箱,该字段会显示箱子的超限类型,有超高箱、超长箱、超宽箱、超高宽、超长宽、超高长、三超箱几种,这些箱子往往都不能直接通过桥吊吊具装卸,而是需要提前捆绑钢丝绳再由较有经验的桥吊司机来进行装卸作业。危险品箱根据装载货物所具有的不同危险性分为九类,其中有些类别又分为若干项,具体等级见表1-3。

表1-3 危险品货物等级标准

等 级	描 述
D1.1	具有同时爆炸危险的物质和物品
D1.2	具有喷射危险但无重大爆炸危险的物质和物品
D1.3	具有燃烧危险或者较小爆炸或者喷射危险的物质和物品
D1.4	无重大危险的物质和物品
D1.5	具有同时爆炸危险但很不敏感的货物
D1.6	没有整体爆炸危险的极不敏感物品
D2.1	易燃气体
D2.2	非易燃气体
D2.3	有毒气体
D3	易燃液体
D4.1	易燃固体
D4.2	易自燃物质
D4.3	遇水放出易燃气体的物质
D5.1	氧化物质
D5.2	有机或氧化物
D6.1	有毒物质
D6.2	感染性物质
D7	放射性物质
D8	腐蚀品
D9	杂类、海洋污染物

如上表,其中第一类为爆炸品,第二类为气体,第三类为易燃液体,第四类为易燃固体、自燃物质,遇水释放易燃气体的物质,第五类为氧化剂和有机过氧化物,第六类为毒性(有毒的)物质和传染性物质,第七类为放射性物质,第八类为腐蚀品,第九类为杂项危险物品。

④ 货物描述,即描述集装箱内装的货物的种类。该属性对于集装箱码头而言,不是非常重要,因为码头操作的对象是集装箱,而不是集装箱内的货物。

重箱是指装有货物的集装箱,空箱是指没有装货的集装箱,一般都是船公司需要调度其所有的集装箱而产生的运输。中转箱是指目的港不是该港口,只是在该港口卸下,换装另一条船的集装箱;内贸箱是指在国内运输的集装箱;过境箱是指随船进入港口,但并未卸船,需要继续运到下一港口的集装箱。集装箱的状态就是这些属性之间相互的组合。

1.6.3 业务信息

① 卸货港,集装箱被卸下船的港口。卸货港是集装箱的一个非常重要的属性。一般情况下,一条船的一个航次中会有多个卸货港,为了避免中途港卸货时倒箱,不同卸货港的集装箱在船舶上应尽量分开积载,这就要求不同卸货港的集装箱在堆场中也应尽量分开堆放,因此箱子的进场选位、船舶配载、装船发箱与该属性都有着密切的联系。一旦卸货港信息录入有误,集装箱将会在错误的港口被卸下,这将给承运人带来重大损失。

② 目的港,集装箱最终所到达的港口。一般情况下,船公司的船都有其固定的航线,而当你的货物所要求的目的港与船所停靠的港口不一致时,它就会把货先卸到距离目的港最近的港口,再通过其他运输方式把货物转运到客户所要求的目的港,所以在与船公司订舱时都要求写清楚明确的目的港,以防把货运送到错误的地方。特别是与内陆地区进行贸易时,不能以内陆城市作为卸货港,应该以靠近该城市的、可以安排船舶运输的港口作为卸货港,内陆城市只能作为目的港。

③ 中转港,集装箱经由中转的港口。中转是指某港口装载的集装箱由船舶带入本港,在码头卸至堆场,再经码头装载上另一船舶出场至另一港口的过程。

④ 物流状态,是指箱子的交接状态和空重状态。从交接状态上分为进口、出口、中转及过境箱;从空重状态上分为空箱和重箱。一般情况下主要有以下几种情况:进口重箱,进口空箱,出口重箱,出口空箱,进口中转箱,出口中转箱,国际中转箱,内贸箱和过境箱等。

⑤ 提单号,是提单的号码。提单是用来提货用的,一批货物只会出一套提单及一个提单号,是由运输这批货物的船公司开发的。

⑥ 铅封号,通常在集装箱号之后还加注海关查验后作为封箱的铅制关封号。铅封是货物装入集装箱并正确地关闭箱门后,由特定人员施加的类似于锁扣的设备。铅封一经正确锁上,除非暴力破坏(即剪开)则无法打开,破坏后的铅封无法重新使用。每个铅封上都有唯一的编号标识。只要集装箱外观完整,集装箱门正确关闭,铅封正常锁上,则可以证明该集装箱在运输途中未经私自开封,箱内情况由装箱人在装箱时监督负责。

1.6.4 位置信息

1.6.4.1 船箱位

集装箱在船上的积载位置又称为船箱位(Slot Number),每个 20 ft 箱位代表一个标准箱位,相邻的两个标准箱位组倍后即是一个 40 ft 箱位。集装箱的积载位置用六位阿拉伯数字表示,由"贝/倍""列""层"三个维度构成,前两位表示贝位,中间两位表示列位,后两位表示层位。

① 贝位(Bay Number),船 Bay 的意思,音译词,常简写为"贝",某些中文教材中也

使用"倍"来表示。在集装箱船舶从船首到船尾的同一水平线上(一般为主干甲板的相同平面),以 20 ft 集装箱作为模数,纵向进行排列的箱位,称为贝位。其编号规则为在同一水平线上,以 20 ft 集装箱为模数,用奇数从船首至船尾进行编号(如 01、03、05…),如图 1-18 所示;而介于两奇数之间的相邻偶数则表示 40 ft 集装箱的贝位(01、03 间用 02 表示)。

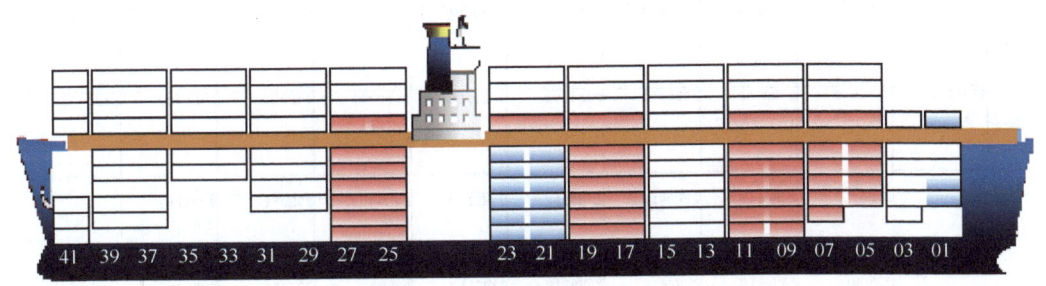

图 1-18 船舶贝位分布图

② 列位(Row Number),集装箱船舶从右舷到左舷横向进行排列的箱位,称为列位。列位的表示方法为在主甲板横面上,以中间箱位为基数,按左偶右奇的数字排列来表示。假如横面整个列位总数是奇数,那么中间列位用 00 表示,右舷用 01、03 表示,左舷用 02、04…表示;假如横面整个列位是偶数,则取消中间的 00 位,然后仍按左偶右奇的数字排列表示。

③ 层位(Tier Number),以主甲板为水平线,将舱内和甲板严格区分开来,竖向进行排列的箱位,称为层位。层位表示法为全部用偶数排列,以一个箱高为模数,在舱内用 02、04、06…由下而上表示;在甲板上用 82、84、86…由下而上表示。层位上如果出现单数(如 01、03、05…),则表示该层位上的集装箱仅为标准集装箱高的一半。

图 1-19 为一个简单的船舶贝位的示意图,图中清晰地描述了列和层的编号。

④ 船箱位(Slot Number),是一个空间的概念,它包括了行、列、层,是具体指一个集装箱在船上的位置。如集装箱被装于 070082,即表示这只集装箱规格是 20 ft 的,装在 07 贝中间一列、甲板上面第一层。这样,一个完整的立体空间表示出来了。

1.6.4.2 场箱位

1. 箱区概述

集装箱码头堆场的箱区是用来短期存放出口装船箱、进口卸船箱和中转箱等各类集装箱的场地区间,如图 1-20 所示。合理安排箱区和箱位,不仅能减少翻箱率,减少岸桥、场桥的等箱时间,解决码头生产过程中的瓶颈问题,提高码头前沿的装卸船速度,而且还能最大限度地提高码头堆场的利用率和码头的通过能力,降低码头生产成本,最大限度地提高码头的吞吐能力,进一步提高码头的行业竞争力。

2. 箱区的分类

不同的集装箱在堆场箱区所放置的要求也有所不同,如危险品箱需要在放置过程中严格监控,并有喷淋的要求;冷冻箱有保持箱内温度的要求,必须要求箱区内有所需的电源接口。因此,一般情况下,根据集装箱不同种类,箱区也分为以下种类。

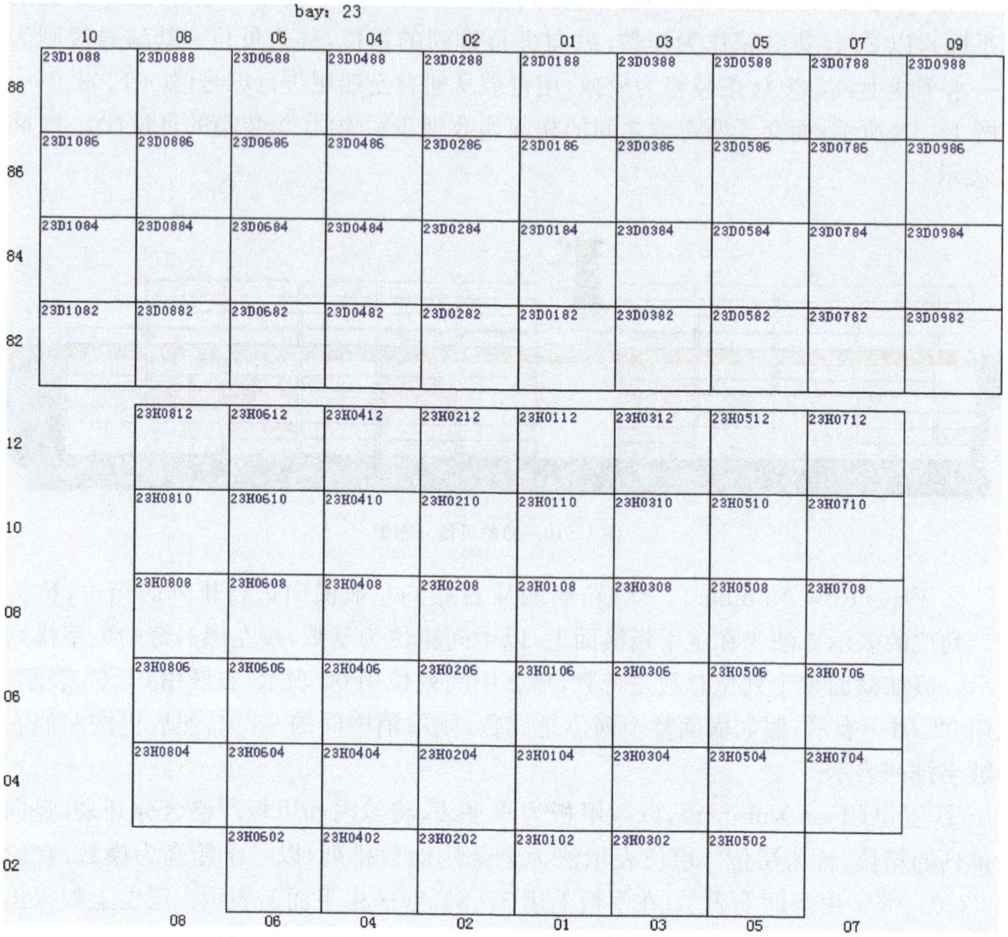

图 1-19 船舶贝位图

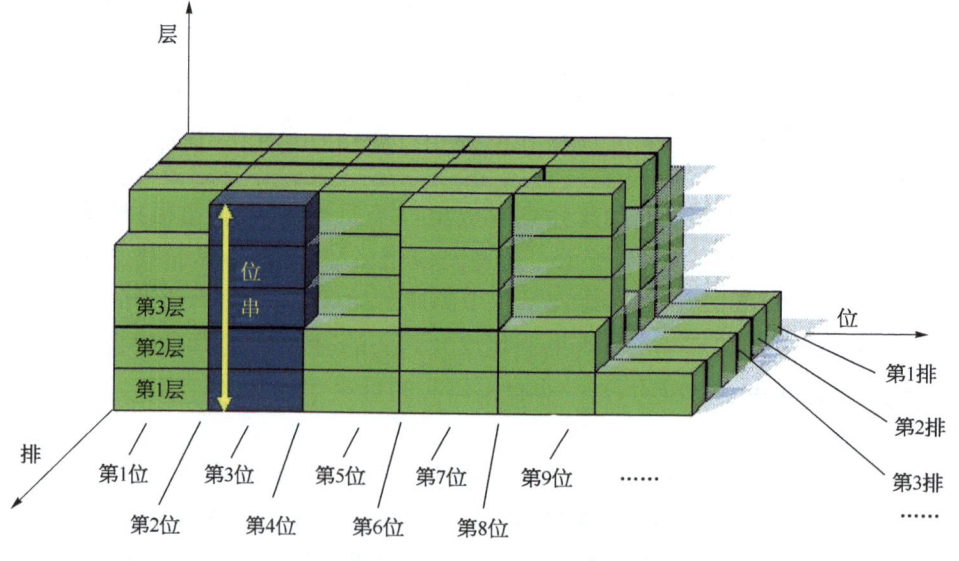

图 1-20 集装箱箱区示意图

① 按进出口业务：出口箱区、进口箱区和中转箱区；
② 按集装箱状态：重箱箱区和空箱箱区；
③ 按装卸设备：正面吊箱区、龙门吊箱区和堆高机箱区；
④ 按集装箱种类：普通箱区和特种箱区（包括温控箱区、危险品箱区、超限箱区和残损箱区等）。

需要说明的是：除了危险品箱区、温控箱区因为需要提供一些如喷淋、电源接口等装置，这些箱区相对固定。其他的箱区，如进口箱区、出口箱区，码头箱务管理员可以根据进出口箱量、码头实际的堆存情况、船舶到港情况及船公司的用箱情况，适当调整各箱区的比例。

3. 区、位、排、层的定义

（1）区

箱区定义具体说就是定义箱区的平面框架。任何集装箱码头或场站，凡进行集装箱运输业务，均必须规划箱区的堆放场地，将场地按作业要求划分为若干箱区并编号，箱区的编号以下简称为"区号"，通常由2～3位的字母和数字组成，如A1、A2、A3…B1、B2、B3…。

每个箱区又划分为排和位，分别编以"排号"和"位号"。一般以龙门吊作业的箱区为标准箱区，均为六排，但位的数目则以箱区的长度而定。箱区不宜过长，过长的箱区由于集卡通道的限制，会降低进出场吞吐效率。箱区上排和位将箱区平面划分为一个个的小方格，称为"位串"，位串是垂直于地面的一串箱位（图1-20），其高度就是箱区的允许堆高，以箱数计。

（2）位

位是指沿箱区长度方向，以20 ft箱长度为最小单位，将一个箱区划分而形成的一个个区段，如图1-21所示。

图1-21 集装箱堆场位示意图

大多数码头系统对箱区的长度有一定的限制，即箱区内位的个数是有上限的。位号由两位数字表示，用奇数表示用于堆放20 ft集装箱的位号（小贝），即位号自01、03、05开始往后排，直到65位；相邻的奇数位组合构成偶数位（大贝），如02位、06位、10位……，偶数位用于堆放40 ft集装箱，其中02位由01位和03位组合而成，06位由05位和07位组合而成……，因此当02位放置大箱后则对应的01位和03位就不能再放20 ft小箱。

图1-22所示是某一箱区的位分布情况，依次为01、03、05…，由于02位是由01、03

构成的,而 04 是由 03、05 构成的,所以当 02 位上放了 40 ft 的集装箱后,不能在 04 位上再放 40 ft 的集装箱。

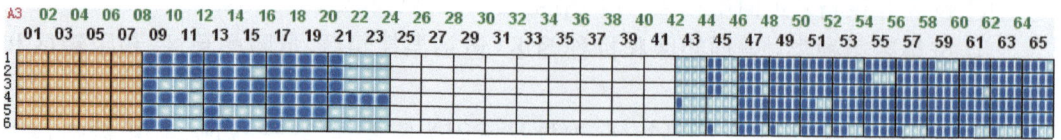

图 1-22 集装箱箱区平面示意图

(3) 排

排号是指在同一水平面与位号垂直方向上的编号,由一位阿拉伯数字表示排号,通常用 1、2、3…表示,每一箱区堆放集装箱的排数为 5~6 排。对应箱区内的每个位都有一个排、层构成的剖面图,图 1-23 左边为实际堆场的堆放情况,从图中看到该箱区堆放了 5 排集装箱,右边为场地剖面图,从该剖面图中清晰地看到了堆场每一位上集装箱的堆放状况。

图 1-23 位剖面图

(4) 层

层是指允许堆存集装箱的高度,用一位阿拉伯数字表示层号,编号规则为从下至上,依次用 1、2、3、4…来表示,通常情况下重箱的允许堆存高度为 4 层,空箱的堆存高度相对可以比较高。从图 1-21 中看到箱区的堆高都为 4 层。

箱区中每一个可以堆放集装箱的位置称作"场箱位",是组成集装箱堆场的最小单元。场箱位由箱区、位、排、层组成。大多数箱区的编码是由一个字母加一个数字组成。因此,箱位一般由六位字母加数字组成,如场箱位 A31022 表示 A3 箱区 10 位第 2 排第 2 层。

第 2 章

集装箱码头营运管理

集装箱运输业务概述

集装箱码头单证

传统集装箱码头常见装卸工艺

自动化/半自动化集装箱码头常见装卸工艺

集装箱码头进出口业务简介

2.1 集装箱运输业务概述

集装箱运输是指将不同的货物通过集装箱来进行运输,需要通过公路、铁路、内陆水运、海运和航空运输的方式进行运输,同时还对运输途中的货物提供额外的保护,在整个运输中是从一种运输方式到另一种运输方式进行转换,在这个过程中使得装卸变得简单容易。

集装箱运输链的过程是从发货人到收货人的过程——从出口国家的制造商或生产商的生产地到进口国家的买方所在地。发货人是指出口商,收货人是指进口商。

集装箱货物的运输无论在全程流通过程还是在运输组织上都发生了根本性的变化。集装箱货物的运输根据各国运输法规的不同和具体航线上的经济、地理等条件决定其不同的集散方式和流转过程,一般流程如图2-1所示。

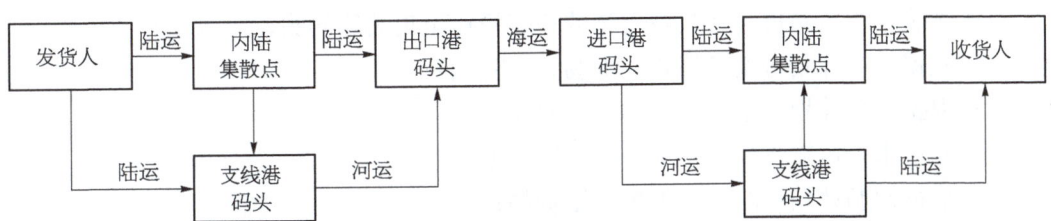

图2-1 集装箱运输流程图

集装箱内陆中转(集散)站是指供集装箱及其货物进行转运、拆箱、拼箱等业务并由海关及国家其他主管部门监理的内陆货运转运场所。

支线港码头是指船舶挂靠港多、不能装卸大型船舶、没有干线运输的码头,在沿海港口和内陆设置的集散集装箱为目的的集装箱集散港或点,将各集散港、点附近地区的集装箱汇集到各集散港、点,集中运输至进出口枢纽港。

在集装箱货流过程中,其流转形态分为整箱货和拼箱货两种。

1. 整箱货的流转程序

一般来说,整箱货流转一般包括以下过程:

① 发货人在自己工厂或仓库装箱地点配置集装箱并将货物进行装箱;
② 通过内陆运输或内河运输将集装箱货物运至集装箱码头;
③ 在集装箱码头堆场办理交接,根据堆场计划在堆场内暂存集装箱货物,等待装船;
④ 根据装船计划将集装箱货物装上船舶;
⑤ 通过水上运输将集装箱货物运到卸船港;
⑥ 根据卸船计划从船上卸下集装箱货物;
⑦ 根据堆场计划在堆场内暂存集装箱货物;
⑧ 通过内陆运输将集装箱货物运至收货人工厂和仓库;
⑨ 收货人在自己工厂或仓库拆箱地点拆箱;

⑩ 集装箱空箱回运。

上述发货人至集装箱码头堆场,以及从集装箱码头堆场运至收货人方面的内陆运输,可采用三种运输系统:

① 货主自己拖运,即有关空箱的配置、实箱运输均由货主负责,在运至集装箱码头堆场后与船公司办理交接。

② 承运人拖运,即有关空箱的配置、实箱运输(内陆)均由船公司安排,并支付运费。承运人的责任从发货人的工厂或仓库开始。

③ 混合拖运,即由船公司负责并监管空箱配置,有关实箱的运输由货主安排,并支付运费。在由承运人负责拖运时,内陆运输费用作为全程费用的一部分。

2. 拼箱货的货流程序

一般来说,拼箱货流转包括以下过程:

① 发货人自己负责将货物运至集装箱货运站;
② 集装箱货运站负责配箱、装箱;
③ 集装箱货运站负责将装载货物的集装箱运至集装箱码头;
④ 根据堆场计划将集装箱暂存堆场,等待装船;
⑤ 根据装船计划将集装箱货物装上船舶;
⑥ 通过水上运输将集装箱货物运抵卸船港;
⑦ 根据卸船计划从船上卸下集装箱货物;
⑧ 根据堆场计划在堆场内暂存集装箱货物;
⑨ 将集装箱货物运到货运站;
⑩ 集装箱货运站拆箱交货;
⑪ 集装箱空箱回运。

在运输过程中,首先根据船舶营运商安排的航程预定舱位,发货人可以自己订舱、制单及把货物运到港口,也可以请专业的物流公司来做相关的工作,当订舱完成后,船舶营运商再安排把空集装箱运到发货人所在地装箱。装箱完成后,发货人或其代理人填写文件。集装箱通过公路、铁路或内陆航道运到出口港,并且存放在码头堆场,等到船舶到港后,按照相应配载图,由码头将集装箱装上船舶,进行运输。完成海上航行之后到达进口港,集装箱从船上被卸下堆放在进口港的堆场,并且等待完成海关及其他进口手续,之后通过内陆运输工具从堆场将集装箱提走,将其运到收货人处。

整箱货和拼箱货的组织形式有以下四种。

① 拼箱货装,整箱货拆:在发货地组织拼箱货装箱,运至收货地整箱发给收货人。
② 拼箱货装,拼箱货拆:在发货地拼箱货装箱,运至收货地后组织拆箱再分发给收货人。
③ 整箱货装,整箱货拆:在发货地组织整箱货,运至收货地后整箱发给收货人。
④ 整箱货装,拼箱货拆:在发货地组织整箱货,运至收货地组织拆箱再分发给收货人。

2.2 集装箱码头单证

2.2.1 集装箱码头单证体系

集装箱码头作业是集装箱运输中的一个重要环节,作为服务性企业,所接触的客户很多,包括船公司、船代、货代、报关公司、集卡车队、铁路运输部门等,所涉及的业务单证也很多,主要有装箱单(Container Load Plan,CLP)、提单(Bill of Loading,B/L)、海运单(Sea Waybill)、场站收据(Dock Receipt,DR)、设备交接单(Equipment Interchange Receipt,EIR)、舱单(Manifest)、预配船图(Pre Bay Plan)、船舶积载图(Bay Plan)、提货单(Delivery Order)、交货记录(Cargo Receipt)等。

集装箱码头单证种类繁多,可以从不同角度和要求进行分类:
① 按单证在进出口业务中所处的流程,可分为进口业务单证、出口业务单证。
② 按单证的缮制和流转,可分为外来单证、内部流转单证和对外单证。
③ 按单证的主体,可分为船舶作业单证和集装箱作业单证。

2.2.2 集装箱码头单证的作用

业务单证贯穿于集装箱码头的整个作业过程中,不同单证记载的内容不同,但都在集装箱码头业务过程中起着重要作用。
① 单证记载着货物的基本资料,是集装箱码头了解货物、进行货物安排的主要依据;
② 单证是货物交接、业务交接及责任转移与界定的依据;
③ 单证是码头进行作业收费的依据;
④ 单证可用于反映货运活动过程及各业务环节的状况;
⑤ 单证用于信息留存、进行信息保管及进行业务跟踪;
⑥ 如在作业过程中发生事故或争议,单证可以作为处理责任事件的依据。

2.2.3 集装箱码头主要单证

1. 提单

提单,通常指海运提单,是用以证明海上货物运输合同、货物及由承运人接管、装船,以及承运人保证以交付货物的凭证,是国际货运代理人处理的主要业务单证,如图2-2所示。

提单主要有作用:
① 提单是承运人与托运人之间订立货物运输合同的依据。提单条款及其内容,通常载明了承运人与托运人之间各自享有的权利和承担的义务,是处理当事双方在运输过程中发生纠纷的依据。
② 提单具有货物收据的作用,承运人接管货物或将货物装船后向托运人签发提单,表明承运人已收到提单上所记载的货物,并负有保管的责任。
③ 提单是代表货物所有权的一种凭证,即物权转移凭证。转移提单也就转移了货物的所有权。

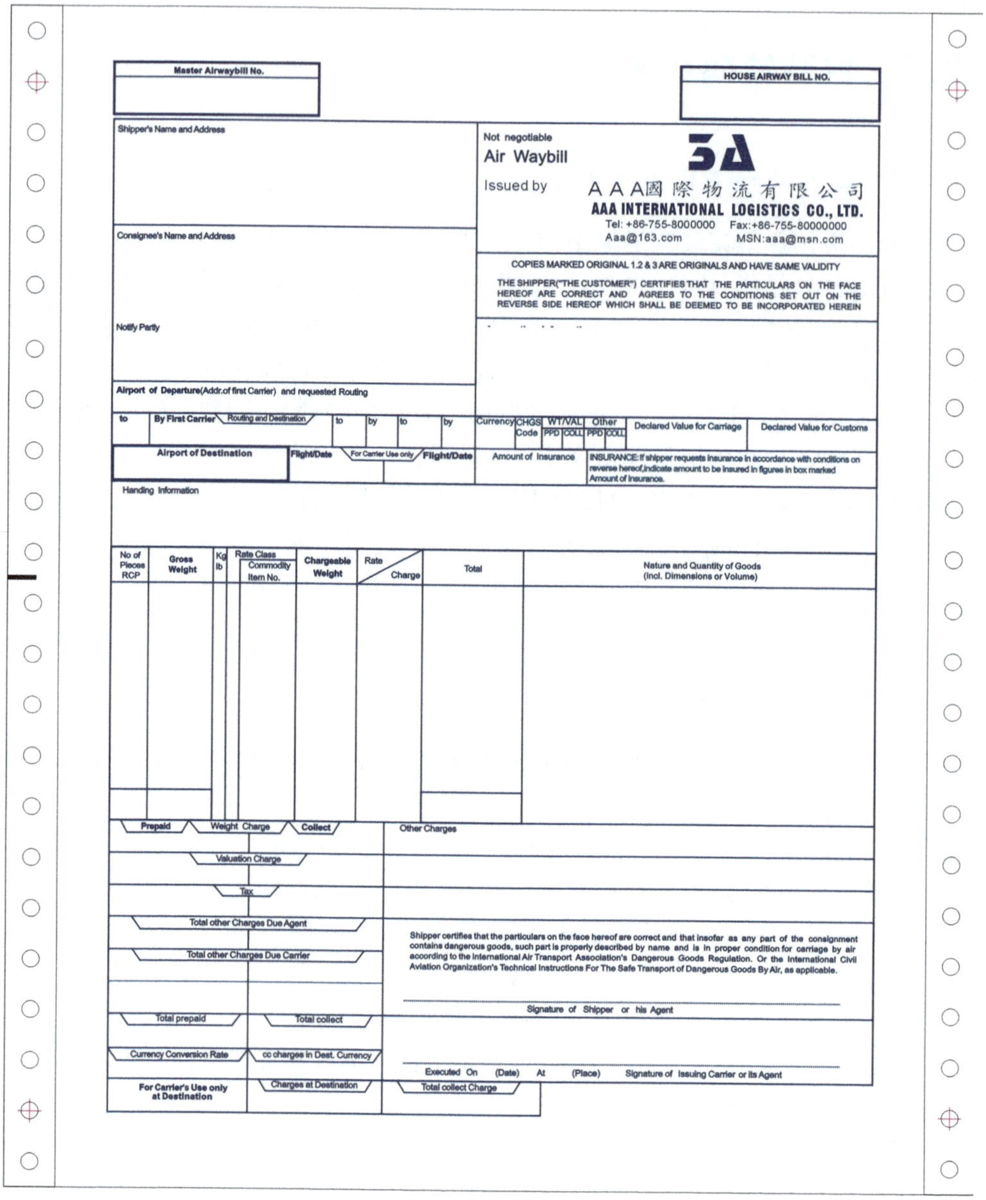
Master Airwaybill No.
HOUSE AIRWAY BILL NO.
Shipper's Name and Address
Not negotiable
Air Waybill
Issued by
3A
AAA國際物流有限公司
AAA INTERNATIONAL LOGISTICS CO., LTD.
Tel: +86-755-8000000 Fax:+86-755-80000000
Aaa@163.com MSN:aaa@msn.com
Consignee's Name and Address
COPIES MARKED ORIGINAL 1.2 & 3 ARE ORIGINALS AND HAVE SAME VALIDITY
THE SHIPPER("THE CUSTOMER") CERTIFIES THAT THE PARTICULARS ON THE FACE HEREOF ARE CORRECT AND AGREES TO THE CONDITIONS SET OUT ON THE REVERSE SIDE HEREOF WHICH SHALL BE DEEMED TO BE INCORPORATED HEREIN
Notify Party
Airport of Departure(Addr.of first Carrier) and requested Routing
to | By First Carrier | Routing and Destination | to | by | to | by | Currency | CHGS Code | WT/VAL PPD COLL | Other PPD COLL | Declared Value for Carriage | Declared Value for Customs
Airport of Destination | Flight/Date | For Carrier Use only | Flight/Date | Amount of Insurance | INSURANCE: If shipper requests insurance in accordance with conditions on reverse hereof, indicate amount to be insured in figures in box marked Amount of insurance.
Handing Information
No of Pieces RCP | Gross Weight | Kg lb | Rate Class Commodity Item No. | Chargeable Weight | Rate Charge | Total | Nature and Quantity of Goods (Incl. Dimensions or Volume)
Prepaid | Weight Charge | Collect | Other Charges
Valuation Charge
Tax
Total other Charges Due Agent
Total other Charges Due Carrier
Shipper certifies that the particulars on the face hereof are correct and that insofar as any part of the consignment contains dangerous goods, such part is properly described by name and is in proper condition for carriage by air according to the International Air Transport Association's Dangerous Goods Regulation. Or the International Civil Aviation Organization's Technical Instructions For The Safe Transport of Dangerous Goods By Air, as applicable.
Signature of Shipper or his Agent
Total prepaid | Total collect
Currency Conversion Rate | cc charges in Dest. Currency
Executed On (Date) At (Place) Signature of Issuing Carrier or its Agent
For Carrier's Use only at Destination | Charges at Destination | Total collect Charge

图 2-2 提单示例

提单有多种分类方式:

① 按提单抬头划,可分为记名提单(Straight B/L)、提示提单(Order B/L)、不记名提单(Bearer B/L)。

② 按货物是否装船划,可分为代运提单(Received for Shipment B/L)、已装船提单(Shipped on Board B/L)。

③ 按货运方式划,可分为直达提单(Direct B/L)、转船提单(Transshipment B/L)、联运提单(Through B/L)、租船提单(Charter Party B/L)。

④ 按提单上有无批注划,可分为清洁提单(Clean B/L)、不清洁提单(Unclean B/L)。

⑤ 按签发时间与使用要求划,可分为倒签提单(Anti-Dated B/L)、预借提单(Advanced

B/L)和过期提单(Stale B/L)。

2. 海运单

海运单,又称海上运单或海上货运单,是指由承运人签发给托运人表明已收妥货物,以及承运人凭此单据在目的港发货给收货人的一种不可流转的单证。

与提单相比,海运单具有如下特点:

① 使用海运单时收货人提货手续更简便、更及时;

② 海运单具有收货凭证和海上运输合同证明的功能,但不具有物权凭证的功能,不能流转,这是海运单和提单最主要的区别;

③ 货物交付时,收货人并不出示海运单,仅凭提货通知、身份证明提货,承运人凭收货人出示的到货、提货通知及身份证件放货;

④ 海运单主要用于跨国公司在不同地区的货运业务往来,近距离海运运输,长期、稳定、相互信赖的客户间的货物运输,以及价值相对较低或无资金风险的货物运输等情况。

3. 场站收据

场站收据是集装箱海上承运人委托集装箱码头货运站、集装箱码头堆场或内陆中转站,在收到整箱货或拼箱货后所签发的单证,是国际集装箱运输专用的出口单证,如图2-3所示。

场站收据是一份综合性单证,它把货物托运单(订舱单)、装货单(关单)、大副收据、理货单、运费通知等单证汇成一份,提高了集装箱货物托运效率和流转速度。

场站收据的作用:

① 船公司或船舱代理人确认订舱并在场站收据上加盖有报关资格的单证章后,将场站收据交给托运人或其代理人,意味着运输合同开始执行;

② 是出口货物报关的凭证之一;

③ 是换取航运提单或联运提单的凭证;

④ 是承运人已收到托运货物并对货物开始负责的证明;

⑤ 是船公司、港口组织装卸、理货、配载的资料;

⑥ 是运费结算的依据;

⑦ 如信用证中有规定,可作为向银行结汇的单证。

4. 交货记录

交货记录(Cargo Receipt),是码头堆场或集装箱货运站在向收货人交付货物时,用以证明双方已完成货物的交接,并记明交接状态的单证。同时,它证明承运人对货物的运输责任已告终止。

交货记录的第二联为提货单联(Delivery Order),又称"小提单",是收货人或其代理据以向集装箱码头或集装箱货运站提取货物的凭证。提货单联与提单的性质有很大的区别,它不是物权凭证,不具备流通性,不能买卖,只是船公司或其代理指令集装箱码头或集装箱货运站,向指定的货主交付货物的凭证。

5. 设备交接单

设备交接单(Equipment Interchange Receipt, EIR),是集装箱所有人或其租用人

▽

Shipper （发货人）	D/R No.（编号）	
Consignee （收货人）	场站收据 DOCK RECEIPT	第六联
Notify Party （通知人）	Received by the Carrier the Total number of containers or other packeges or units stated below to be transported subject to the temrs and conditions of the Carrier's regular form of Bill of Lading (for Combined Transport or port to Port Shipment) which shall be deemed to be incorporated herein. Date （日期）：	
Pre carriage by （前程运输） Place of Receipt （收货地点）		
Ocean vessel （船名） Voy. No.（航次） Port of Loading （装货港）	场站章	
Port of Discharge （卸货港） Place of Delivery （交货地点）	Final Destination for Merchant's Reference （目的地）	

Particulars Furnished by Merchants

Container No. （集装箱号）	Seal No. （封志号） Marks & Nos. （标记与号码）	No. of containers or P'kgs.（箱数或件数）	Kind op Packages: Description of Goods （包装种类与货名）	Gross Weight 毛重(公斤)	Measurement 尺码(立方米)
TOTAL NUMBER OF CONTAINERS OR PACKAGES(IN WORDS) 集装箱数或件数合计(大写)					

Container No. （箱号） Seal No. （封志号） Pkgs. （件数） Container No. （箱号） Seal No. （封志号） Pkgs. （件数）

Received （实收） By Terminal clerk （场站员签字）

FREIGHT & CHARGES	Prepaid at （预付地点）	Payable at （到付地点）	Place of Issue（签发地点）
	Total Prepaid （预付总额）	No. of Original B(s)/L（正本提单份数）	BOOKING （订舱确认） APPROVED BY

Service Type on Receiving □-CY, □-CFS, □-DOOR	Service Type on Delivery □-CY, □-CFS, □-DOOR	Reeter Temperature Required.（冷藏温度）	°F	°C
TYPE OF GOODS （种类）	□Ordinary,（普通） □Reefer,（冷藏） □Dangerous,（危险品） □Auto.（裸装车辆） □Liquid,（液体） □Live Animal,（活动物） □Bulk（散货） □	危险品	Glass: Property: IMDG Code Page: UN NO.	

图 2-3 场站收据样张

委托集装箱码头堆场与用箱人交接集装箱与相关设备的凭证。设备交接单样张如图 2-4 所示。

设备交接单主要内容有船名、航次、用箱人、提单号、箱号、箱型、尺寸、提箱人、提箱点、交接时的状况、进出场的目的、损坏记录等。

设备交接单的主要作用为对集装箱进行跟踪管理和区分责任。

注：上海港于 2018 年 3 月 20 日起，在上海水运口岸开展国际集装箱设备交接单无纸化工作试点，即日起不再使用设备交接单。

设备交接单分为进场与出场两种。

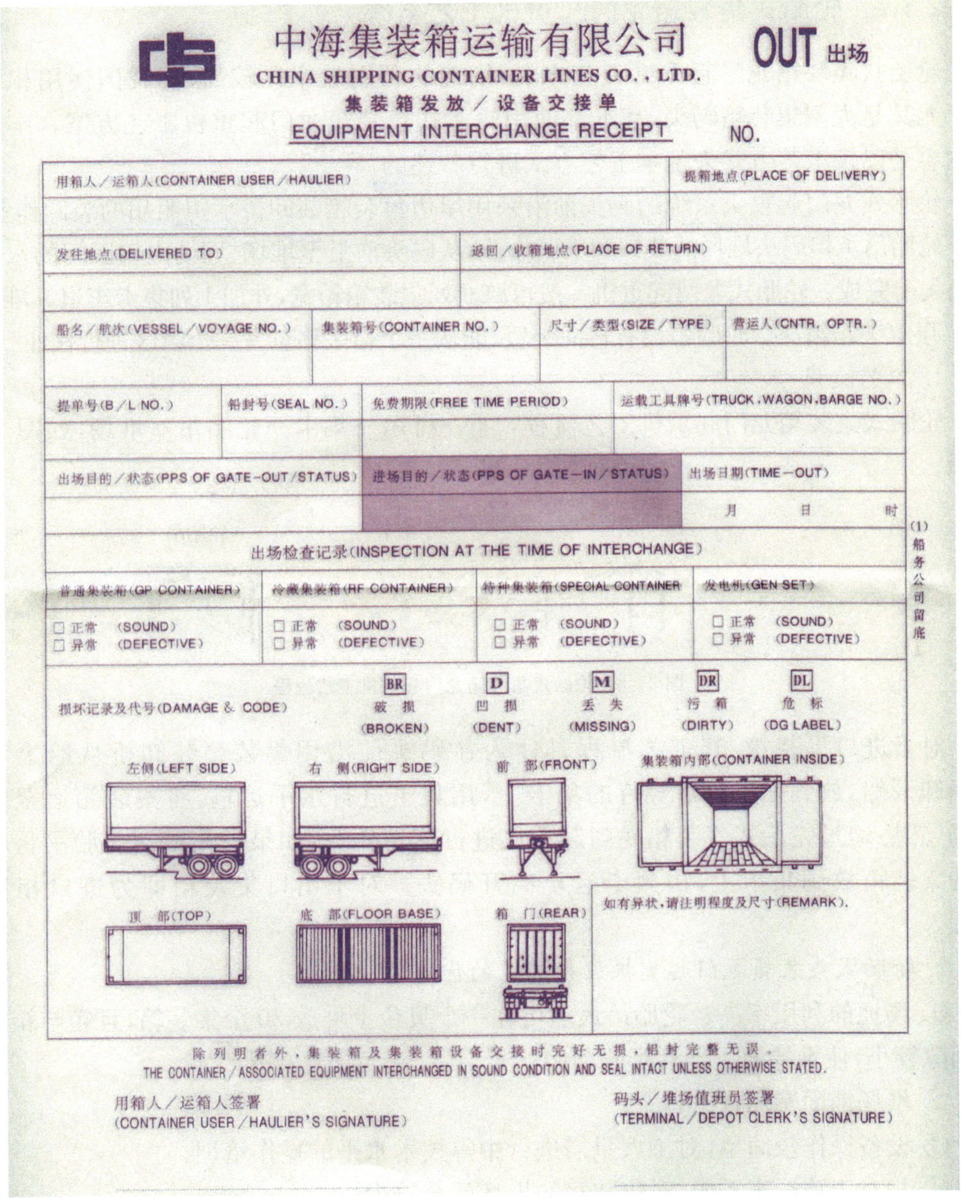

中海集装箱运输有限公司
CHINA SHIPPING CONTAINER LINES CO., LTD.
OUT 出场
集装箱发放／设备交接单
EQUIPMENT INTERCHANGE RECEIPT
NO.

用箱人／运箱人(CONTAINER USER／HAULIER)
提箱地点(PLACE OF DELIVERY)
发往地点(DELIVERED TO)
返回／收箱地点(PLACE OF RETURN)
船名／航次(VESSEL／VOYAGE NO.)
集装箱号(CONTAINER NO.)
尺寸／类型(SIZE／TYPE)
营运人(CNTR. OPTR.)
提单号(B／L NO.)
铅封号(SEAL NO.)
免费期限(FREE TIME PERIOD)
运载工具牌号(TRUCK, WAGON, BARGE NO.)
出场目的／状态(PPS OF GATE-OUT／STATUS)
进场目的／状态(PPS OF GATE-IN／STATUS)
出场日期(TIME-OUT)
月 日 时

出场检查记录(INSPECTION AT THE TIME OF INTERCHANGE)

普通集装箱(GP CONTAINER)
□ 正常 (SOUND)
□ 异常 (DEFECTIVE)
冷藏集装箱(RF CONTAINER)
□ 正常 (SOUND)
□ 异常 (DEFECTIVE)
特种集装箱(SPECIAL CONTAINER)
□ 正常 (SOUND)
□ 异常 (DEFECTIVE)
发电机(GEN SET)
□ 正常 (SOUND)
□ 异常 (DEFECTIVE)

损坏记录及代号(DAMAGE & CODE)
BR 破损 (BROKEN)
D 凹损 (DENT)
M 丢失 (MISSING)
DR 污箱 (DIRTY)
DL 危标 (DG LABEL)

左侧(LEFT SIDE)
右侧(RIGHT SIDE)
前部(FRONT)
集装箱内部(CONTAINER INSIDE)
顶部(TOP)
底部(FLOOR BASE)
箱门(REAR)
如有异状，请注明程度及尺寸(REMARK).

除列明者外，集装箱及集装箱设备交接时完好无损，铅封完整无误。
THE CONTAINER／ASSOCIATED EQUIPMENT INTERCHANGED IN SOUND CONDITION AND SEAL INTACT UNLESS OTHERWISE STATED.

用箱人／运箱人签署
(CONTAINER USER／HAULIER'S SIGNATURE)
码头／堆场值班员签署
(TERMINAL／DEPOT CLERK'S SIGNATURE)

(1) 船务公司留底

图 2－4　设备交接单样张

2.3　传统集装箱码头常见装卸工艺

集装箱码头相对一般件杂货码头，其最突出的优点是作业的高效性。而装卸工艺是码头作业高效率的保证。合理地选择码头的工艺类型，是顺利开展码头生产的前提。

所谓装卸工艺，是指港口装卸和搬运货物的方法和程序，按一定的操作过程，根据港口的条件，针对不同的货物、运输工具和装卸设备，以合理和经济的原则来完成装卸和搬运任务。

2.3.1 轮胎式集装箱龙门起重机工艺系统

轮胎式集装箱龙门起重机工艺方案,场地的利用效率比较高,在我国使用相当普遍。尤其是大型集装箱码头,基本都使用轮胎式集装箱龙门起重机工艺方案。本书后续内容是以该工艺方式为基本工艺方式进行叙述的。

轮胎式龙门起重机系统的码头前沿采用岸边集装箱装卸桥承担船舶的装卸作业。

轮胎吊承担码头堆场的装卸和堆码作业,从码头前沿至堆场、堆场内箱区间的水平运输由集卡完成。轮胎式龙门起重机一般可跨6列集装箱箱宽,外加1列集卡车道。堆高为3~5层集装箱箱高。轮胎吊设有转向装置,能从一个箱区移至另一个箱区进行作业。

1. 工艺流程

轮胎式集装箱龙门起重机工艺流程:船→桥吊→集卡→轮胎吊→堆场,如图2-5所示。

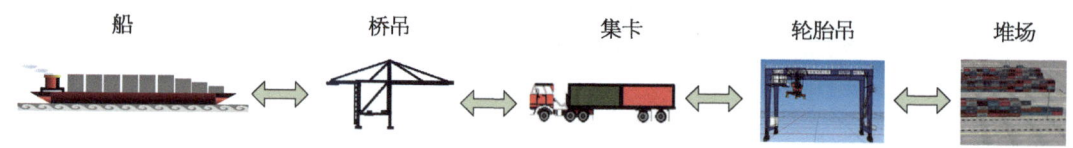

图2-5 轮胎式集装箱龙门起重机工艺流程

对于进口集装箱,其工艺流程具体为在码头前沿用集装箱装卸桥从船上将集装箱卸下船,放到在岸桥下等待的集卡上,用集卡进行水平运输,将集装箱运至码头堆场,然后通过轮胎式集装箱龙门起重机进行落箱作业,如果提箱就用轮胎吊将场地里的集装箱放到集卡上,由集卡运至离开码头。对于出口集装箱即为进口相反的过程。

2. 轮胎式集装箱龙门起重机装卸工艺的优点

① 场地的利用率高。轮胎吊最多可在一个贝位上堆放30个集装箱,且箱与箱之间的间隙较小,使堆场面积得到有效利用;

② 堆场铺面费用较少;

③ 设备操作较简单,对工人只需进行中等技术水平的操作培训;

④ 相对于跨运车系统,对集装箱的损坏就会较少;

⑤ 轮胎吊采用90°转向和定轴转向,占用通道面积小;

⑥ 与轨道式龙门起重机相比,不受轨道的限制,可从一个箱区移至另一个箱区;

⑦ 可采用直线行走自动控制装置实行行走轨道自动控制,并可采用计算机控制,易于实现集装箱装卸作业自动化。

3. 轮胎式集装箱龙门起重机装卸工艺的缺点

① 相对于跨运车系统,该系统的灵活性不够。虽然可进行跨箱区作业,但移动的耗时较长;

② 由于龙门起重机的跨距大、堆垛层数高,故提取集装箱较困难,倒垛率较高。

③ 轮胎式龙门起重机需配各集装箱拖运车承担水平运输,增加了作业环节。

④ 初始投资也较高,每台岸边集装箱装卸桥需配备 4 台以上的龙门起重机,而轮胎式龙门起重机的造价高,使码头的固定成本增加。

轮胎式龙门起重机系统适用的码头轮胎式龙门起重机系统适用于陆地面积较小的码头。我国大部分传统集装箱码头采用这种工艺系统。

2.3.2 轨道式龙门起重机工艺系统

轨道式龙门起重机工艺系统与轮胎式龙门起重机工艺系统相比,堆场机械的跨距更大、堆高能力更强。轨道式龙门起重机可堆积 4~5 层集装箱,可跨 14 列甚至更多列集装箱。

1. 工艺流程

轨道式集装箱龙门起重机装卸工艺通常有以下两种:

① 船→桥吊→集卡→轨道吊→堆场,如图 2-6 所示。

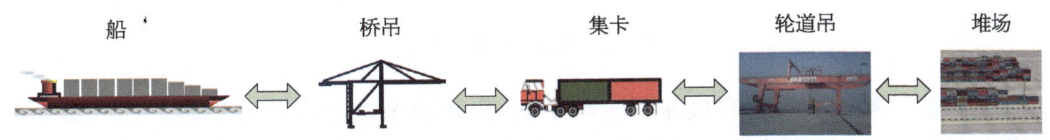

图 2-6 轨道式集装箱龙门起重机工艺流程(1)

② 船→桥吊→轨道吊→前方堆场,如图 2-7 所示。

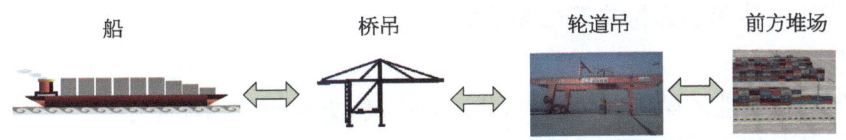

图 2-7 轨道式集装箱龙门起重机工艺流程(2)

第一种形态适用于码头后方堆场,工艺流程为集装箱装卸桥从船舶卸下集装箱,通过集卡水平运输到后方堆场,然后用轨道式集装箱龙门起重机进行堆场作业。第二种形态适用于码头前方堆场,集装箱装卸桥将集装箱从船上卸下后,直接与轨道式集装箱龙门起重机对接,完成集装箱堆场作业。

2. 优点

① 堆场面积利用率高;
② 机械结构简单,维修作业的可靠性高;
③ 机械设备的维修管理费用低,营运费用低;
④ 机械为电力驱动,节省能源;
⑤ 机械沿轨道运行,有利于实施计算机控制,易于实现集装箱装卸的自动化。

3. 缺点

① 机动性差,轨道式龙门起重机只能沿轨道运行,作业范围受到限制;
② 跨距大,提箱、倒箱困难;
③ 投资也较大。

码头轨道式龙门起重机系统适用于场地面积有限、集装箱吞吐量较大、计算机控制度高的水陆联运码头。

2.3.3 底盘车装卸工艺系统

底盘车系统是美国海陆公司首先采用的一种装卸工艺方式,故又称海陆方式。码头的前沿采用岸边集装箱装卸桥(俗称桥吊、装卸桥)承担船舶的装卸作业,该系统的主要特点是集装箱在码头堆场的整个停留期间均放置在底盘车上。

1. 工艺流程

船→桥吊→底盘车→堆场,如图 2-8 所示。

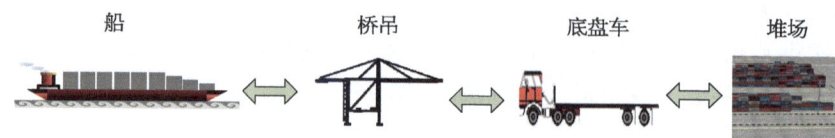

图 2-8 底盘车装卸工艺流程

进口集装箱由装卸桥直接卸到底盘车上,集装箱牵引车将载有集装箱的底盘车拖到堆场停放,出场时集装箱牵引车将载有集装箱的底盘车从堆场上直接拖出港区,将集装箱送到客户门上。出口集装箱由集装箱牵引车将载有集装箱的底盘车从港区外拖进港区停放在堆场上,装船时再由集装箱牵引车将载有集装箱的底盘车从堆场拖到码头前沿,由岸边集装箱装卸桥将箱吊装上船。

2. 优点

① 集装箱在港的操作次数减少,装卸效率高,集装箱的损坏率小;
② 底盘车可直接用于陆运,适用于门到门运输;
③ 底盘车轮压小,对场地的承载能力要求低,节省场地的铺面投资;
④ 工作组织简单,对装卸工人和管理人员的技术要求低;
⑤ 场地不需要复杂昂贵的装卸设备。

3. 缺点

① 为方便停放底盘车和进行拖挂作业,要求有较大的场地,场地的利用率低;
② 底盘车的需求量大,投资大,在运量高峰期可能会出现因底盘车不足而间断作业的现象;
③ 不易实现自动化;
④ 采用这种系统的大型码头拖运距离长,在高峰期容易造成港内道路堵塞。

底盘车装卸工艺适用于集装箱通过量小、场地大和整箱比例大、拼箱少的集装箱码头。现在世界上用这一装卸工艺的码头非常少。

2.4 自动化/半自动化集装箱码头常见装卸工艺

自动化/半自动化集装箱码头相对于传统集装箱码头,其最突出的优点是远程操控,克服了恶劣天气对于人工作业的限制,从而显著提高了作业的效率。在码头总体布局上自动化/半自动化集装箱码头与传统集装箱码头并没有很大差异,但是在装卸工艺上有较大区别。装卸船作业设备一般都选用岸边集装箱起重机(岸桥);堆场作业:传统集装箱码头一般选用轮胎式起重机(RTG)也有少量的选用轨道式龙门起重机(RMG),而自动化码头基本上都选用轨道龙门起重机(RMG)。

目前集装箱自动化码头按水平运输设备的不同分为四类:水平运输采用 AGV 或立体分配系统的全自动化码头,以及水平运输采用跨运车或集卡的半自动化码头。

2.4.1 水平运输采用 AGV 的全自动化码头

世界上首座自动化码头 ECT 就采用具有自主导航和定位功能的 AGV 作为水平运输设备。该类型自动化码头的布局比较灵活,比较适用于各种规模大小及堆场平面几何形状不同的码头,后方堆场通常垂直于码头岸线布置。第一代的 AGV 只能按照固定路线行驶,从汉堡 CTA 开始进行了优化,行驶路径灵活,不受作业路线约束,可在任何无障碍物的地方转弯行驶。

为了提高作业效率,岸桥一般采用双小车形式,主小车的工作区间在船和中转平台之间,门架小车负责中转平台与 AGV 的衔接,每垛通常采用 2 台自动化轨道吊,如图 2-9 所示。

图 2-9 堆场垂直岸线布置模拟图

AGV 可采用的动力形式为内燃机、纯电池或混合动力,每次可装载 2 个 20 ft 或 1 个 40 ft 集装箱,定位精度达±5 cm。有超声波探测装置和其他辅助安全避碰装置,能够检测在全速行驶到停止运行的减速位移范围内的障碍物,避免发生碰撞。码头中央控制室对 AGV 的工作和集装箱堆场中的自动起重机(ASC)进行管理和控制,实现了完全自动化。

由于 AGV 不具备自装卸功能,可能在作业交互区与自动化轨道吊相互等待。为了提高作业效率,解决 AGV 与轨道吊的作业"握手"问题,ZPMC 研制一套 AGV 工作伴侣,工作于堆场端部的作业区。

AGV 伴侣应用的典型码头:荷兰 ECT、德国汉堡 CTA、荷兰 Euromax。

2.4.2 水平运输采用跨运车的半自动化码头

与采用 AGV 方案一样,跨运车同样行驶路径灵活,适用于不同大小及形状的码头。同时,跨运车具有自装卸功能,可单独实现集装箱在不同区域间的转运。堆场一般垂直于码头岸线方向布置,每个堆场箱区布置 2 台自动化轨道吊,分别负责对两端的跨运车和集卡作业。跨运车自动化码头模拟示意如图 2-10 所示。

图 2-10 跨运车自动化码头模拟示意图

跨运车的动力可以为内燃机、混合动力或全电力驱动。

典型码头:韩进西班牙 TTI 码头,美国弗吉尼亚码头。

2.4.3 水平运输采用立体分配系统的全自动化码头

该类型是 ZPMC 自行研制,适用于 1~2 个泊位、形状比较规则(长方形)的中小型码头。立体分配系统由低架桥结构件、起重小车、低架桥平板小车和地面平板小车组成(图 2-11)。

立体分配系统自动化码头模拟示意如图 2-12 所示。

图2-11 立体分配系统组成示意图

图2-12 立体分配系统自动化码头模拟示意图

起重小车负责低架桥平板车与地面平板车之间集装箱的转运,由于集装箱在船上的方向与堆场内的方向不一致,起重小车具有±90°回转功能。低架桥平板车负责岸桥与起重小车之间的转运,地面平板车可以将集装箱从低架桥上起重小车下输送到堆场内的任一指定位置。

由于所有设备均在轨道上运行,调度控制系统简单,可靠性高,可减少平面运输产生的交通堵塞;运行在轨道上的起重小车和平板车采用全电力驱动,无内燃机。堆场内的轨道吊不需长距离运行,节能环保。轨道上运行的设备采用了磁尺等现代化手段实现 5 mm 精度的准确定位,同时可实现有效避障及紧急情况下的紧停操作。

(a)

(b)

图 2-13 采用立体分配系统的自动化码头示范线

典型码头:ZPMC 在长兴基地建成了自动化码头示范线,尚无实际运用。

2.4.4 水平运输采用集卡的半自动化码头

除以上三种类型的自动化集装箱码头外,现有部分码头堆场设备采用远程操控的轨道吊,但水平运输依然采用集卡,这些码头主要集中在韩国和台湾地区,如韩国韩进码头、釜山新港,台湾台北港、高雄阳明港等。

(a)

(b)

图 2-14 韩国韩进釜山码头

但该类码头由于仅堆场区域实现了半自动化,自动化程度低,随着港口吞吐量快速增长和集装箱船舶的大型化趋势,特别是 3E 级 18000 TEU 船舶即将投入使用,集装箱接卸的稳定高效,节能环保,降低营运成本已成为港口经营者关注的重点,而提高集装箱码头自动化程度是减少码头人力成本,提高港口的通过能力,减少能源消耗,提升港口形象发展的必然趋势。

2.4.5 代表性自动化码头装卸工艺特点比较

国际自动化集装箱码头的发展大致可以分为三个阶段,根据其设备自动化和管控系统的技术水平也可称为 3 代自动化集装箱码头。各代集装箱码头装卸工艺特点比较见表 2-1。

表 2-1 各代集装箱码头装卸工艺技术特点比较

技术特点	ECT Delta、DDE、DDW	德国汉堡CTA	鹿特丹Euromax	日本Tobishima	美国弗吉尼亚国际码头	新加坡PasirPanjang
岸桥	单小车半自动	双小车半自动	双小车半自动	单小车半自动	双小车半自动	单小车半自动
水平运输车辆在岸边的作业区	岸桥跨距内	岸桥陆侧外伸距	岸桥陆侧外伸距	岸桥陆侧外伸距/岸桥跨距内	岸桥陆侧外伸距	岸桥跨距内
水平运输/驱动	AGV/内燃	AGV/内燃	AGV/内燃	AGV/内燃	轨行车辆/电动	拖挂车/内燃
堆场布置方向	与岸线垂直	与岸线垂直	与岸线垂直	与岸线平行	与岸线垂直	与岸线平行
水平运输车辆在堆场的作业区	堆场靠近岸边一侧	堆场靠近岸边一侧	堆场靠近岸边一侧	进入堆场内部	进入堆场内部	进入堆场内部
水平运输距离	短	短	短	长	长	长
堆场起重机/驱动	全自动轨道式/电动,每个箱垛两台	全自动轨道式(双机穿越)/电动,每个箱垛两台	全自动轨道式/电动,每个箱垛两台	全自动轮胎式/内燃	全自动轨道式/电动,每个箱垛两台	全自动高架桥式/全自动轨道式/电动
堆场起重机的堆码高度和宽度	4层(堆4过5)6排	5层(堆5过6)10排	5层(堆5过6)10排	—	—	8层(堆8过9)OHBC:左右各5排;RMG:12排
堆场起重机的二次装卸	从一辆集卡上接卸一只集装箱将其直接送到箱垛另外一端时需向邻近前沿的堆场起重机进行二次装卸	不需要二次装卸,同一箱垛的堆场起重机轨距不同,可相互穿越运行	从一辆集卡上接卸一只集装箱将其直接送到箱垛另外一端时需向邻近前沿的堆场起重机进行二次装卸	—	—	—
集卡在堆场作业区	陆侧装卸点	陆侧装卸点	陆侧装卸点	进入堆场内部	陆侧装卸点	进入堆场内部
岸桥:AGV:ARMG	1:8.8:6	1:6:3	1:8:4.8	—	—	—
码头初始投资	大	更大	大	大	大	大
故障对作业的影响	一台发生故障,对同一箱垛的堆场起重机作业影响很大	影响很小,有效避免相互之间的影响	一台发生故障,对同一箱垛的堆场起重机作业影响很大	设备发生故障后,此垛停止作业	一台发生故障,对同一箱垛的堆场起重机作业影响很大	一台设备发生故障,可以将其从作业区域移开,而不耽误堆区内作业
对堆场自动化装卸技术的要求	高	更高	高	高	高	高
技术水平	一代	二代	三代	三代	三代	一代

2.5 集装箱码头进出口业务简介

集装箱码头在整个集装箱运输过程中占据中心位置,所有的运输过程都在这里汇聚,并且集装箱码头在很大程度上控制着国际运输、联运的速度和效率。集装箱码头为船舶营运商、发货人及收货人等提供许多的服务,通常可以将码头的服务分为三个阶段的活动:

① 集装箱到达;
② 集装箱存放;
③ 集装箱离开。

2.5.1 集装箱码头出口业务

集装箱码头出口业务,其活动过程如图 2-15 所示。

图 2-15　装箱码头出口业务活动流程

"接收"是集装箱用公路车辆、铁路或驳船运达集装箱码头,该过程即为集装箱的到达;"存放"是指集装箱运进堆场或仓库临时堆放直至船舶到港装船,该过程即为集装箱的存放;"装船"是指集装箱装上船舶运出港口,该过程即为集装箱的离开。

对于出口集装箱,在集装箱运往港口之前,和该出口集装箱有关的基本信息即由船舶营运商发给码头公司;将信息输入码头的信息系统中,以便码头计划人员可以准备编制集装箱集港计划。然后,集装箱及货物的详细信息也由船舶营运商发给码头公司并加到信息系统中。之后码头可以为集装箱接收、等待船舶到达期间的临时存放地,按照装船和装载做周密的堆场计划。

集装箱通常在船舶到达的几天之前就通过公路、铁路或内陆水道运输的方式运到码头,以便按照预先计划的顺序组织装船。当集装箱连同文件到达时,可以马上对照已经在码头信息系统中的集装箱记录进行检查并更新。每个集装箱到达时,要检查有无破损的迹象、检查门上的封条、对集装箱及其货物进行称重。编制一份设备交接单(EIR)文件,记录有关集装箱到达的时间和有关集装箱及其状况的特定信息。EIR 作为收条(确认集装箱移交给码头看管)和控制文件发给司机,使集装箱以受控的方式运到堆场中。不管是准备运到码头的存放区(准备装船)的集装箱还是运到 CFS(准备装箱)或运到空集装箱堆放区(等待集装箱主的进一步指示)的空箱,都需要发出 EIR。通过铁路或内陆水道运输的集装箱,也有相对的接收文件、检查和装卸程序。

对于需要在码头 CFS 内进行装箱作业的货物,需要在船舶抵港前的一定时间内到达码头,保证有对集装箱中与其他货物进行分组的时间。船舶营运商编制装船单给 CFS,CFS 人员按照这个装船单把货物装进空箱。海关和其他手续通常在 CFS 进行装箱时办理,当装箱完毕后把门封好。码头信息系统更新有关的货物和集装箱信息,装好的集装箱就被运到堆场等待船舶到港进行装船。

通常将第一部分活动的内容归纳为集装箱"接收"为第二部分活动为集装箱的存放。完成了接收手续后,集装箱(从接货地点或 CFS)运到码头存放区内指定的位置。集装箱在堆场中的位置已经根据所装船舶、卸货港、尺寸和重量预先安排好。冷冻集装箱、危险品集装箱或超宽、超高集装箱需要放在指定的特殊箱区。在放到位置时,每个集装箱的存放位置记录在码头信息系统的集装箱记录中,以便可以在装船时被快速而精确地找到。

最后就是装船作业,出口集装箱在周密计划的顺序中从场区运到码头前沿。在那里再次对集装箱进行检查并装到船上计划好的装载位置。在这里需要进行理货,核对装上船的集装箱是否正确及完整。装船的集装箱也可能是刚刚送到码头上的集装箱;这些集装箱可能会不经存放直接运到船边;即使如此,在处理集装箱的每个过程中也要把有关的信息全部输入信息系统中。在最后一个集装箱装上船、舱面装载的集装箱已经紧固好后,更新和纠正装载信息,准备发送给船舶停靠的下个港口,之后船舶就可以起航。至此,出口集装箱的第三个活动顺序就完成了,集装箱也就离开了码头。

2.5.2 集装箱码头进口业务

对于集装箱码头进口业务,其活动过程如图 2-16 所示。

图 2-16 装箱码头进口业务活动流程

"卸船"是集装箱从船上卸到码头,该过程即为集装箱的到达;"存放"是指集装箱运进堆场或者仓库临时堆放直至将集装箱提走,该过程即为集装箱的存放;"发送"是指集装箱用公路车辆、铁路或驳船提走,该过程即为集装箱的离开。

尽管进口和出口集装箱的活动顺序不同,通过码头的流动方向完全相反,但是他们还是有许多共同之处,尤其在有关集装箱的信息记录方式方面,集装箱的有关情况同样都输入到信息管理系统(MIS)中。

对于进口集装箱,将卸货(卸船)集装箱的有关信息,包括其在船上的装载位置,预先由船舶营运商传送给码头,以便码头计划人员可以准备详尽的卸船计划和卸船堆场计划,同时为即将卸船的集装箱构建集装箱记录。在卸船时应该尽可能接近和高效率地按照计划进行,以减少船舶在港口停留的时间。每个集装箱依次吊起,放到船边,检查集装箱和门封状况;发现任何破损必须记录并向船方报告。集装箱再核数并更新码头的信息系统，以记录集装箱到达港口时间。

集装箱从船上卸下之后被运到堆场内，与出口集装箱一样，卸下的进口集装箱按照尺寸、货物性质、目的地、运输方式等，被送到场区内预先指定的位置。再次更新码头信息系统中的集装箱记录，记录集装箱存放的地点，以便在集装箱需要运出码头或运到 CFS 时可立即找到该箱子。另外，在集装箱返回场区等待提货前，可能需要临时运到一个特定的区域以供海关或卫生部门验货。所有这些移动信息都会在信息系统中全面计划和记录，以便知道每个集装箱在每一刻的准确位置，这样才能保证集装箱不丢失。

集装箱离开码头视情况有所不同，有些卸下的集装箱会经公路、铁路或内陆水道送到收货人的所在地，也有集装箱会运到 CFS 开箱。船舶营运商会告诉码头公司把哪些集装箱运到 CFS 开箱，而哪些集装箱需要完整无缺地提走；它还会发出指示移动某些存放、准备在发货人所在地装箱的空集装箱；同时，通知收货人（或其代理人）货物何时运送至港口，而码头或 CFS 通知何时可以提货。根据合同条款，船舶营运商还可以委托当地货车、铁路或内陆水道运输公司，做出必要的运输安排，将集装箱交付给收货人。

在码头的规定时间内，来提箱的货车司机到达码头，交出授权提取集装箱的文件，收到作为收条的 EIR，得到把集装箱从堆场提走的指示。在卡车离开码头时，再次检查集装箱有无破损，封条是否完好并填写 EIR。更新码头信息系统中的集装箱记录，完成安全和其他手续，将集装箱运至内陆目的地。当然，对于通过铁路或内陆水道提货，文件、检查和装卸程序都大同小异。这是进口集装箱的最后一个步骤。

对于需要进 CFS 拆箱的货物，其提货过程稍有不同。在 CFS 内拆箱的集装箱按照码头计划员制定的一个可行的时间表，从堆场将集装箱运到 CFS 的拆箱区，更新集装箱记录以表明集装箱已经离开堆场。在 CFS，检查集装箱是否完好，在海关的监管下开封，从集装箱中卸出货物。对照船舶营运商提供的装箱单进行检查，各项货物运到仓库，而空集装箱从 CFS 的卸货地点运回到空集装箱堆存区，相应地更新码头的信息系统。同时，完成货物文件的编制和管理程序，以便收货人或其代理人能够提走货物。在货物离开时，修改 CFS 记录，记录货物的离开。

以上就是集装箱必须完成的活动，它能够有效地起到国际运输链中心环节的作用，虽然完成进口和出口集装箱活动的具体内容有所不同，但是所依据的原则（集装箱到达、集装箱存放、集装箱离开的过程）是一样的，而与集装箱的移动方向无关。

第3章

集装箱码头卸船业务管理

卸船作业流程概述
卸船业务信息收集与处理
卸船作业的计划与调度
卸船实际作业
卸船作业综合案例
智能卸船系统

3.1 卸船作业流程概述

码头的装卸生产作业是环环相扣的,要想全面了解集装箱码头卸船业务流程,必须从整体上研究各个信息流环节,分析各环节相互之间的关系,进一步明确各模块所涉及的业务逻辑关系。

集装箱码头的进出口业务可分为四种:① 卸船业务;② 提箱业务;③ 集港业务;④ 装船业务。其中前两种为进口业务的两个阶段,后两种为出口业务的两个阶段,如图3-1所示。

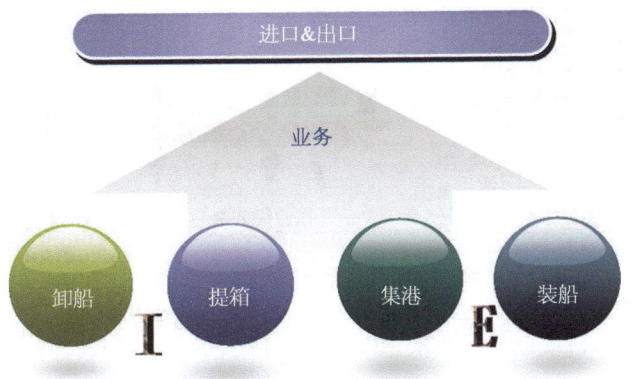

图3-1 集装箱码头主要业务

集装箱码头的卸船业务作业流程大致可分为图3-2所示的三大环节。

图3-2 卸船作业三大环节示意图

① 信息收集与处理,是各项业务的第一步准备工作,也是信息系统正常运行的数据基础。

② 资源计划与调度,是指码头装卸作业的资源分配与流程安排,包括泊位、场地、桥吊、场桥、内集卡等的计划和调度。

③ 实际作业,是指现场工作人员根据中控的调度安排进行实际的装卸作业。

进口箱经过运输、卸船、落箱进入港区堆场,其间作业的准备和控制工作一般要经过图3-3所示步骤。

图3-3所示为集装箱码头进口卸船业务流程,整个流程贯穿码头多个部门的工

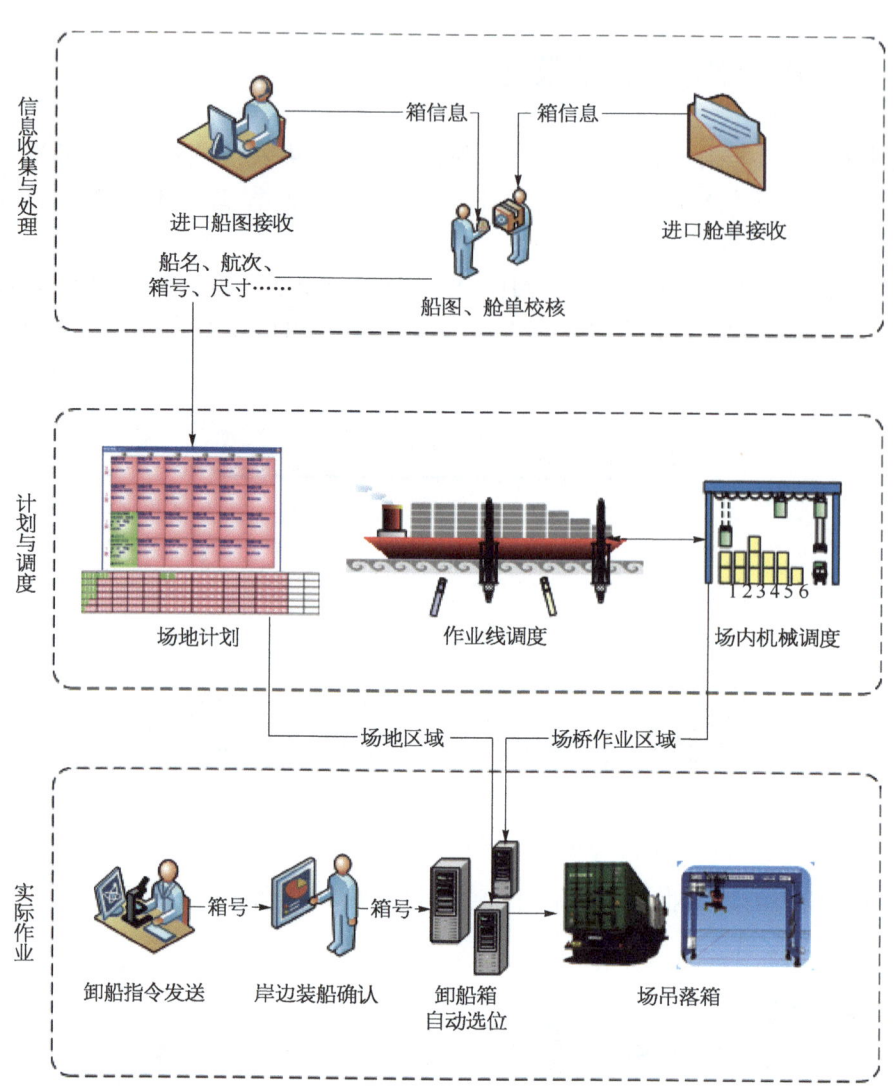

图 3-3 卸船业务流程示意图

作,从信息的搜集,到计划、控制及现场作业,以下具体介绍作业流程。

(1) 船图、舱单信息录入

港口集装箱进口卸船作业需要向电脑录入船舶在本港卸船的全部集装箱数据及相应的舱单资料,前者通常称为进口船图,后者称为进口舱单。进口船图,即船舶积载图,记录集装箱在某个航次上具体装载位置,同时记录装载要求的信息;进口舱单,即记录某航次所载全部集装箱的货物信息,包括提单号、唛头、危险品等级等。码头信息中心收到船公司或代理公司发送的船图、舱单信息,通过某种手段输入港口的电脑管理系统从而建立进口卸船箱资料,一般可分为手工和 EDI 两种方式进行。

(2) 船图、舱单信息校核

船图是卸船作业的依据,舱单是核对短卸、溢卸及货主提箱受理或 CFS 拆箱数据的依据,它们从两个侧面反映了进口箱的各种数据。对船图和舱单中的箱数据进行相互校核可以检查出人工录入或经 EDI 传送过程中产生的差错,从而有效地提高进口箱数据的质量,保证进口资料的正确性。

(3) 船舶计划

根据码头信息中心核对并录入系统数据库中的船舶信息,编制船舶月度计划、近期计划和昼夜计划。船舶计划是整个码头生产的第一道工序,包含了所有航线、箱量等原始资料。

(4) 船舶靠泊确认

船舶靠港后,登记靠泊时间及卸船开始作业时间。

(5) 卸船堆存计划

在正式开工卸船之前,必须做好场地堆放计划,即进行卸船箱的堆场堆存计划,指明箱子从船上卸下来放在堆场的什么位置上。堆存计划可指定哪一只箱子卸到哪一个具体的场地箱位;也可以指定得较为粗略,到某一位或某一排;甚至更加粗化,只指定到某个堆存区域(若干位或若干排)。生产实践表明,太细的限定反而会使卸船的速度变慢,不利于卸船作业效率的提高。只有少量的特殊箱,如特种箱、罐装箱、冷冻箱、危险品箱等才需要指定比较细的堆存位置。

(6) 作业线调度

作业线调度的过程可以说是实施并调整装卸作业计划的过程,在船舶靠泊前,船控员根据船舶昼夜计划及数据库内的船舶积载信息等,掌握每一贝位中各种集装箱的箱型、尺寸、状态、危险品等信息,合理调配岸边装卸机械(桥吊),使得各桥吊能够最大限度地并行作业,避免人为因素造成的岸吊停产。

(7) 场桥、集卡调度

根据卸船堆存计划及场区内场桥的当前位置、作业区域等信息调度其至指定位置,为作业桥吊配置集卡,在作业路 TPS 控制模块中编制。

(8) 卸船指令

船控对当前贝上的部分待卸箱发送卸箱指令,从而使得岸边手持确认卸船的理货员可以看到待卸箱,以便手持工人进行选择。各条作业线上一般要少于 30 个,因为手持可显示的行数有限,而且太多也不便于查找。

(9) 桥吊卸箱至集卡

对应作业线上的桥吊司机收到卸箱指令,操作桥吊开始进行卸船作业,完成集装箱的第一次垂直运输过程,将集装箱卸船至集卡。卸船的柔性较大,可以任意改变同一贝上的卸船顺序,怎样卸方便、合理就怎样卸,不用拘泥于卸船顺序的安排。

(10) 卸箱确认

桥吊司机将箱子从船上卸至集卡上,手持工人看准卸下来的集装箱的箱号(一般看后四位就可以),在手持机上选择相应的箱号;集卡号为系统默认,正常情况下不会出现错误,如果有误也要选择正确的车辆或通知中控进行调车处理。手持工人的任务就是将与集卡相对应的托运箱号写入数据库。

(11) 卸船进场智能选位

卸船进场选位算法是由集装箱码头营运系统数据库服务器来执行的,其功能就是动态地监测场地内任务中已经被卸船落箱在集卡上,但还没有具体场地位置的卸船落位任务,一旦发现目标便根据相关数据流信息由卸船进场选位算法算出一个最合理的场地位置,并把该计算结果写入卸船箱落箱任务中。

(12) 生成落箱任务

服务器通过卸船进场智能选位运算,生成落箱任务发送至集卡 TPS 终端上和场桥车载终端上。

(13) 集卡拖箱至场区

集卡司机收到 TPS 终端上落箱任务,随即拖箱至任务指定的箱区内。

(14) 落箱进场确认

场桥司机收到车载终端上的收箱任务,进行收箱作业并确认落箱。确认后关闭落箱任务,释放集卡,标志此箱的卸船堆存任务完成。

3.2 卸船业务信息收集与处理

3.2.1 进口船图

船舶积载图,简称船图,记录某个航次的集装箱在船上的具体装载位置,同时记录装载的集装箱的具体箱信息和装卸要求等信息。船图是装卸船作业的依据。

3.2.1.1 进口船图的内容与作用

进口船图的内容主要分为两部分,即箱信息和堆存位置。

1. 船图箱信息的主要构成

① 箱号,是集装箱的唯一标识,理论上讲,就像身份证号码一样,箱号是不重复的。箱号包括两部分,分别是箱主代号和顺序号。箱号一般为 11 位,如"YMCU2008570",其中前四位即是箱主代号,国际标准化组织规定,箱主代号由四个大写的拉丁文字母表示,前三位由箱主自己规定,第四个字母一律用 U 表示;后七位是顺序号,由阿拉伯数字组成。如数字不足七位时,则在有效数字前用"0"补足七位,如"0531842"。

② 尺寸,一般指集装箱的长度,以英尺(ft)为单位。与集装箱码头相关的箱尺寸主要有三种:20 ft、40 ft 和 45 ft。其他长度的集装箱,如 10 ft、12 ft、30 ft、48 ft、53 ft 等一般都在件杂货码头装卸。

③ 箱高,即箱子的高度,一般有 $8'6''$ 和 $9'6''$ 两种高度,在集装箱码头,一般不计数字,只是定义为平箱和高箱两种,其中平箱($8'6''$)居多。

④ 箱型,即箱子的类型说明。箱型决定了可以装载的货物类型。集装箱码头处理的箱型主要有 GP(普通箱)、BU(散货箱)、FR(框架箱)、OT(开顶箱)、RF(冷藏箱)及 TK(罐式箱)等。其中,绝大多数为 GP 箱。

⑤ 货特,是指货物特殊要求,记录某个箱子是否为超限箱或危险品箱。凡是有货特记录的集装箱,在卸船时都需要特殊处理,且要增收特殊箱装卸费,因而该信息也是非常重要的。如果是超限箱,该字段会显示箱子的超限类型,有超高箱、超长箱、超宽箱、超高宽、超长宽、超高长、三超箱几种,这些箱子往往都不能直接通过桥吊吊具装卸,而是需要提前捆绑钢丝绳再由较有经验的桥吊司机来进行装卸作业。危险品箱根据装载货物

所具有的不同危险性分为九类,其中有些类别又分为若干项。

⑥ 持箱人,也称箱经营人,是指箱子本身的所属单位,该信息对空箱管理有至关重要的意义。

⑦ 装货港,集装箱被装运上船的港口。

⑧ 卸货港,集装箱被卸下船的港口。

⑨ 中转港,集装箱经由中转的港口。中转是指某港口装载的集装箱由船舶带入本港,在码头卸至堆场,再经码头装载上另一船舶出场至另一港口的过程。

⑩ 状态,是指箱子的交接状态和空重状态,一般有进口重箱(IF)、进口空箱(IE)、进口中转箱、出口中转箱、国际中转箱、内贸箱和过境箱等。

2. 箱子在船上的堆存位置

集装箱在船上的积载位置又称为船箱位,它由"贝""列""层"三个维度构成。

① 贝号,集装箱在专用船上的横排积载位置。编号方法:站在船上,面向船头,从前往后(船首至船尾)依次标明:01、02、03…。每个奇数贝是一个 20 ft 箱的长度,偶数贝由相邻的两个奇数组合构成,可以放 40 ft 或 45 ft 箱,如 02 贝则是占用 01 和 03 贝的位置。

② 列号,集装箱在专用船上的纵列积载位置。有两种标号方法:一种是自右舷端向左依次标明:01、02…;另一种是从中间向左右分标。右舷为单号,由中线向右编:01、03、05…,中线向左舷编双号:02、04、06…。最为常见的是第二种标法。

③ 层号:集装箱在专用船上的立体积载位置。编号方法分甲板和舱内两种。甲板上的编号自下而上依次编号:82、84、86…。舱内的编号自下而上依此编号:02、04、06…。

船箱位共有 6 位数字,其中前两个数字是贝号,中间两个数字是列号,后两个数字是层号。例如,箱位 040202 是表示这个集装箱积载在第四贝左舷第二行舱内第一层。

3.2.1.2 进口船图 EDI 平台格式及转换

随着集装箱运输规模的不断扩大,装卸箱量也迅速增长,船图中大量的集装箱信息如果采用传真后手工输入的方式不但会大大降低信息获取的速度、浪费作业时间,而且有可能造成误输入,给装卸作业流畅进行造成隐患。因此各大港口目前多使用电子数据交换(EDI)技术,由 EDI 中心对指定数据进行统一的编码,使得数据传输可以电子化,港方即可通过解码进行信息获取。

采用电子数据交换方式交换数据时,其数据的载体为报文。联合国行政、商业和运输业电子数据交换(UN/EDIFACT)是国际通用的 EDI 标准,为了利于与国际接轨,促进交通运输 EDI 的应用,我国交通部在《国际集装箱运输电子信息传输和运作系统及示范工程》中电子报文应用的基础上,经与数据交换各方协议商定,进一步修改完善了报文标准。该版本中的船图、进口舱单、装卸报告、溢卸/短卸/残损报告、堆存报告与《交通运输 EDI 信息网络(一期)工程》发布的平台文件的格式一致。

为便于初学者的理解,首先以"安盛集"一船的某个航次进口船图举例,从而展示 EDI 原始文件及转换后的船图信息,加深初学者的感性认识。

集装箱码头信息部的工作人员会通过 E-mail 或 ftp 等数据传输途径获取 EDI 文件,原始的 EDI 文件实际上是以".edi"为后缀的文本文件,如图 3-4 中所示文件"ba093244.edi"。

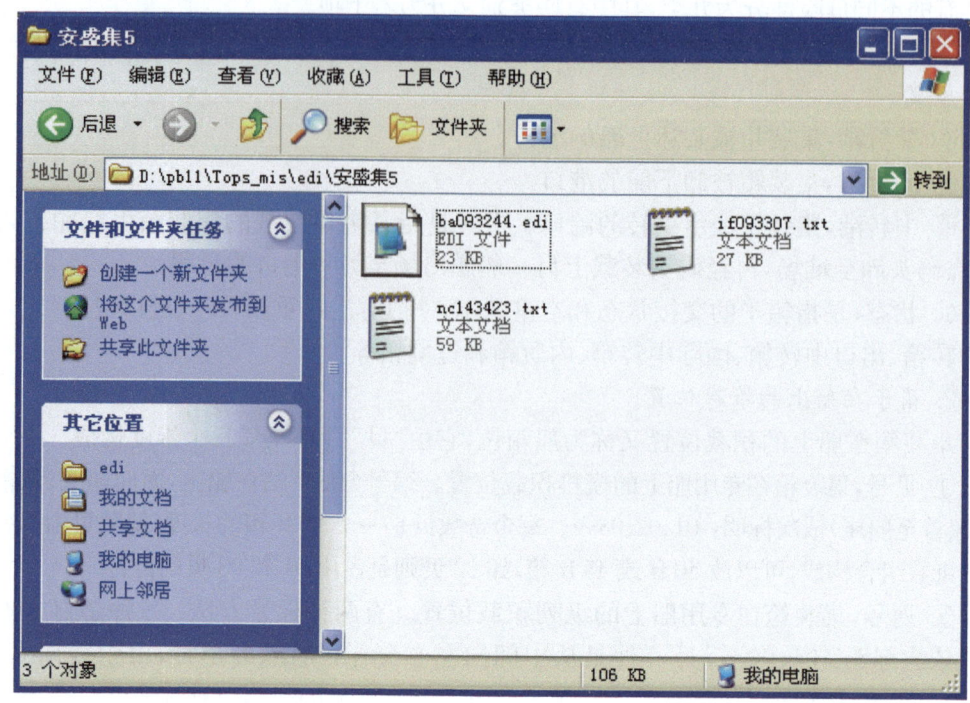

图 3-4 获取的船图文件

船图文件可以用记事本工具打开,下面的内容则是"安盛集5"的 0927 航次的进口船图编码:

```
00;BAPLIE;BAYPLAN;9;CUSTHY;GS2;200907060932;CNTSN;CNTSN'
10;ASJ5;安盛集5;CN;0927;;石湖-天津;20090706;20090707;CNTSN;天津;CNSTG;汕头'
11;QZAS;泉州安盛船务有限公司'
50;CLHU3544210;20GP;F;0030282;;;;;0;0;0;0;0;21000;0;QZAT;安通'
51;ATLQZTJ1700860'
52;CNQZJ;泉州;CNTSN;天津'
50;TEXU3986863;20GP;F;0170204;;;;;0;0;0;0;0;21000;0;QZAT;安通'
51;ATLQZTJ0800197'
52;CNQZJ;泉州;CNTSN;天津'
50;GESU3576210;20GP;F;0110306;;;;;0;0;0;0;0;21000;0;QZAT;安通'
51;ATLQZTJ1700866'
52;CNQZJ;泉州;CNTSN;天津'
50;GESU3363200;20GP;F;0090004;;;;;0;0;0;0;0;21000;0;QZAT;安通'
51;ATLQZTJ1700858'
52;CNQZJ;泉州;CNTSN;天津'
……………………………………………………………………………………
50;ATLU0005642;20GP;F;0010104;;;;;0;0;0;0;0;21000;0;QZAT;安通'
51;ATLQZTJ101848'
52;CNQZJ;泉州;CNTSN;天津'
50;GESU3575913;20GP;F;0110106;;;;;0;0;0;0;0;21000;0;QZAT;安通'
51;ATLQZTJ0700109'
52;CNQZJ;泉州;CNTSN;天津'
50;XINU1402849;20GP;F;0230304;;;;;0;0;0;0;0;21000;0;QZAT;安通'
```

51:ATLQZTJ1800423B'
52:CNQZJ:泉州:CNTSN:天津'
50:UETU2005683:20GP:F:0190406:::::0:0:0:0:0:21000:0:QZAT:安通'
51:ATLQZTJ1100585'
52:CNQZJ:泉州:CNTSN:天津'
50:CLHU3548767:20GP:F:0050004:::::0:0:0:0:0:21000:0:QZAT:安通'
51:ATLQZTJ1100600'
52:CNQZJ:泉州:CNTSN:天津'
50:TGHU3024913:20GP:F:0170006:::::0:0:0:0:0:21000:0:QZAT:安通'
51:ATLQZTJ1700876'
52:CNQZJ:泉州:CNTSN:天津'
50:XINU1428782:20GP:F:0230006:::::0:0:0:0:0:21000:0:QZAT:安通'
51:ATLQZTJ0800197'
52:CNQZJ:泉州:CNTSN:天津'
99:649'

如上所示的EDI文件内容是编码,然而码头作业管理人员需要使用的信息是类目分明的数据表及图形化的堆存结构图,因此,集装箱码头生产系统中必须有指定模块来完成对EDI文件的解码工作,如图3-5所示。

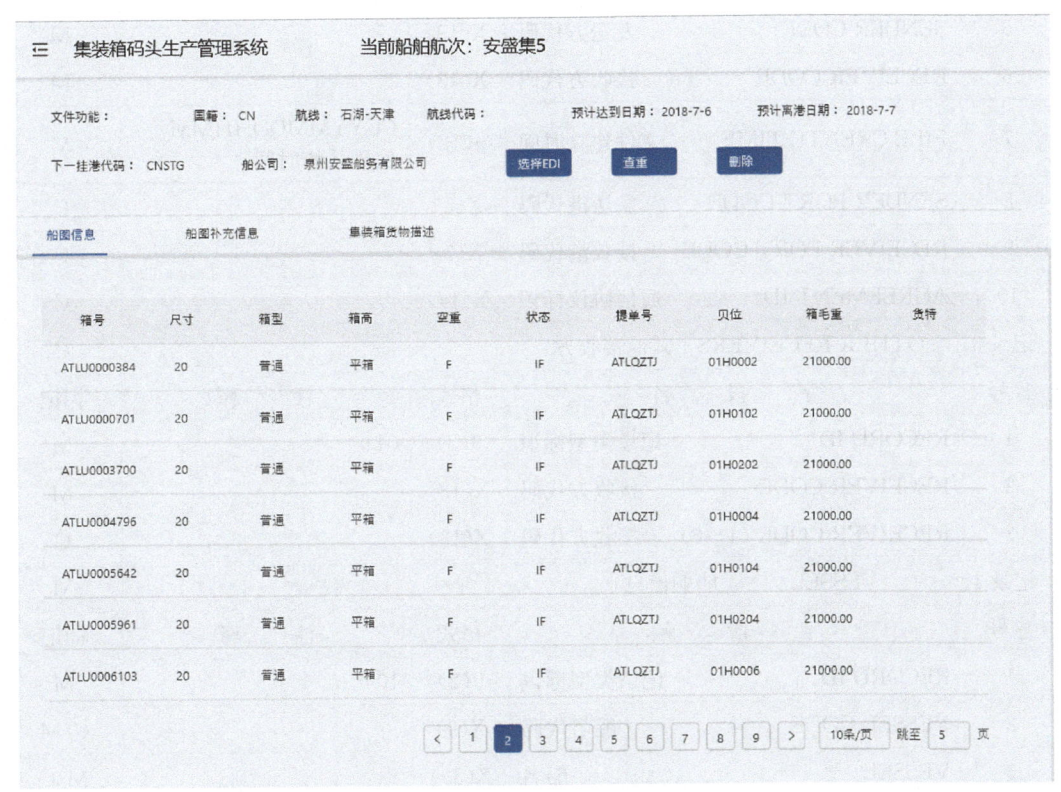

图3-5 进口船图EDI导入系统

显然,通过EDI导入船图信息,可以大大减轻码头作业人员的工作量,提高信息准确性。由此可知,信息的编码和解码一定是有标准的、有规则的,而这套标准就是我国交通部制定的"船图(BAPLIE)EDI平台文件格式"。

船图 EDI 平台文件(表 3－1)的具体转换标准如下。

发送方与接收方(进口)：卸港船舶代理→码头、理货、港监；

发送方与接收方(出口)：装港码头预配→理货、港监→装港船舶代理。

功能：本报文提供一个航次的船舶装载集装箱和货物的有关信息及其集装箱在船上贝位，是船方进行下一挂港装、卸的重要资料，也是港方安排装船、卸船作业的依据。

相应单证：进口船图、出口船图。

表 3－1　船图 EDI 平台文件

记录 00	HEAD RECORD 头记录				M
序号	字　段　名	格式	注　释		标记
1	RECORD ID	记录类型标识	9(2)	00	M
2	MESSAGE TYPE	报文类型	X(6)	BAPLIE	M
3	FILE DESCRIPTION	文件说明	X(35)	BAYPLAN	M
4	FILE FUNCTION	文件功能	X(2)	9＝原始　2＝增加 3＝删除　4＝变更	M
5	SENDER CODE	发送方代码	X(13)		M
6	RECEIVER CODE	接收方代码	X(13)		M
7	FILE CREATE TIME	文件建立时间	9(12)	CCYYMMDDHHMM 使用系统时间	M
8	SENDER PORT CODE	发送港代码	X(5)		C
9	RECEIVER PORT CODE	接收港代码	X(5)		C
10	AGREEMENT ID	通信协议标识	X(14)		C
记录 01	OTHER RECEIVERS 其他接收方				C
序号	字　段　名	格式	注　释		标记
1	RECORD ID	记录类型标识	9(2)	01	M
2	RECEIVER CODE	接收方代码	X(13)		M
3	RECEIVER CODE (1～8)	接收方代码	X(13)		C
记录 10	VESSEL 船舶信息				M
序号	字　段　名	格式	注　释		标记
1	RECORD ID	记录类型标识	9(2)	10	M
2	VESSEL CODE	船名代码	X(9)		C/M
3	VESSEL	船名	X(35)		M/C
4	NATIONALITY CODE	船舶国籍代码	X(2)		C
5	VOYAGE	航次	X(6)		M
6	TRADE CODE	航线代码	X(10)		C
7	TRADE	航线	X(35)		C

(续表)

记录 10	VESSEL	船舶信息			M
序号	字 段 名		格式	注 释	标记
8	ETD ARRIVED DATE	预计到达日期	9(8)	CCYYMMDD	C
9	SAILING DATE	离港日期	9(8)	CCYYMMDD	M
10	DEPART PORT CODE	离港地点代码	X(5)		M/C
11	DEPART PORT	离港地点	X(35)		C/M
12	NEXT CALLING PORT CODE	下一挂港代码	X(5)		M/C
13	NEXT CALLING PORT	下一挂港	X(35)		C/M

记录 11	LINES INFORMATION	船公司信息			M
序号	字 段 名		格式	注 释	标记
1	RECORD ID	记录类型标识	9(2)	11	M
2	SHIPPING LINE CODE	船公司(承运人)代码	X(13)		C/M
3	SHIPPING LINE	船公司(承运人)	X(35)		M/C

记录 50	CONTAINER INFORMATION	集装箱信息			M
序号	字 段 名		格式	注 释	标记
1	RECORD ID	记录类型标识	9(2)	50	M
2	CTN. NO.	箱号	X(12)		M
3	CTN. SIZE & TYPE	集装箱尺寸类型	X(4)		M
4	CTN. STATUS	集装箱状态	X(1)	E=空 F=整 L=拼	M
5	Stowage Location	船箱位	9(7)	Bay:000,Row:00,Tier:00	M
6	TEMPERATURE I	温度计量单位	X(1)	C=摄氏 F=华氏	C
7	TEMPERATURE SETTING	设置温度	X(5)	见注	C
8	MIN. TEMPERATURE	冷藏最低温度	X(5)		C
9	MAX. TEMPERATURE	冷藏最高温度	X(5)		C
10	Over Length Front	前超	9(4)	厘米	C
11	Over Length Back	后超	9(4)	厘米	C
12	Over Width Left	左超	9(4)	厘米	C
13	Over Width Right	右超	9(4)	厘米	C
14	Over Height	超高	9(4)	厘米	C
15	GROSS Weight	箱毛重	9(5).9	千克	M
16	TARE Weight	箱皮重	9(5).9	千克	C
17	CTN. OPERATOR CODE	箱经营人代码	X(13)		M/C
18	CTN. OPERATOR	箱经营人	X(35)		C/M

注:温度中,除正(+)负(-)号及小数点外,最多只能 3 位数字

(续表)

记录51	B/L NO. INFORMATION	提单号信息			C
序号	字 段 名		格式	注 释	标记
1	RECORD ID	记录类型标识	9(2)	51	M
2	B/L NO.	提单号	X(20)		M

注：拼箱货时可用此记录描述其中关键货物的提单号

记录52	PLACE INFORMATION	地点信息			M
序号	字 段 名		格式	注 释	标记
1	RECORD ID	记录类型标识	9(2)	52	M
2	LOAD PORT CODE	装货港代码	X(5)		M/C
3	LOAD PORT	装货港	X(35)		C/M
4	DISCHARGE PORT CODE	卸货港代码	X(5)		M/C
5	DISCHARGE PORT	卸货港	X(35)		C/M
6	PLACE CODE OF DELIVERY	交货地代码	X(5)		C
7	PLACE OF DELIVERY	交货地	X(70)		C
8	TRANSFER PORT CODE	中转港代码	X(5)		C
9	TRANSFER PORT	中转港	X(35)		C

记录53	OPT. DISH. PORT INFORMATION	可选卸货港信息			C
序号	字 段 名		格式	注 释	标记
1	RECORD ID	记录类型标识	9(2)	53	M
2	OPT. DISCH PORT-1 CODE 第一可选卸货港代码		X(5)		M/C
3	OPT. DISCH PORT-1	第一可选卸货港	X(35)		C/M
4	OPT. DISCH PORT-2 CODE 第二可选卸货港代码		X(5)		C
5	OPT. DISCH PORT-2	第二可选卸货港	X(35)		C
6	OPT. DISCH PORT-3 CODE 第三可选卸货港代码		X(5)		C
7	OPT. DISCH PORT-3	第三可选卸货港	X(35)		C
8	OPT. DISCH PORT-4 CODE 第四可选卸货港代码		X(5)		C
9	OPT. DISCH PORT-4	第四可选卸货港	X(35)		C
10	OPT. DISCH PORT-5 CODE 第五可选卸货港代码		X(5)		C
11	OPT. DISCH PORT-5	第五可选卸货港	X(35)		C

(续表)

记录 54	DANGEROUS CARGO INFORMATION 危险品信息				C
序号	字 段 名	格式	注 释		标记
1	RECORD ID　　　　　　　记录类型标识	9(2)	54		M
2	CLASS　　　　　　　　　危险品分类	X(5)			M
3	PAGE　　　　　　　　　　危险品页号	X(7)			C
4	UNDG NO.　　　　　　　 联合国危险品编号	9(4)			M
5	LABEL　　　　　　　　　危险品标签	X(32)			C
6	FLASH POINT　　　　　　危险货物闪点	X(5)	摄氏		C
7	EMS NO.　　　　　　　　船运危险品应急措施号	X(6)			C
8	MFAG NO.　　　　　　　医疗急救指南号	X(4)			C

注：拼箱货时可用此记录描述其中关键货物的危险品信息

记录 55	CARGO INFORMATION 货物描述				C
序号	字 段 名	格式	注 释		标记
1	RECORD ID　　　　　　　记录类型标识	9(2)	55		M
2	CARGO CODE　　　　　　货类代码	X(3)	海关 HS 代码		C
3	CARGO DESCRIPTION (1～5)　货物描述	X(35)			C

注：拼箱货时可用此记录描述其中的主要货物，也可不用。记录 55 最多可重复 9 次（对货物描述而言）

记录 99	TRAILER RECORD 尾记录				M
序号	字 段 名	格式	注 释		标记
1	RECORD ID　　　　　　　记录类型标识	9(2)	99		M
2	RECORD TOTAL OF FILE　记录总数	9(6)	包括：头、尾记录		M

记录结构：

　　　　00　头记录　　　　　　　　　　　　　M1
　　　　01　其他接受方　　　　　　　　　　　C1
　　　　10　描述船舶有关的基本数据项目　　　M1
　　　　11　描述船舶有关的补充信息　　　　　M1
　　　　50　集装箱信息　　　　　　　　　　　M9999
　　　　51　提单号信息　　　　　　　　　　　C1
　　　　52　地点信息　　　　　　　　　　　　M1
　　　　53　可选卸货港信息　　　　　　　　　C1
　　　　54　危险品信息　　　　　　　　　　　C1
　　　　55　货物描述　　　　　　　　　　　　C9
　　　　99　尾记录　　　　　　　　　　　　　M1

平台文件是根据实际应用与相应的纸面单证编制的统一的用户数据格式。对平台文件的设计，兼顾了 UN/EDIFACT 报文标准和对应单证所需的数据项。以下是对平台文件的一些说明：

① 平台文件记录不定长，字段不定长。每条记录以一个撇号（'）作结束符（也可再加回车），记录中字段之间用冒号（:）作分隔符。

释放符（?）：若平台文件某一字段的内容包含分隔符（:）或结束符（'）时，应在分隔符（:）或结束符（'）前加一个释放符（?），释放符不计入字符串长度。

② 在平台文件中，必备型记录用"M"表示，条件型记录用"C"表示，分别标注在每条记录数据结构的右上角。条件型记录不被选用时，可整条记录省略。

③ 记录中的每个字段都标出了其序号、字段名、格式、注释、标记。

序号——说明该字段在记录中的顺序号，如 5 表示记录的第 5 个字段。

当一个字段组需重复时，其下属字段序号表示为"$m-n$"，m 表示该字段组在记录中的顺序号，n 表示该下属字段在字段组的顺序号。

字段名——说明该字段（或字段组）的英文、中文名及重复次数，如"(1-3)"表示最多可重复三次。

格式——说明字段的类型和最大长度，例如：

X(2)表示字符型，最大长度为 2。

9(2)表示数值型，最多 2 位整数。

9(5).9 表示数值型，最多 5 位整数，1 位小数，数值的正负号不占位。

9(12)若表示日期型则在注释中说明（CCYYMMDDHHMM），其值无正负号和小数点。

注释——对该字段的备注及代码的使用说明。

标记：M 表示该字段在记录中必须使用；C 表示该字段在记录中可以选用，如果不选用，分隔符仍不可省略；M/C 表示首选 M，其次选 C；C/M 表示首选 C，其次选 M。

同一字段的代码和名称，如果代码为 M/C，而名称为 C/M，则两者必选其一，首选代码，当代码和名称同时出现时，以代码为准。如果代码为 C/M，而名称为 M/C，则两者必选其一，首选名称，当代码和名称同时出现时，以名称为准。

④ 记录结构。它反映了平台文件中各种类型的记录出现的顺序，记录的组合及循环的最多次数，并以 M 表示此循环是必选的，以 C 表示此循环是可选的。

⑤ 其他规定。

为了与 UN/EDIFACT 应用层语法规则匹配，数值型字段应注意：小数点符号前后至少应有一个数字，即不允许".5"和"2."，而允许"0.5"和"2.0"；也不允许使用三元分割符，即不允许"2,500,000"，而允许"2500000"。

集装箱箱号采用 4 位前缀加 7 位数字编号的形式，当前缀不足 4 位时，应在其右边用空格补足，如 ABC 1234567；当校验位用 2 位时可用 8 位数字编号，编号不足位时应左对齐。

文件功能除了"9（原始文件）"以外，还可按用户间的协议采用"2"（增补箱子）、"3"（删除箱子）、"4"（数据变更）等。

3.2.1.3 进口船图的一般显示方式

“船图”两字，从字面意义上看应该是一副显示船上积载状态的图。然而从上述船图的 EDI 原始文件及导入系统后的船图信息来看，船图似乎是一组文字，并没有什么图形内容。事实上，船图和库场图、箱区图等一样，也有其图像化的显示方式，而且是与前面所述的 EDI 和文字信息表的显示方式相同的，信息也是一致的。因此，将船图的常用显示方式归纳如下。

1. EDI 编码显示

见 3.2.1.2 小节。

2. 文字信息显示

文字信息显示方式是以数据表格的形式显示船图信息。这种显示方式虽不像图形化显示那样直观，但是却易于查找和编辑，因此常用于查询信息和修改船图信息，是常用的船图显示方式，如图 3－6 所示。

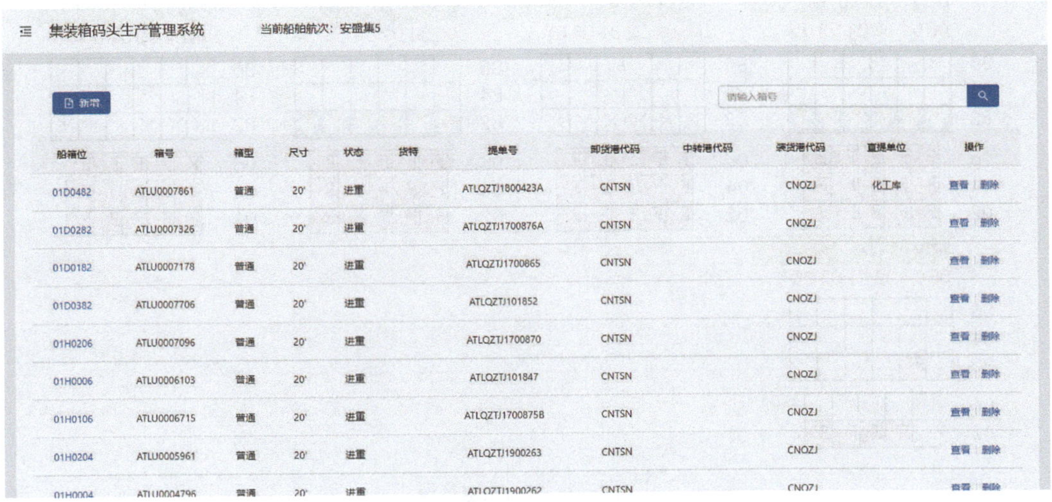

船箱位	箱号	箱型	尺寸	状态	货特	提单号	卸货港代码	中转港代码	装货港代码	直提单位	操作
01D0482	ATLU0007861	普通	20'	进重		ATLQZTJ1800423A	CNTSN		CNOZJ	化工库	查看 删除
01D0282	ATLU0007326	普通	20'	进重		ATLQZTJ1700876A	CNTSN		CNOZJ		查看 删除
01D0182	ATLU0007178	普通	20'	进重		ATLQZTJ1700865	CNTSN		CNOZJ		查看 删除
01D0382	ATLU0007706	普通	20'	进重		ATLQZTJ101852	CNTSN		CNOZJ		查看 删除
01H0206	ATLU0007096	普通	20'	进重		ATLQZTJ1700870	CNTSN		CNOZJ		查看 删除
01H0006	ATLU0006103	普通	20'	进重		ATLQZTJ101847	CNTSN		CNOZJ		查看 删除
01H0106	ATLU0006715	普通	20'	进重		ATLQZTJ1700875B	CNTSN		CNOZJ		查看 删除
01H0204	ATLU0005961	普通	20'	进重		ATLQZTJ1900263	CNTSN		CNOZJ		查看 删除
01H0004	ATLU0004796	普通	20'	进重		ATLQZTJ1900262	CNTSN		CNOZJ		查看 删除

图 3－6 进口船图录入与修改

由此可见，船图的文字信息显示模式便于操作，当需要批量处理或修改船图信息时常用此种显示模式。

3. 船图总貌显示

进口船图总貌是指以船型定义为依据，将全船各个贝位上的进口箱和过境箱以图形化的方式显示出相互之间相对的堆存位置。这样便可以将船舶的全部贝剖面简图显示在同一页面上，以方便阅读、形成整体概念。此外，进口船图总貌亦可用于辅助安排卸船堆存计划，在实际卸船过程中也可作为查询途径使用。因此，进口船图总貌表达信息的特点是简洁、明了、醒目。

图 3－7 所示为“安盛集 5”0927 航次的进口船图总貌，每个箱子按照船箱位的不同分别显示在不同贝位内的不同位置上，箱子上的颜色、字母或图标分别代表着不同含义，如D代表危险品箱，R代表冷藏箱，F代表一般进口重箱，□代表进口空箱，代表

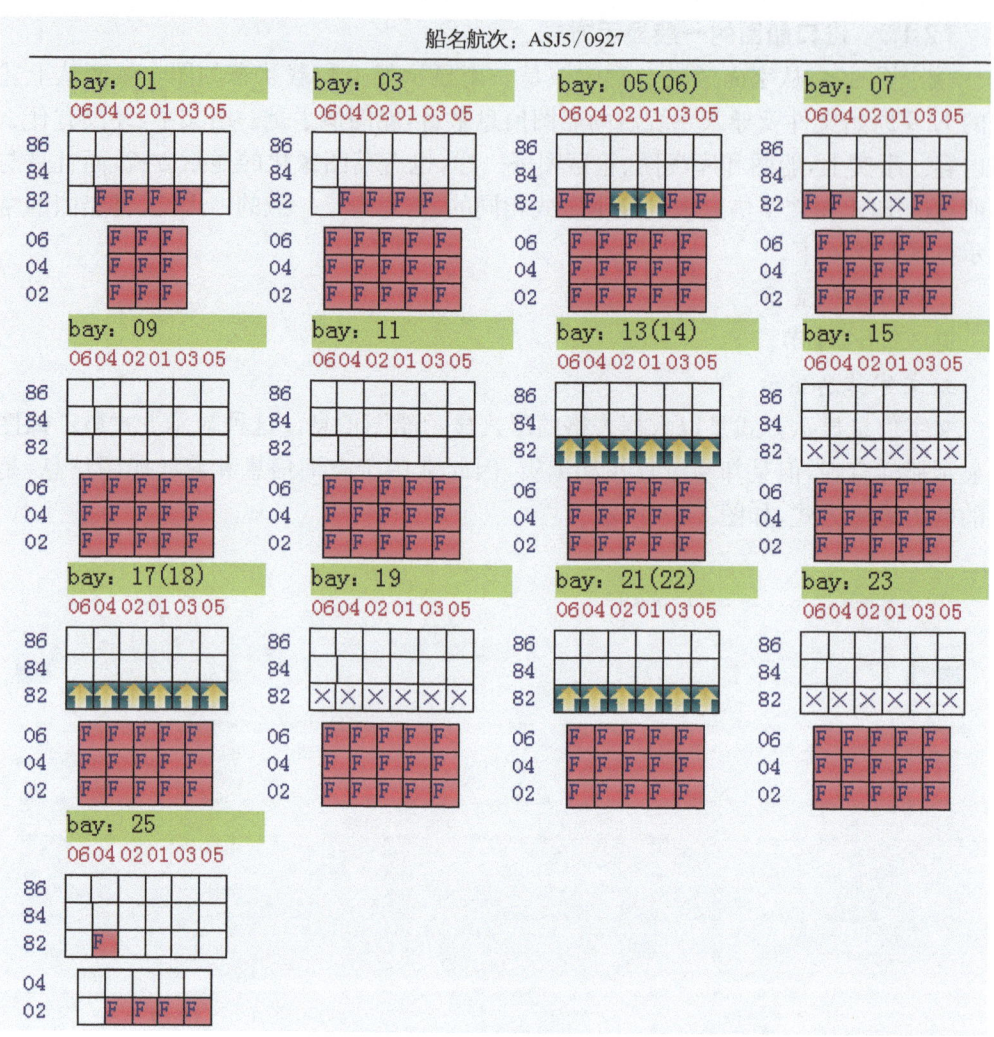

图 3-7 进口船图总貌

高箱，W 代表出舱翻箱，Z 代表中转箱，O 代表超限箱等。很显然，码头管理者在船图总貌上可以很方便地看出特殊箱的位置和大致数目。船图总貌的显示方式承载的信息量不如文字表格承载的信息量大，但是却更有针对性。

4. 分贝图显示

进口分贝图显示是指以船型的贝内结构为依据，以图形化方式动态显示某船舶航次某个贝上的进口箱和过境箱的主要箱信息。该种显示模式一般会配合船图总貌，可以说是对总貌图的局部放大图。因为船图总貌虽然可以直观地看出每个箱子的堆存位置及其所在贝剖面的堆存状态，但是却无法看到箱号、装货港、卸货港、尺寸、箱重、箱型、箱高、状态、货特和持箱人等影响生产的核心信息，所以分贝图更加细化了贝剖面显示的内容，其特点是在兼顾图形化特点的同时能够显示较多的核心箱信息，因而更便于使用。图 3-8 所示为"新华 801"0903N 航次 01 贝上的分贝图。

图 3-8 所示的进口分贝图，每个箱子所在的位置也是根据其船箱位在船型定义中该贝内的位置来显示的。在分贝图上除了可以直接查看箱子的文字信息，也可以根据

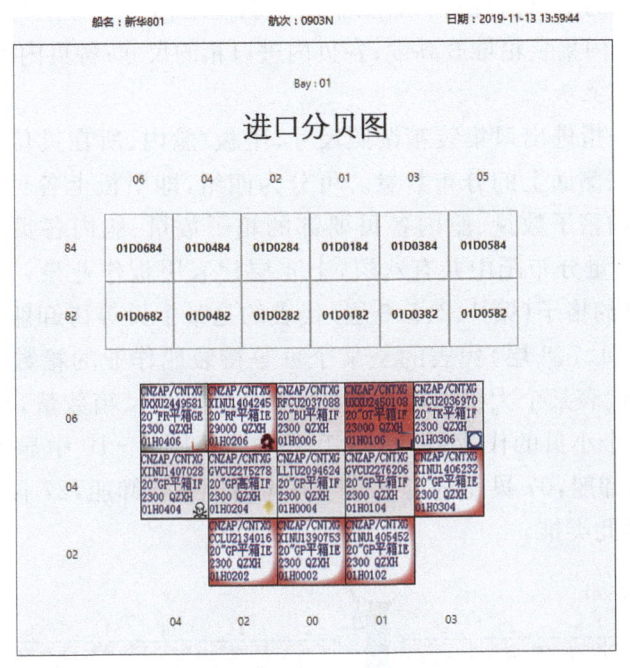

图3-8 进口分贝图

箱子的颜色、渲染和右下角的图标直观地看出箱子的空重状态和特殊性。例如,中间是白色边角是红色的箱子则代表是空箱;由上下至中间呈渐变色的代表是重箱,且箱子越重颜色越深;如果渲染色是灰黑色,那代表该箱子是过境箱,即不是卸到本港的箱子。右下角的图标代表对应的箱子具有某种特殊性,例如:☠表示为危险品箱,45表示为45尺箱,❀表示为冷藏箱,需要冷柜插槽,↑表示为高箱,○表示为罐式箱,⊏表示为开顶箱,⊐表示为框架箱。

5. 船舶侧面图显示

顾名思义,船舶侧面图是指集装箱在船上堆存位置的侧面剖图。总貌图和分贝图显示的是船舶宽度方向横断面(贝)上的集装箱堆存情况,而船舶侧面图则是显示船舶长度方向上的集装箱堆存情况,如图3-9所示。

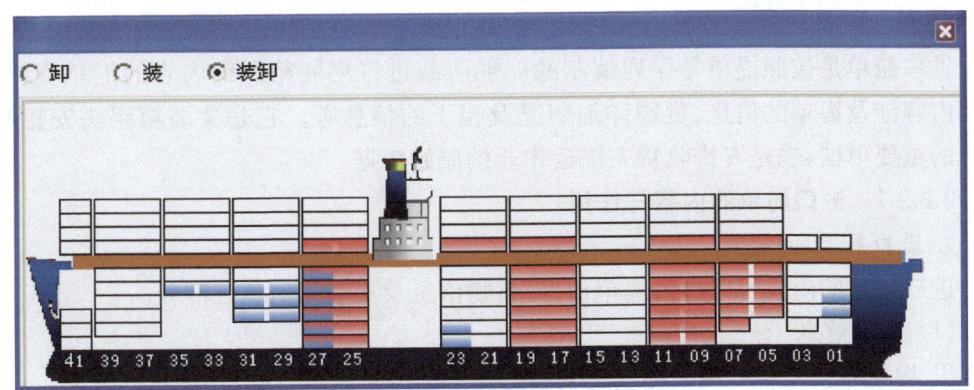

图3-9 船舶侧面图

侧面图上显示的主要信息有：船舶舱内的舱位结构与甲板层可堆放高度；机舱位置；靠泊方向；各贝内集装箱堆放高度；各贝内进口箱的尺寸；各贝内配载箱的尺寸。

6. 箱量分布图显示

箱量分布图是指进出口集装箱按照尺寸、甲板/舱内、所在贝位、装卸属性等信息分组统计的在船舶侧面上的分布数量。可分为四组，即甲板上各贝要卸的箱子数量、甲板上各贝要装的箱子数量、舱内各贝要卸的箱子数量、舱内各贝要装的箱子数量。

图 3-10 所示的箱量分布图中共有八层，上 4 层代表甲板作业量，下 4 层代表舱内作业量；粉红色背景的格子（第 1、2、5、6 层）代表的是某个贝等待卸船作业的箱数，蓝色背景的格子（第 3、4、7、8 层）代表的是某个贝等待装船作业的箱数；其中较长的格子（第 1、3、5、7 层）代表某个大贝的作业量，即 40 ft、45 ft 尺箱数量，较短的格子（第 2、4、6、8 层）代表某个小贝的作业量，即 20 ft 箱数量。图 3-10 中显示 05 贝舱内有 13 个 20 ft 箱子等待卸船，07 贝舱内有 22 个 20 ft 箱子等待卸船，27 贝舱内有 39 个 20 ft 箱子等待装船，以此类推。

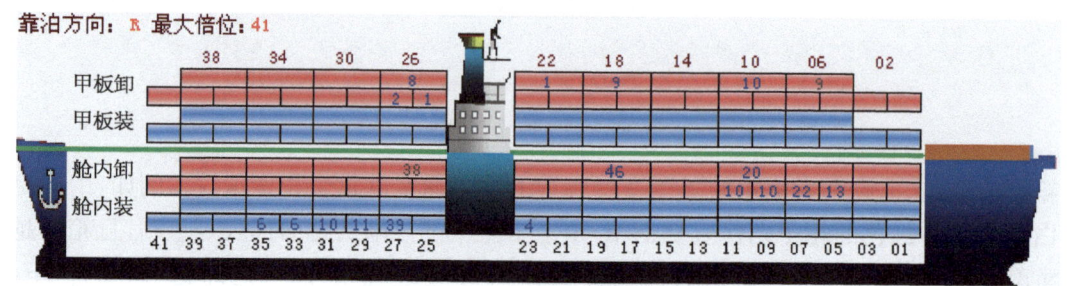

图 3-10 箱量分布图

与船舶侧面图相比，箱量分布图不显示船舶的侧面允许堆存结构和实际堆存结构。

箱量分布图上显示的主要信息有：各贝在船舶长度方向上的相对水平位置；各贝内待卸箱的数量统计；各贝内已配载箱的数量统计；机舱位置；靠泊方向。

箱量分布图本身的图形结构虽然不能表示船舶的实际结构，然而它却是一张形象的统计图，因此在实际作业中的使用频率往往比侧面图更高。

3.2.2 进口舱单

进口舱单是按照提单号序列编制的船舶所载进口集装箱详细内容的汇总资料，其主要内容涉及提单的信息、货物详细情况及箱子的信息等。它是集装箱码头安排卸船作业的重要单证，也是安排收货人提运作业的原始依据。

3.2.2.1 进口舱单的内容与作用

1. 进口舱单的内容

进口舱单的内容可以分为提单信息、货物信息及集装箱信息三部分。

（1）提单信息

① 提单号。是客户用来提取集装箱的提单的编号，是受理提箱计划的依据。

② 交付条款。集装箱运输中，根据集装箱货物的交接地点不同，整箱货和拼箱货在

船货双方之间的交付条款主要有以下九种。

a. 门到门(Door to door)：是指运输经营人由发货人的工厂或仓库接收货物，负责将货物运至收货人的工厂或仓库交付。在这种交付方式下，货物的交接形态都是整箱交接。

b. 门到场(Door to CY)：是指运输经营人在发货人的工厂或仓库接收货物，并负责将货物运至卸货港码头堆场或其内陆堆场，在 CY 处向收货人交付。在这种交接方式下，货物也都是整箱交接。

c. 门到站(Door to CFS)：是指运输经营人在发货人的工厂或仓库接收货物，并负责将货物运至卸货港码头的集装箱货运站或其在内陆地区的货运站，经拆箱后向各收货人交付。在这种交接方式下，运输经营人一般是以整箱形态接受货物，以拼箱形态交付货物。

d. 场到门(CY to door)：是指运输经营人在码头堆场或其内陆堆场接受发货人的货物（整箱货），并负责把货物运至收货人的工厂或仓库向收货人交付（整箱货）。

e. 场到场(CY to CY)：是指运输经营人在装货港的码头堆场或其内陆堆场接受货物（整箱货），并负责运至卸货码头堆场或其内陆堆场，在堆场向收货人交付。

f. 场到站(CY to CFS)：是指运输经营人在装货港的码头堆场或其内陆堆场接受货物（整箱），负责运至卸货港码头集装箱货运站或其在内陆地区的集装箱货运站，一般经拆箱后向收货人交付。

g. 站到门(CFS to Door)：是指运输经营人在装货港码头的集装箱货运站及其内陆的集装箱货运站接受货物（经拼箱后），负责运至收货人的工厂或仓库交付。在这种交接方式下，运输经营人一般是以拼箱形态接受货物，以整箱形态交付货物。

h. 站到场(CFS to CY)：是指运输经营人在装货港码头或其内陆的集装箱货运站接受货物（经拼箱后），负责运至卸货港码头或其内陆地区的货场交付。在这种方式下货物的交接形态一般也是以拼箱形态接受货物，以整箱形态交付货物。

i. 站到站(CFS to CFS)：是指运输经营人在装货码头或内陆地区的集装箱货运站接受货物（经拼箱后），负责运至卸货港码头或其内陆地区的集装箱货运站，（经拆箱后）向收货人交付。在这种方式下，货物的交接方式一般都是拼箱交接。

③ 装货港、中转港、卸货港。

(2) 货物信息

货物信息包括货物序号、货类代码、唛头数、货总件数、总重量、总体积等信息。

① 货物序号。一般情况下一份提单对应一类货物，但在实际工作中也有一份提单内包含多类货物的情况，货物序号就是用来标识不同种类货物的顺序号。

② 货类代码。货类代码是国家根据货物种类制定的一个标准代码，每类货物都有一个唯一对应的货类代码，部分货物的货类代码见表 3-2。

③ 唛头数，即运输标志，它通常是由一个简单的几何图形和一些字母、数字及简单的文字组成，其作用在于使货物在装卸、运输、保管过程中容易被有关人员识别，以防错发错运。其主要内容包括收货人代号、发货人代号、目的港（地）名称、件数及批号。

④ 货总件数、总重量、总体积等，指该类货物的总件数、总重量及总体积。

表 3-2　部分货类代码表

	货类代码	货物名称		货类代码	货物名称
1	01	煤炭及制品	7	013	洗煤
2	011	焦炭	8	015	煤制品
3	012	原煤	9	019	其他未列名煤炭及制品
4	0121	无烟煤	10	022	汽油
5	0122	烟煤	11	023	煤油
6	0123	褐煤			

（3）集装箱信息

集装箱信息的构成主要包括箱号、尺寸、箱高、箱型等，与 3.2.1.1 节进口船图中箱信息对应内容相同。在进口舱单中一类货物信息往往对应多条集装箱信息。

2. 进口舱单的作用

进口舱单是由船公司或船代编制的，简单地讲主要有两个功能：

① 当一条船截载或开船后，船公司根据客户最后确认的提单内容制作舱单，最重要的是有关货物的描述（件数、重量、品名等），然后以 EDI 形式传给海关，发货人最后退税时，货物报关内容必须与舱单一致，否则无法退税。

② 进口舱单是船公司随船的货物数据，可以理解为船公司内部的一份提单，在船到目的港时需要据此向目的港海关申报货物情况，它的货物描述必须与提货人持有的提单一致，否则收货人在目的港难以清关、提货。

3.2.2.2　进口舱单与进口船图的主要区别及作用分工

进口舱单和进口船图是集装箱进口业务中至关重要且必不可少的信息文件，进口船图信息是针对集装箱本身的，一箱一单，而进口舱单则是针对票的，即一票一单。船图信息中不包括运输合同信息和货物的信息，而舱单中也不包括箱子船箱位的信息。

进口船图主要用于卸船作业的安排，进口舱单则主要用于提箱受理及为 CFS 拆箱作业等提供数据。它们从两个侧面反映了进口箱的箱信息。对船图和舱单中的箱数据进行校核可以检查出人工录入或经 EDI 传送过程中所产生的差错，从而有效地提高进口箱数据的质量，保证进口箱资料的正确性。

3.2.2.3　进口舱单 EDI 平台格式及转换

与进口船图类似，为了减少或避免手工输入造成的失误及提高信息获取速度，各大港口都采用 EDI 技术获取进口舱单信息。仍以"安盛集 5"0927 航次的进口舱单举例，展示 TXT 原始文件及转换后的舱单信息。

如图 3-11 所示，集装箱码头信息部的工作人员仍以 E-mail 或 ftp 等数据传输途径获取 TXT 文件，原始的 TXT 文件实际上是以".txt"为后缀的文本文件，如图 3-11 中所示文件"if093307.txt"。

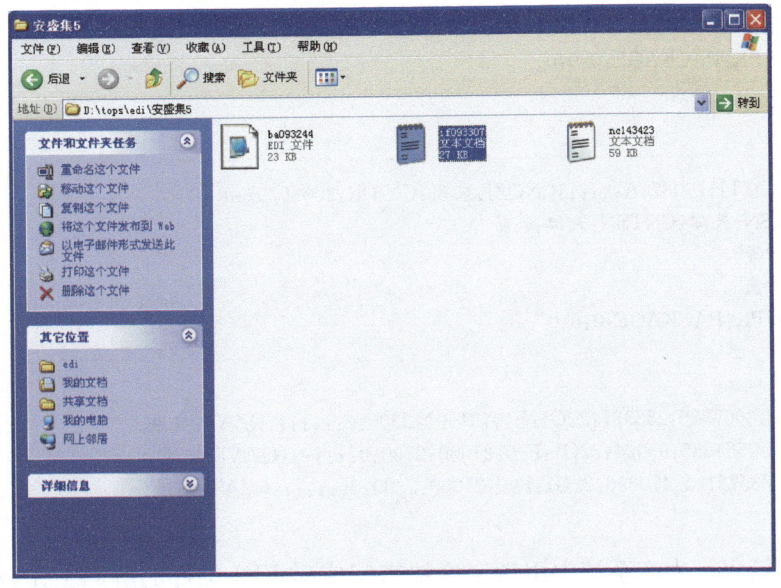

图 3-11　获取的舱单文件

"安盛集 5"0927 航次的进口舱单文件的编码如下所示：

0;IFCSUM;MAINFEST;9;CUSTHY;GS2;200907060933;CNXIN;CNXIN'
10;000309070116;安盛集 5;CN;0927;;石湖-天津;20090707;20090707;CNTSN;天津;CNSTG;汕头'
11;00030673;泉州安通物流有限公司'
12;ATLQZTJ1900259;;;;;CNQZJ;泉州;DR-DR;20090701;N;'
13;CNTSN;天津;CNTSN;天津;;;'
16;;磁灶'
17;;;吴晋发'
41;1;;1;PK;PACKAGE;0;0;0'
44;N/A'
47;瓷砖'
51;TGHU3876735;498495;22G1;F;0;21000;2300;0;;;;;;QZAT;安通'
51;UETU2036344;498336;22G1;F;0;21000;2300;0;;;;;;QZAT;安通'
51;GESU3577602;498387;22G1;F;0;21000;2300;0;;;;;;QZAT;安通'
51;GVCU2146373;497801;22G1;F;0;21000;2300;0;;;;;;QZAT;安通'
12;ATLQZTJ1900262;;;;;CNQZJ;泉州;DR-DR;20090701;N;'
13;CNTSN;天津;CNTSN;天津;;;'
16;;水头 0'
17;;;黄灿林'
41;1;;1;PK;PACKAGE;0;0;0'
44;N/A'
47;板材'
51;LLTU2030430;497344;22G1;F;0;21000;2300;0;;;;;;QZAT;安通'
51;UETU2005615;497524;22G1;F;0;21000;2300;0;;;;;;QZAT;安通'
51;CLHU3574663;497594;22G1;F;0;21000;2300;0;;;;;;QZAT;安通'
51;CLHU3815631;497033;22G1;F;0;21000;2300;0;;;;;;QZAT;安通'
51;ATLU0004796;497583;22G1;F;0;21000;2300;0;;;;;;QZAT;安通'
12;ATLQZTJ1900260;;;;;CNQZJ;泉州;DR-DR;20090701;N;'
13;CNTSN;天津;CNTSN;天津;;;'

16;;磁灶'
17;;苏东良'
41;1;;1;PK;PACKAGE;0;0;0'
44;N/A'
47;瓷砖'

12;ATLQZTJ1700876A;;;;;;CNQZJ;泉州;CY-DR;20090701;N;'
13;CNTSN;天津;CNTSN;天津;;;'
16;;郭少泽'
17;;郭少康'
41;1;;1;PK;PACKAGE;0;0;0'
44;N/A'
47;板材'
51;ATLU0007326;255937;22G1;F;0;21000;2300;0;;;;;;;QZAT;安通'
51;CNCU2564835;93024;22G1;F;0;21000;2300;0;;;;;;;QZAT;安通'
51;GESU3576102;470096;22G1;F;0;21000;2300;0;;;;;;;QZAT;安通'
99;855'

在集装箱码头生产系统中用指定模块来完成对EDI文件的解码工作,从而为码头作业管理人员提供类目分明的数据表及图形化的堆存结构图,解码过程如图3-12所示。

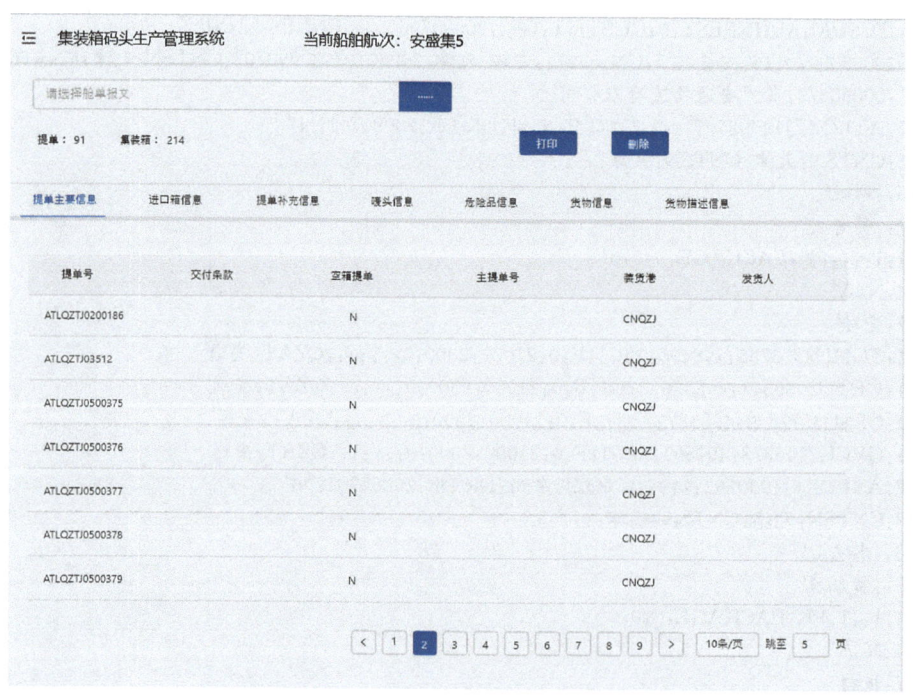

图3-12 进口舱单EDI导入系统

与船图文件一样,舱单文件信息的编码和解码遵守我国原交通部制定的"舱单报文(IFCSUM)平台文件"规定的标准。

舱单报文平台文件(表3-3)的具体转换标准如下。

发送方与接收方:船公司、船舶代理、集装箱码头、理货、港监等。

功能：该平台文件对应 IFCSUM 报文的舱单子集，提供某一航次运输货物的信息，说明承运人、运输方式、运输工具、设备及联运货物的细节。舱单是船舶运载集装箱货物的证明，是船舶办理进出口报关手续的必要单证，也是码头做好装卸船准备的业务单据。

相应单证：进口舱单（出口舱单采用出口装载清单）。

表 3-3 舱单报文平台文件

记录00	HEAD RECORD 头记录				M
序号	字 段 名	格式	注 释		标记
1	RECORD ID	记录类型标识	9(2)	00	M
2	MESSAGE TYPE	报文类型	X(6)	IFCSUM	M
3	FILE DESCRIPTION	文件说明	X(35)	MANIFEST	C
4	FILE FUNCTION	文件功能	X(2)	9＝原始　2＝增加 3＝删除　4＝变更	M
5	SENDER CODE	发送方代码	X(13)		M
6	RECEIVER CODE	接收方代码	X(13)		M
7	FILE CREATE TIME	文件建立时间	9(12)	YYMMDDHHMM 使用系统时间	M
8	SENDER PORT CODE	发送港代码	X(5)		C
9	RECEIVER PORT COD	接收港代码	X(5)		C
记录01	OTHER RECEIVERS 其他接收方				C
序号	字 段 名	格式	注 释		标记
1	RECORD ID	记录类型标识	9(2)	01	M
2	RECEIVER CODE	接收方代码	X(13)		M
3	RECEIVER CODE (1～8)	接收方代码	X(13)		C
记录10	VSL. & VOY. FIELDS 描述船舶有关的基本数据项目				M
序号	字 段 名	格式	注 释		标记
1	RECORD ID	记录类型标识	9(2)	10	M
2	VESSEL CODE	船名代码	X(9)		C/M
3	VESSEL	船名	X(35)		M/C
4	NATIONALITY CODE	船舶国籍代码	X(2)		C
5	VOYAGE	航次	X(6)		M
6	TRADE CODE	航线代码	X(10)		C
7	TRADE	航线	X(35)		C
8	ETD ARRIVED DATE	预计到达日期	9(8)	CCYYMMDD	C

（续表）

记录 10	VSL. & VOY. FIELDS 描述船舶有关的基本数据项目				M
序号	字　段　名	格式	注　释		标记
9	SAILING DATE　　　　　　离港日期	9(8)	CCYYMMDD		M
10	DEPART PORT CODE　　　离港地点代码	X(5)			M/C
11	DEPART PORT　　　　　　离港地点	X(35)			C/M
12	NEXT CALLING PORT CODE　下一挂港代码	X(5)			C
13	NEXT CALLING PORT　　　下一挂港	X(35)			C
记录 11	VSL. & VOY. FIELDS(DETAIL RECORD)　描述船舶有关的补充信息				M
序号	字　段　名	格式	注　释		标记
1	RECORD ID　　　　　　　记录类型标识	9(2)	11		M
2	SHIPPING LINE CODE　　　船公司(承运人)代码	X(13)			C/M
3	SHIPPING LINE　　　　　船公司(承运人)	X(35)			M/C
记录 12	FIRST RECORD OF 1 B/L　提单的第一个记录				M
序号	字　段　名	格式	注　释		标记
1	RECORD ID　　　　　　　记录类型标识	9(2)	12		M
2	B/L NO.　　　　　　　　提单号	X(20)			M
3	PRE. VESSEL CODE 前程运输船名代码	X(9)			C
4	PRE. VESSEL　　　　　　前程运输船名	X(35)			C
5	PRE. VOYAGE　　　　　　前程运输航次	X(6)			C
6	PLACE CODE OF RECEIPT 收货地代码	X(5)			C
7	PLACE OF RECEIPT　　　　收货地	X(70)			C
8	LOAD PORT CODE　　　　装货港代码	X(5)			M/C
9	LOAD PORT　　　　　　　装货港	X(35)			C/M
10	DELIVERY TERM　　　　　交货条款	X(9)	例：CY-CFS　CY-CY		C
11	LOAD DATE　　　　　　　装货日期	9(8)	CCYYMMDD		C
12	CTN ID　　　　　　　　　空箱提单标识	X(1)	Y=是空箱提单,N=不是		M
13	M B/L NO.　　　　　　　主提单号	X(20)	(该项为新增项)		M
记录 13	PLACE INFO. OF 1 B/L　提单的地点信息				M
序号	字　段　名	格式	注　释		标记
1	RECORD ID　　　　　　　记录类型标识	9(2)	13		M
2	DISCHARGE PORT CODE　卸货港代码	X(5)			M/C

(续表)

记录 13	PLACE INFO. OF 1 B/L　提单的地点信息			M
序号	字　段　名	格式	注　释	标记
3	DISCHARGE PORT　　　　　卸货港	X(35)		C/M
4	PLACE CODE OF DELIVERY　　交货地代码	X(5)		C
5	PLACE OF DELIVERY　　　　交货地	X(70)		C
6	TRANSFER PORT CODE　　中转港代码	X(5)		C
7	TRANSFER PORT　　　　　中转港	X(35)		C
8	PLACE CODE OF B/L ISSUE　　提单签发地代码	X(5)		C
9	PLACE OF B/L ISSUE　　提单签发地	X(35)		C
记录 16	SHIPPER FIELDS　发货人信息			C
序号	字　段　名	格式	注　释	标记
1	RECORD ID　　　　　记录类型标识	9(2)	16	M
2	SHIPPER CODE　　　　发货人代码	X(13)		C/M
3	SHIPPER (1-6)　　　　发货人	X(35)		M/C
记录 17	CONSIGNEE FIELDS　收货人信息			C
序号	字　段　名	格式	注　释	标记
1	RECORD ID　　　　　记录类型标识	9(2)	17	M
2	CONSIGNEE CODE　　　收货人代码	X(13)		C/M
3	CONSIGNEE (1-6)　　　收货人	X(35)		M/C
记录 18	NOTIFY-1 PARTY FIELDS　第一通知人信息			C
序号	字　段　名	格式	注　释	标记
1	RECORD ID　　　　　记录类型标识	9(2)	18	M
2	NOTIFY-1 CODE　　　第一通知人代码	X(13)		C/M
3	NOTIFY-1 (1-6)　　　第一通知人	X(35)		M/C
记录 41	CARGO FIELDS　货物信息			M
序号	字　段　名	格式	注　释	标记
1	RECORD ID　　　　　记录类型标识	9(2)	41	M
2	CARGO SEQUENCE NO.　　货物序号	9(3)		M
3	CARGO CODE　　　　货类代码	X(3)		C
4	NUMBERS OF PACKAGES　　件数	9(6)		M

(续表)

记录 41	CARGO FIELDS 货物信息				M
序号	字段名		格式	注释	标记
5	PACKAGES KIND CODE	包装类型代码	X(2)		M/C
6	PACKAGES KIND	包装类型	X(35)		C/M
7	CARGO GROSS WEIGHT	货毛重	9(7).9	千克	C
8	CARGO NET WEIGHT	货净重	9(7).9	千克	C
9	CARGO MEASUREMENT 货尺码		9(5).999	立方米	C

注：如果是空箱提单，该记录为虚拟记录，仅出现1次，格式为41：0：0：0'

记录 43	DANGEROUS AND REEFER FIELDS RECORD 危险品和冷藏信息				C
序号	字段名		格式	注释	标记
1	RECORD ID	记录类型标识	9(2)	43	M
2	DANGEROUS	危险品信息			C
2-1	CLASS	危险品分类	X(5)		M
2-2	PAGE	危险品页号	X(7)		M
2-3	UNDG NO.	联合国危险品编号	9(4)		M
2-4	LABEL(1-3)	危险品标签	X(32)		M
2-5	FLASH POINT	危险货物闪点	X(5)	摄氏	C
2-6	EMS NO.	船运危险品应急措施号	X(6)		C
2-7	MFAG NO.	医疗急救指南号	X(4)		C
2-8	EMERGENCY CONTACT	应急联系	X(35)		C
3	REEFER	冷藏信息			C
3-1	TEMPERATURE ID	温度计量单位	X(1)	C=摄氏 F=华氏	C
3-2	TEMPERATURE SETTIN	设置温度	X(5)	见注	C
3-3	MIN. TEMPERATUR	冷藏最低温度	X(5)	见注	C
3-4	MAX. TEMPERATUR	冷藏最高温度	X(5)	见注	C

注：温度中，除正（＋）负（－）号及小数点外，最多只能3位数字

记录 44	CARGO MARKS INFO. 唛头信息				C
序号	字段名		格式	注释	标记
1	RECORD ID	记录类型标识	9(2)	44	M
2	MARKS(1-5)	唛头	X(35)		C

注：空箱时，44记录不出现

（续表）

记录 47	CARGO DESCRIPTION 货物描述			C
序号	字 段 名	格式	注 释	标记
1	RECORD ID　　　　　　记录类型标识	9(2)	47	M
2	CARGO DESCRIPTION（1－5）货物描述	X(35)		C

注：空箱时,47 记录不出现

记录 51	CONTAINER FIELDS RECORD 集装箱信息			M
序号	字 段 名	格式	注 释	标记
1	RECORD ID　　　　　　记录类型标识	9(2)	51	M
2	CTN NO.　　　　　　　　　　　箱号	X(12)		M
3	SEAL NO.　　　　　　　　　　铅封号	X(10)		C
4	CTN. SIZE & TYP　　集装箱尺寸类型	X(4)		M
5	CTN. STATUS　　　　　　　　　箱状态	X(1)	E＝空 F＝整 L＝拼	M
6	CTN. NUMBERS OF PACKAGES 　　　　　　　　　　　箱内货物件数	9(6)		
7	NET WEIGHT　　　　　　　　箱内货重	9(7).9	是该类货的箱内货重	C
8	TARE WEIGHT　　　　　　　　箱皮重	9(7).9		C
9	CTN. CARGO MEASUREMENT 　　　　　　　　　　　箱内货物尺码	9(5).999		C
10	OVER LENGTH FRONT　　　　　前超	9(4)	厘米	C
11	OVER LENGTH BACK　　　　　　后超	9(4)	厘米	C
12	OVER WIDTH LEFT　　　　　　　左超	9(4)	厘米	C
13	OVER WIDTH RIGHT　　　　　　右超	9(4)	厘米	C
14	OVERHEIGHT　　　　　　　　　超高	9(4)	厘米	C
15	STOWAGELOCATION　　　　　　船箱位	9(7)		C
16	CTN. OPERATOR CODE 箱经营人代码	X(13)		M/C
17	CTN. OPERATOR　　　　　　　箱经营人	X(35)		C/M

记录 99	TRAILER RECORD 尾记录			M
序号	字 段 名	格式	注 释	标记
1	RECORD ID　　　　　　记录类型标识	9(2)	99	M
2	RECORD TOTAL OF FILE　　记录总数	9(6)	包括;头、尾记录	M

记录结构：

00	头记录	M1
01	其他接收方	C1
10	描述船舶有关的基本数据项目	M1
11	描述船舶有关的补充信息	M1
12	提单的第一个记录	M9999
13	提单的地点信息	M1
16	发货人信息	C1
17	收货人信息	C1
18	第一通知人信息	C1
41	货物信息	M999
43	危险品、冷藏箱信息	C1
44	唛头	C9
47	货物描述	C9
51	该类货物中的箱信息	M999
99	尾记录	M1

3.2.3 进口集装箱的信息校验

由前文已知,进口集装箱信息是进口船图和进口舱单共有的构成内容,进口集装箱的信息校验就是指对进口船图和进口舱单中的箱数据进行校核。由于从船图和舱单生成到录入,中间需经过很多环节,任何一个环节的疏忽都可能造成信息的偏差,如货代错报信息、人工录入或经 EDI 传送过程中所产生的错误等,因此在实际作业前必须进行信息校验,以便及时联系船公司进行信息的纠正,有效地提高进口箱数据的质量,保证进口箱资料的正确性。

在集装箱码头生产系统中设置有专门的模块来实现这一校验工作,即"船图舱单校核"模块。图 3-13 所示是"安盛集 5"0927 航次的船图舱单校核窗口。

由上图可知,船图舱单的校核有不一致和溢箱两种情况。船图和舱单不一致是指船图和舱单中同一集装箱记录中某些信息不符,这些不符的信息可能是除箱号以外的任何一项或多项信息。溢箱是指船图中包含某一(或某些)集装箱而进口舱单中不存在

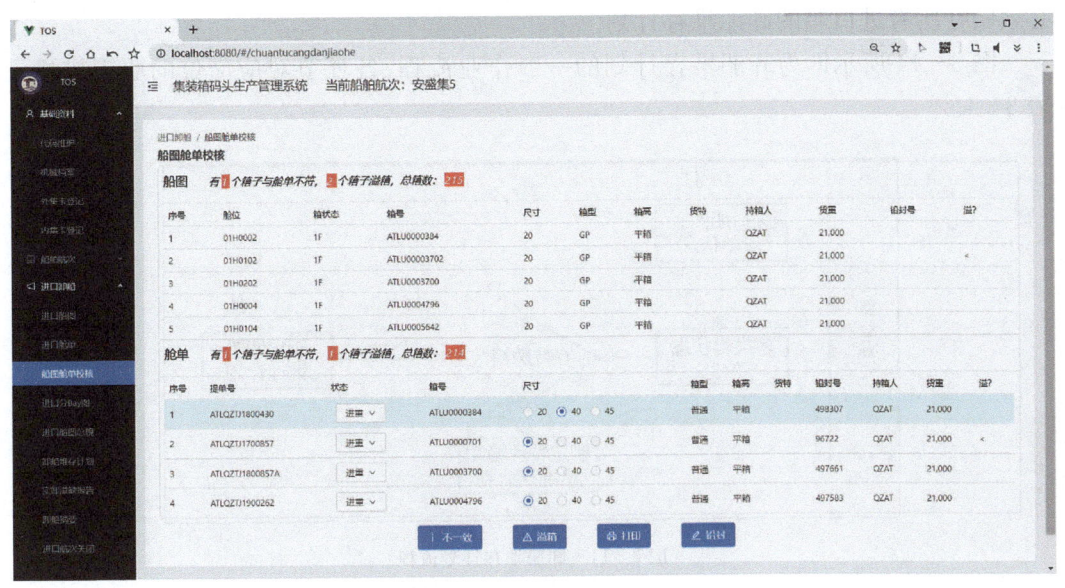

图 3-13　进口集装箱的信息校核

对应记录,或者舱单中存在某一(或某些)集装箱而船图中不存在的情况,也有可能两种情况兼而有之。

若只出现船图溢箱的情况,说明舱单的输入有所遗漏,这时应记录下这个缺舱单的箱子的箱号,到舱单录入中去增加记录,然后再回到本界面继续校核,直至通过为止。

若只出现舱单溢箱的情况,说明船图中缺少已经在舱单中输入的箱子,这时要进行核查,若属于船图输漏的问题,需要到船图录入中进行添加,并返回继续校核,直至无误。

若两种问题都存在,则有可能是前两种问题的叠加,但更可能是由于箱号输错造成的,这时应该对缺、溢的箱号进行查看、核对,改正其中错误的那个箱号,船图和舱单中的溢箱问题可同时得到解决。

经过校核后,最终船图和舱单上的所有集装箱信息都应完全相同,既不存在不一致现象,也没有溢箱情况,为随后的卸船作业顺利进行提供有效保障。

3.3　卸船作业的计划与调度

3.3.1　卸船堆存计划

进口箱卸船堆存场地计划(以下简称卸船堆存计划)是指为所有进口卸船箱分组并且在码头堆场分别为某组指定一个目标区域所做的场地计划。该场地计划的主要目的是合理分配堆场资源,将不同船舶不同类型的进口箱分类管理,也为将来提箱作业的顺利进行做有效铺垫。进口集装箱的信息校核正确无误后,在进行正式卸船作业前,码头必须做好所有进口箱的卸船堆存计划。

图3-14所示即为卸船堆存计划的一般作业流程,各环节对应岗位的职责描述见表3-4。

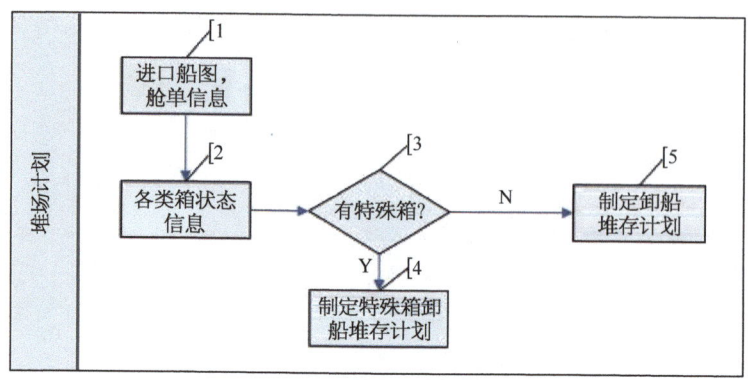

图3-14 卸船堆存计划流程

表3-4 危险品货物等级标准

编号	岗位	说明
1	信息部	进口信息员接收EDI平台传输进口船图和舱单信息,并进行校验
2	堆场计划	接收查看各箱状态及箱量情况
3	堆场计划	判断是否有特殊箱
4	堆场计划	有特殊箱则安排特殊箱堆存计划
5	堆场计划	无特殊箱可直接安排卸船堆存计划

卸船堆存计划可将某个箱子指定到某一个具体的场地箱位,也可以粗略地将某类箱子指定到某一位或某一排,甚至只指定到某个堆存区域(若干位或若干排)。在实际作业中,卸船堆存计划并非越细越好,生产实践表明,太细的限定反而会降低卸船速度,不利于提高卸船作业效率。因此,只有少量的特殊箱,如超限箱等才需要指定比较细的堆存位置。

按照计划范围的具体程度不同,卸船堆存计划可分为一对一计划和模糊计划两种。

(1)一对一计划

一对一计划是指为将要卸船进场的每个集装箱分配一个具体的场地位置,该种计划模式下,计划员需要提前安排好各个贝的装卸顺序,再根据"卸船外赶"的顺序,确定整船的卸船顺序表,顺序表上反映的是每条作业线每个箱子卸船的先后顺序和对应的计划堆存位置。该种计划表面上有条不紊,但是由于码头作业并非节拍式的流水作业,而是随机性非常高的混合业务的装卸作业,这就使得一对一计划经常会造成大量的机械等待和物流不均衡,且经常需要随时调整,使得"计划赶不上变化"。因此随着各码头吞吐量的不断增加,该种计划已逐渐被模糊计划模式所淘汰。

（2）模糊计划

模糊计划是指为将要卸船进场的集装箱分组，再为每组箱子分配一个或多个场地区块（由连续的位组成）。模糊计划的特点在于把计划的最小单位扩大到了多对多的群组，即一组（多个）集装箱对应多个场地位置构成的区域。这不但减轻了场地计划员的工作量，也将具体的箱位分配（选位）的时间点推迟到了箱子真正卸船上车的瞬间，这自然使得箱位分配的灵活性大大增加，实时性也发挥到了极点，然而要保证箱位分配的实时性，依靠人工是不现实的，而是应该由服务器来进行实时的任务捕捉和自动选位，因此也就需要卸船箱的选位算法来支撑这种场地计划模式。

本章及后续内容主要讨论模糊计划模式。

卸船计划制作过程一般可分四步进行，即分类、取位、选区、划块，各步骤的含义和内容分述如下。

1. 分类

分类是指为船图上的进口箱进行分组，这是计划制作的第一步，也是最重要的一步，这将会决定卸船箱在堆场里的分组堆存方式。如前所述，为了提高卸船效率，减少提箱时的翻箱率，也为了方便码头管理，一般根据箱子类别制定卸船堆存计划，因此首先需要对所选航次的所有进口集装箱进行分类。每个码头因堆场大小和管理方式不同，其分组堆存的方式也有一定差别。但基本的分组原则是一致的。一般的分组原则可归纳为：

空箱重箱分开放，
中转要看卸货港，
进空需分持箱人，
冷危超要单独放。

图 3-15 所示的某船舶航次的进口箱分类，就是要按照尺寸、空重、箱型、货特、持箱人、卸货港等属性，将卸船箱分为不同的箱组。其中空箱按照持箱人来分类，中转箱按照卸货港来分类，冷冻、超限、危险品等特殊箱要单独分类。

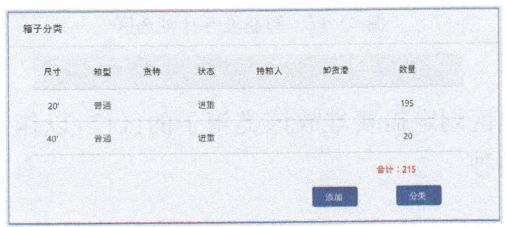

图 3-15 进口箱分类

2. 取位

取位是指选择某一类箱子，取出该类箱子已有的场地计划区域及其分布，以便作为参考。计划员要根据每类箱子的大致数量及在船上的分布来决定应该在场地里分几个区堆放。如果某类箱子数量较少，则计划时尽量集中堆放这些箱子；如果某类箱子数量一般，但比较集中，则可以分 1~2 个箱区做场地计划；如果某类箱子数量很多，且在船上分布较广，则应该尽量多在几个箱区里做计划，以方便后续场地机械的调度和卸箱落位的并行作业,这就是"分散且集中"原则。

如图 3-16 所示,该航次 40 ft、GP 进口重箱取位结果显示这 136 个箱子将分布在 A4、B2、B4 和 B9 四个箱区。

图 3-16 进口箱取位示意图

3. 选区

选区是指为某类待计划或需要增补计划位的箱子选择目标箱区。选区除了要注意"分散且集中"原则,还要注意各个箱区或区块之间任务量的平衡,这不单是数量上的平衡,还要考虑各箱区的占用率和对应场桥的覆盖情况。如图 3-17 所示,该类箱在 B4 箱区只有一个位的计划,且该箱区较空,故而选择 B4 箱区为目标计划箱区。

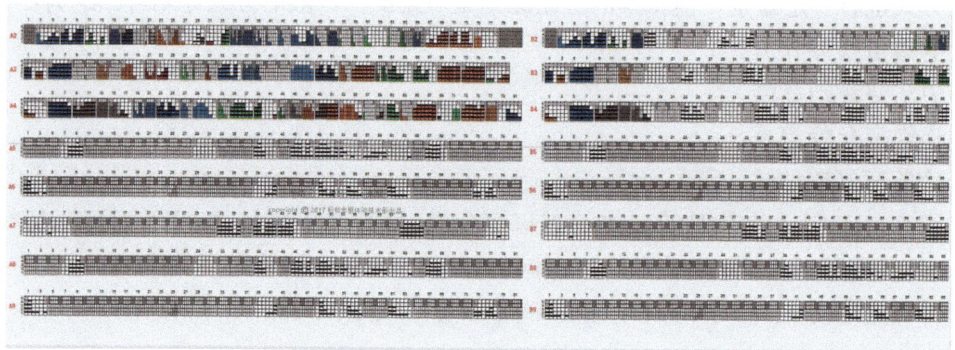

图 3-17 卸船堆存计划选区

4. 划块

划块是指在目标箱区划定需要堆放该类箱子的区位,以作为计划区域。划块的精度模式有按位和按串两种。

(1) 计划到位

每个场地位置是由区、位、排、层构成的,计划到位是指做卸船堆存计划时以位为单位进行划块,也就是指定箱子可以堆放到某个区某个位内,如 B406。一般情况下码头多采用此方法进行计划。此时"场地计划位置"中表示集装箱场地位置的数字包括区号和位号,如图 3-18 所示。

(2) 计划到串

计划到串是指做卸船堆存计划时以排为单位进行划块,也就是指定箱子可以堆放到某个区某个位的某排内,如 B4061。该计划模式比计划到位更细一层,适用于待计划箱子较少的情况,此时"场地计划位置"中表示集装箱场地位置的数字除区号、位号外,还包括排号。

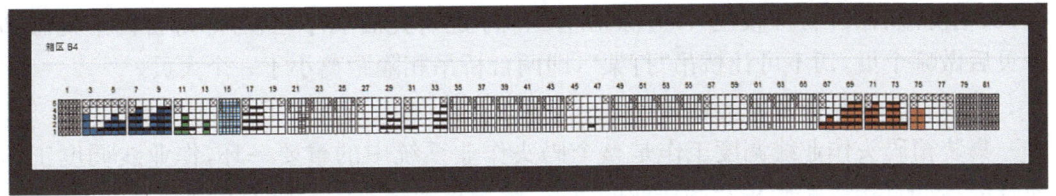

图 3-18 卸船场地计划制作

3.3.2 作业线调度

集装箱码头的生产调度包括作业线调度、集卡调度和场地机械调度。码头的调度工作是以作业线调度为主线,再根据当前作业路情况进行场地机械调度和集卡调度,从而保证装卸船作业的流畅性。

3.3.2.1 作业线调度的含义及主要工作

集装箱码头的装卸作业线一般都是以桥吊为单位划分的,因此作业线调度的主要工作就是桥吊调度。桥吊投入的过程即是集合船型信息、船舶当前积载信息、配载信息和投入桥吊信息,以对空闲桥吊进行调度与再调度的过程,即安排指定的桥吊去装/卸某条船的某个贝。

图 3-19 所示即是码头岸边桥吊调度方案的一个缩影,由此可见,作业线调度也是一种资源的分配,分配的资源是数量有限的桥吊,分配的对象则是岸边靠泊的装卸船舶,更确切地说应该是船上的各个作业贝。

图 3-19 作业线调度方案示意

桥吊的分配是一个决策过程,其主要决策内容有:

1. 分几个头

这里的"头"代表作业线,也就是每条船分几台桥吊,如图 3-19,"GUOTA(国泰)"和"XPING(兴平)"两条船都是分了 2 个头。这主要取决于装卸任务的分布、船舶本身的长度、船期紧张程度及先遣等因素。

2. 估算作业量

把桥吊投上去作业容易,可是要使各条作业线均衡却是有难度的。作业线要均衡就要尽量保证几个头的作业量差不多,要估算每个舱每个贝的大致作业时间,还要考虑有些舱由于结构原因比较难做所以要多算些时间,有些箱子属于大件、重要设备等,需要吊钢丝绳,所以作业速度也较慢。接下来大致估算并分配每台桥吊的作业区域,做到心中有数。

3. 作业顺序的安排

桥吊是共用轨道的,左右顺序是不可改变的,所以安排装卸任务时千万不可让桥吊交叉(左桥做右贝,右桥做左贝)。除了左右顺序还有先后顺序,要考虑每台桥吊先做哪个贝后做哪个贝,切不可让桥吊"打架",即两台桥吊相隔距离小于一个大贝。

3.3.2.2 作业线调度的意义

集装箱码头作业线调度工作是整个码头作业系统中的重要一环,作业线调度工作质量的高低直接影响码头装卸作业的效率,影响集装箱班轮的船期和港口企业的声誉。同时作业线调度工作技术含量高,在同样的船舶、箱量、堆场等条件下,对于不同技术能力和业务素质的调度员,其工作质量也有很大的差异。

作业线调度的过程可以说是实施并调整装卸作业计划的过程,其主要工作就是合理调配岸边装卸机械(桥吊),使得各桥吊能够最大限度地并行作业,避免人为因素造成的桥吊停产。作业线调度是集装箱码头装卸生产过程中至关重要的环节,涉及码头管理的各个方面。图 3-20 是集装箱码头信息流示意图,从中可见作业线调度是一个信

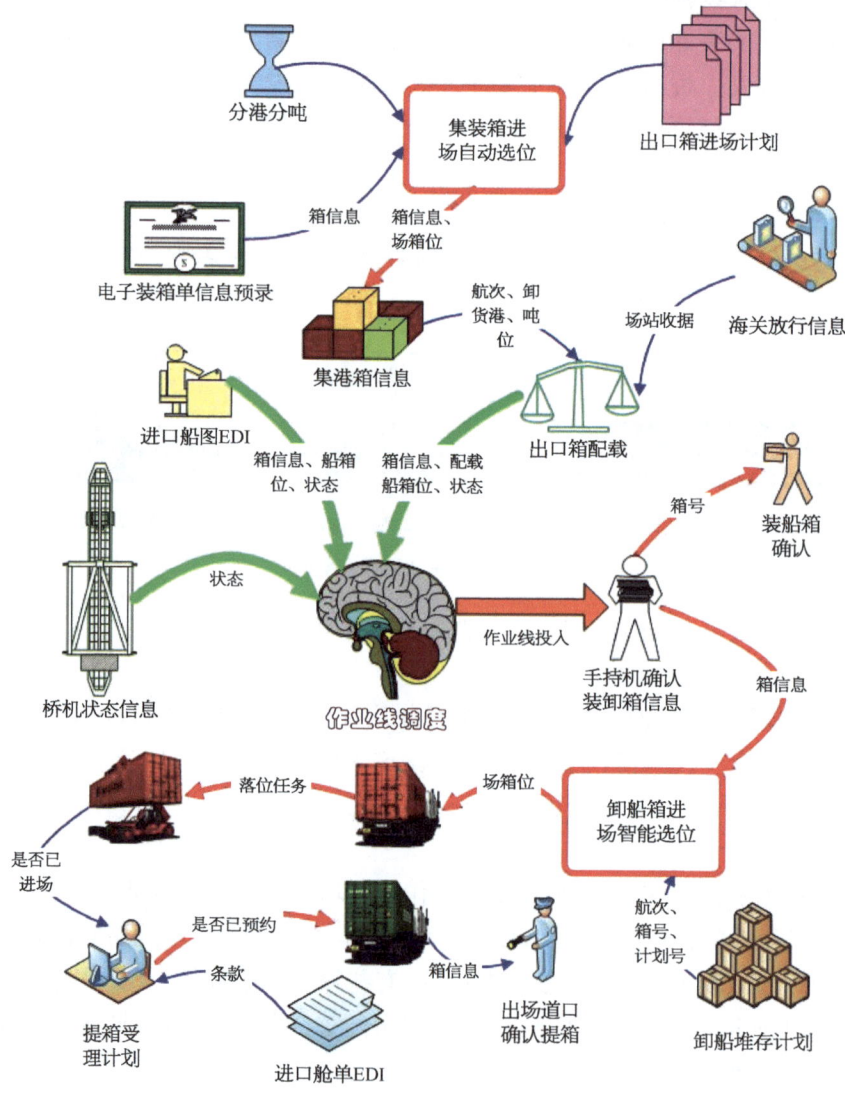

图 3-20 集装箱码头信息流示意图

息流的交汇点,因此集装箱码头作业线调度直接关系到码头的生产效率和营运水平。

从图 3-20 中可以看出,在整个集装箱码头生产系统这个大环境中,作业线调度模块起到了一个承上启下的作用。该模块所需的信息是依赖于前面的各个工作环节而得到的,进口箱信息需要接收进口船图 EDI 平台文件然后将其导入系统,这样进口箱便可记入作业线调度模块中;出口箱信息则是从出口箱场地计划、分港分吨、电子装箱单信息预录到箱子真正进港落位,再经过海关放行后可以配载,配载后的箱子便可以记入作业线调度模块中了。可以说前面的各项工作都是为了后续装卸船作业而服务的。而作业线的投入又直接影响了实际装卸作业,作业线投入的合理性(均衡性)会在很大程度上影响整体的装卸作业时间。

3.3.2.3 作业线调度所需资料

作业线投入的过程即是集合船型信息、船舶当前积载信息、配载信息和投入桥吊信息,以对空闲桥吊进行作业线安排的过程。船控调度员在进行桥吊调度之前,必须掌握以下资料。

1. 船舶信息

① 船型最大贝位:指该船舶总的贝数,一般和船长成正比。

② 船型的组贝信息:该信息是船型定义时用户定义的组贝,如 01 贝与 03 贝甲板组贝,05 贝与 07 贝整贝组贝,则组贝信息应是 02D、06D、06H。组贝情况可以在船舶侧面图中显示。

③ 机舱位置信息:机舱位置对于作业线调度来说是必要的信息,以标准的集装箱船来说,两台桥吊隔一个大贝便可以同时作业,但是如果相邻的两个大贝中间夹了一个机舱则这两个大贝亦可同时进行装卸作业。

④ 船舶的靠泊方向:船舶靠泊方向分为左靠和右靠,左靠时,以岸边为参照物,面向海测,从左向右贝号递增;相反,右靠时,以岸边为参照物,面向海测,从左向右贝号递减。由于桥吊作业不能出现位置交叉,即桥吊之间的左右位置关系与它们所作业的贝之间的左右位置关系必须一致,因此船舶的靠泊方向对作业线调度来说是个关键信息。

2. 装卸任务信息

如图 3-21 所示,装卸任务的信息主要体现在箱量分布图上,其主要构成如下。

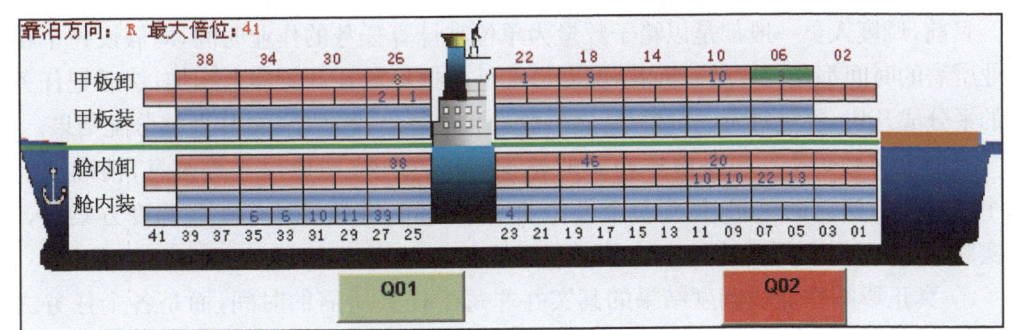

图 3-21 装卸任务的箱量分布

① 任务所在贝的贝号:表示某条任务的贝号,该信息确切地描述了任务所处的位置。

② 任务是在甲板上还是舱内。

③ 任务的装卸属性：指的是某条任务是卸船作业还是装船作业，I 代表卸船作业，O 代表装船作业。

④ 任务所在的大贝：该信息指的是任务所在贝的组贝贝号，如果该任务所在贝没有组贝，则大贝号等于任务所在贝的贝号。

⑤ 任务所含集装箱个数：该信息描述了某任务待装或者待卸的箱子数量，它体现了任务量的大小，而任务的预计作业时间也主要由此估算出来。

3. 桥吊信息

如图 3-22 所示，作业线调度的桥吊信息主要包括：可以投入的桥吊数量；桥吊的顺序编号；桥吊的当前状态，包括装卸作业状态、空闲、保养、故障等；桥吊司机的经验程度；桥吊的基本属性，即单双钩、是否双 40 等。

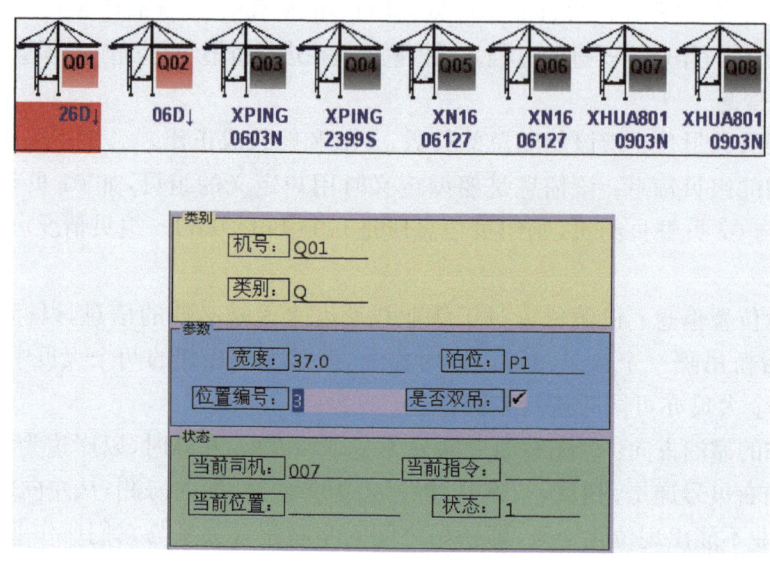

图 3-22 桥吊调度信息

3.3.2.4 作业线调度的主要影响因素和原则

1. 作业时间的主要影响因素

目前，调度人员一般都是以箱子数量为单位来计算任务的作业时间，即假设每个箱子作业所需的时间都是一样的。因此，调度员都是会把箱数在计算器上相加，然后把任务大致的平分成几块，每块对应一台桥吊，然后凭经验估算出较为均衡的作业线分配结果。

目前大多数码头并不是根据箱子的箱型、货特要求、场地位置等信息，精确地计算每个箱子作业所需的时间，得到每个贝作业所需时间，进而设计作业线调度方案的。因为实际上，基于以下因素这种方法是不可行的。

① 真正影响作业线调度结果的其实并非每个任务所需的时间，而是各个任务之间的时间比。

② 进口箱的场地位置信息可能在作业线调度时还尚未计划。目前越来越多的集装箱码头将卸船计划模块从计划部转移到了中控室，即要很大程度地提高卸船计划的动态性。

③ 场地内作业中，装船发箱比卸船箱进场落位要慢，原因是卸船落位基本不需要翻

箱,而装船受到很多因素的制约,从分港分吨到集港再到配载,每一步都直接影响着装船发箱的效率。目前因装船发箱而造成的翻箱尚不能完全避免,因此翻箱对装船效率的影响是比较大的,而某个箱子发箱需要翻几个箱子是无法确定的。

④ 动态地从数据库中读取每个箱子的信息需要占用很大的系统资源,给服务器造成较大压力。

⑤ 场内提箱和集港对出口箱发箱及进口箱落位的影响目前无法预测,因此无法精确地预测出每个箱子装卸作业所需的时间。

基于以上因素,由于影响各个任务之间的时间比的主要因素就是箱子数量和装卸属性,因此绝大多数码头的船控调度都是按照箱量和装卸属性来估算任务所需作业时间。

2. 作业线调度的基本原则

① 同一大贝上要先卸后装。该原则是装卸工艺所要求的作业顺序,如果在某个贝尚有待卸箱时就进行该贝的装船作业,则可能会将卸船箱压在下面或装船位置还没有空出来。

② 先卸甲板,后卸舱内。该原则是客观逻辑,如果某个贝的甲板上有待卸箱,则只能先将甲板上的箱子卸完才能把甲板掀开以便进行舱内作业。

③ 先装舱内,再装甲板。该原则保证了装船工艺的正确逻辑。当场地上有箱要装到某个贝的舱内时,如果先为该贝的甲板进行装船作业,则势必要盖上舱盖板,这便使得舱内作业无法再进行。

④ 桥机之间并行作业要保持一定的距离。一般来说,对于正规的集装箱船,两台桥机隔一个大贝就可以并行作业,因此作业线调度要保证同时作业的桥机之间的距离要大于一个大贝的宽度。

⑤ 桥吊的作业位置不能交叉,不能让左边的桥机做右边的贝。例如,Q01 在 18 贝上作业的同时就不能安排 Q02 去做 10 贝上的任务。

⑥ 任务量较大的作业块优先分配桥吊。该规则用于决策当多个块需要同时作业时桥吊的分配,即要优先考虑卸箱量大的块,并要多投入几台桥吊。

⑦ 同一块中被夹任务优先做。即在进行大块作业时,为了方便作业先将其划分成多个小块,同时尽量把能够并行作业的任务安排到后面,这样可提高任务在时间上的分散程度,既有利于后续作业的展开,同时也有利于增开作业路。

⑧ 同一大贝中优先安排偶数贝任务。因为船上某个船舱中集装箱的堆放原则之一是"大可压小,小不压大",即大箱可以压小箱,小箱不能压大箱;考虑到双箱吊的因素,先做大贝可以充分发挥双吊作业的效率优势,剩下的不满足双吊作业要求的 20 ft 箱再留到小贝上作业。

3.3.3 集卡调度

3.3.3.1 集卡调度的含义

集卡调度指的是内集卡调度,内集卡是集装箱码头内部用于水平运输的机械,集卡调度是集装箱码头机械调度的重要内容之一。由桥吊卸下来的箱子必须经由集卡运输到堆场才能进行最终场桥落位,因此完成桥吊调度作业后必须为桥吊安排相应的集卡,如图 3-23 所示。

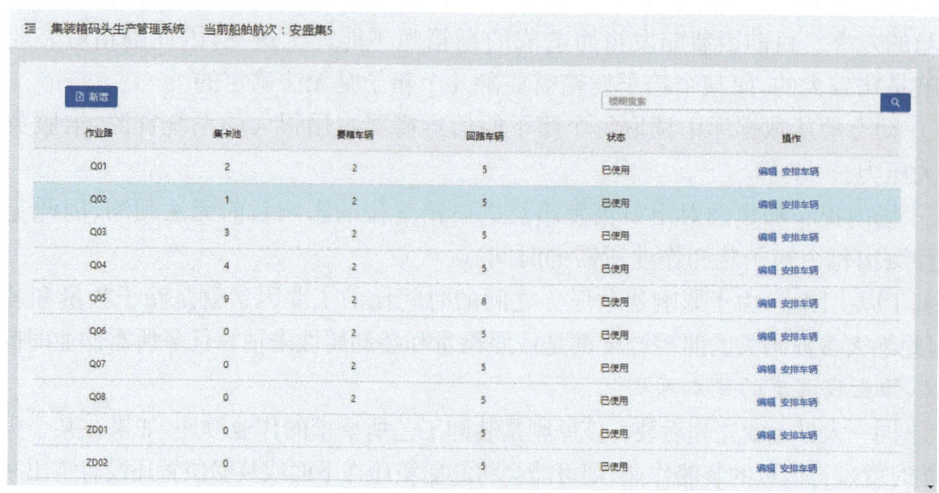

图 3-23 集卡调度

集装箱码头集卡调度包括作业路的设置、集卡池选择、要箱车辆及回路车辆数量的确定，各部分具体含义及设置如下：

1. 作业路

作业路是汇集桥吊、集卡、堆场机械、控制员，以完成装卸船作业为目的的作业组合或汇集集卡、堆场机械、控制员，以完成转堆作业为目的的作业组合，可以分为装卸作业路和转堆作业路。如要添加作业路，单击"新增"按钮，输入作业路名及其他相关信息，并选择状态为使用，然后单击"保存"按钮保存设置。

2. 集卡池

集卡池是指分配给某条作业线的所有集卡所组成的集合，该集合的编号称为集卡池号。因此每条作业线都有其集卡池编号。如果某两条或几条作业线的集卡池相同，则表示这些作业线可共享这一集卡池内的集卡。若某作业线的集卡池号是唯一的，则该作业线上的集卡就不能被其他作业线（桥吊或转堆作业路）调用。

3. 要箱车辆

要箱车辆是指岸边集卡的期望保证数量，即保证岸边集卡不少于要箱集卡规定的数量，当岸边集卡小于要箱车辆时，该作业路有优先占用资源的权利，而当要箱车辆数恰好达到设定数值时，系统也不会再继续指派新的空集卡前往要箱。

4. 回路车辆

回路车辆是指作业路里集卡的最大持有量，即该作业回路里的集卡最多不超过回路车辆，否则集卡优先满足其他作业路。

3.3.3.2 集卡调度的常见模式

1. 固定式

固定式调度是指为每条作业路分别安排指定数量的集卡，这些集卡只负责该作业路之内的业务，不去帮助其他作业路进行装卸作业。有些码头条件有限，集卡上没有安装无线 TPS 接收端，集卡司机的去向都是由中控通过对讲机通知的，此种情况下，固定式的集卡调度模式最常用。

2. 共享式

共享式调度是指通过集卡池的设置,使得某些作业路上的集卡可以共享作业,就近作业。一般常用于该种情况:两台邻近的桥吊,一台在装船另一台在卸船,如果让它们的集卡共享,那么就可实现集卡的重箱进场地重箱出场地,降低空载概率。该种模式下码头集卡上必须安装无线 TPS 接收端,以保证调度的灵活性和实时性。

3. 大循环

大循环调度是指全场集卡共享调度,集卡不必安排给某条作业路,而是由服务器自动计算,指定每台集卡需执行的任务及其去向。目前一些比较大型的、现代化程度较高的码头已使用这种集卡调度模式。

3.3.4 场桥调度

1. 场桥调度的内容和目的

场桥调度是指为每台场桥划定其负责作业的箱区。码头的场地机械数量是有限的,理想状态下最好保证每个箱区至少有 1 台场桥负责收发箱作业。场控调度员的调度难度除了取决于任务量的多少,还取决于场桥数量,场桥越多,可选性越广,调度也就越简单方便;反之,场桥越少,堆场的场桥覆盖率就越难保证,调度的难度也就越大。

对于卸船业务来说,场桥调度的目的就是给已经做好卸船堆存计划的箱区安排场桥,以保证箱子经由桥吊卸船和集卡的水平运输到达箱区后能有场桥负责给箱子落位,从而及时释放集卡使其可以投入新的作业中去。

如图 3-24 所示,A3、B3 箱区组成的区域由场桥 L03 和 L04 覆盖,A6、B6 箱区组成的区域则由场桥 L01 负责。

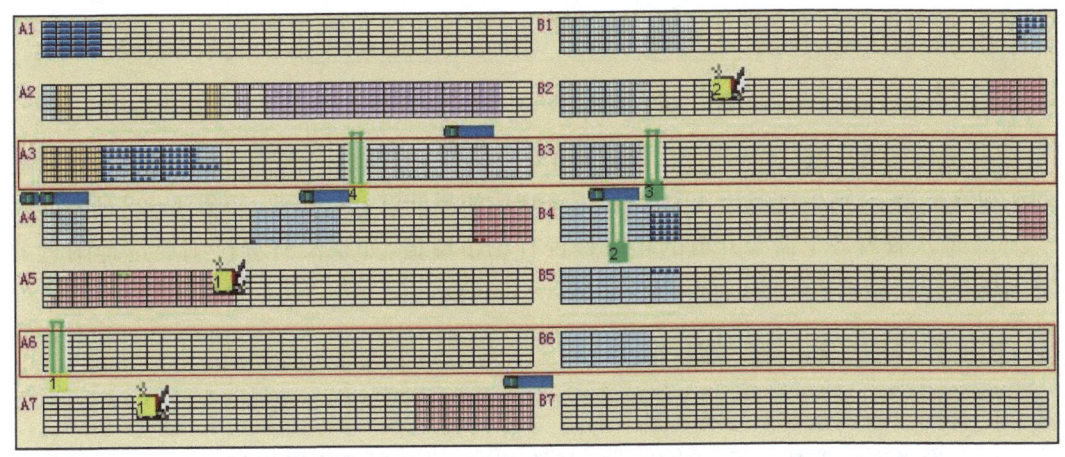

图 3-24 箱区的场桥覆盖示意图

2. 卸船作业中的场桥调度

针对卸船作业,场控调度员一般需要进行以下作业以保证场地机械的合理调配:

① 选择作业船舶,查看相应岸桥的当前作业贝,如图 3-25 所示。

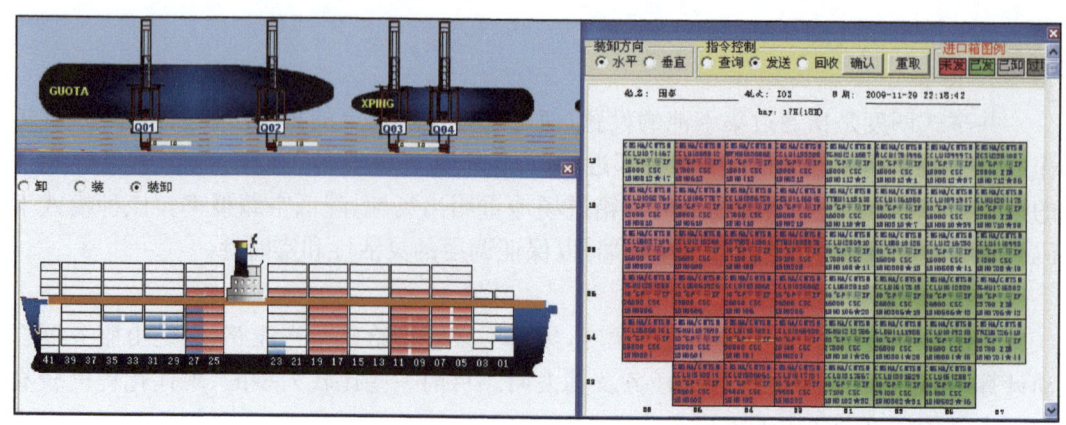

图 3-25 场控查看当前待卸箱信息

② 针对卸船作业贝进一步查看其分贝图,确定待卸箱的所属分组类别,分组类别是计划员制作卸船堆存计划时制定的,如图 3-25 所示。

③ 查看待卸箱的场地计划区域,主要看所分布的箱区,如图 3-26 所示。

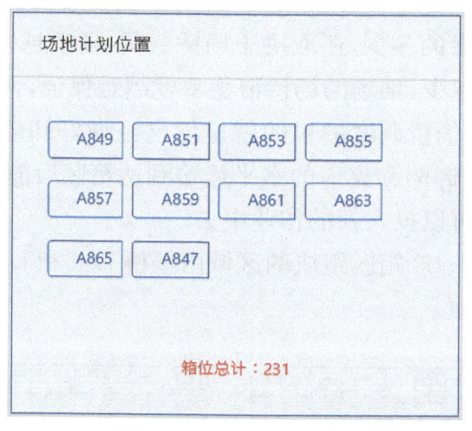

图 3-26 场地计划箱区分布

④ 决定需要开放的箱区,如果该类箱子数量较少则开放一个箱区即可,如果多台桥吊都在卸该类箱子,则尽量多开几个箱区,保证场内机械能够并行作业,如图 3-27 所示。

⑤ 依次查看各个需要开放的箱区是否有场桥覆盖,如果没有场桥则要选择附近的空闲场桥并安排到该箱区进行作业,如图 3-28 所示。

3.3.5 卸船作业指令发送

1. 卸船指令发送前的准备工作

指令发送意味着某个贝正式作业的开始,发指令之前要确保机械已经到位、船舶已靠泊完毕且现场准备作业均已完成。

(1) 中控室职责

船控进行船舶作业线调度并指派集卡,场控根据作业线调度方案和卸船堆存计划为指定箱区安排场桥,并通知堆场机械按指令到位。

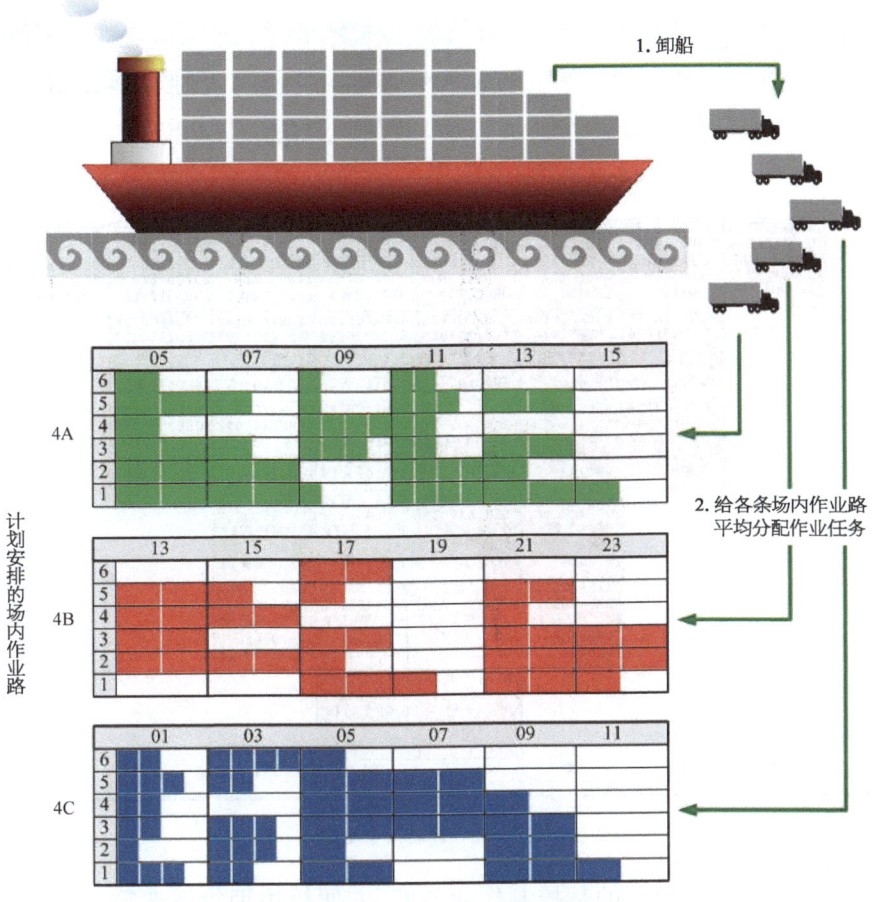

图 3-27 卸船箱进场所开箱区

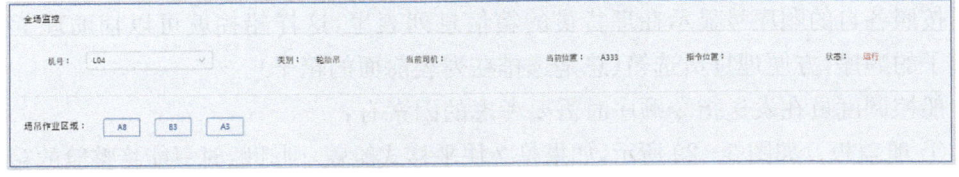

图 3-28 场桥作业区域安排

（2）水手间

水手间工作人员实施船舶靠泊作业。

（3）单船

对船舶作业各岗位布置并落实安全措施，指挥桥吊到位，布置桥边工人监护，保证行车安全，布置卸船拆箱绑扎，并检查落实情况，确定锁钮箱摆放安全位置。最后，上船与大副（当班副）核对进口资料、大件资料、危险品资料。

2. 卸船指令发送的含义与目的

卸船作业的指令发送是指为当前作业贝内的待卸箱编制卸船顺序，该项工作的执行岗位是船控调度员，图 3-29 所示为"国泰 09"贝舱内指令发送情况，这一贝上右边的 15 个箱子已经发送了卸船指令，其顺序号在每个箱子的右下角显示。

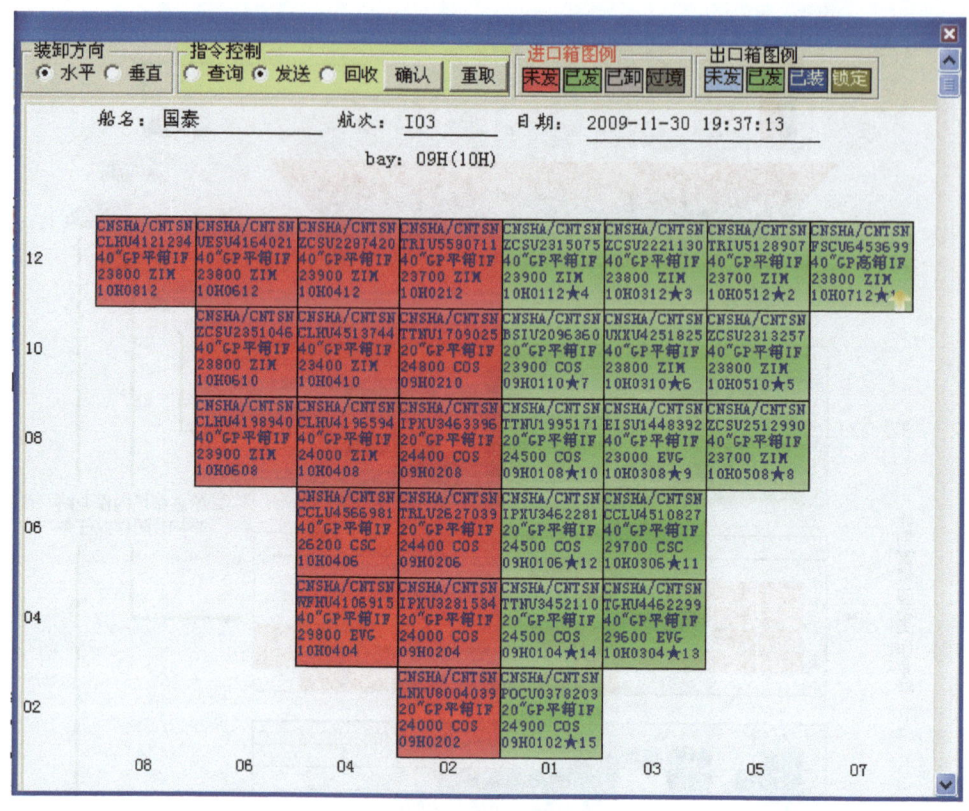

图 3-29 卸船指令发送

卸船指令发送的主要目的是控制作业节奏、方便桥边理货员选箱。船控调度员可以通过指令的发送与回收灵活地控制桥边理货员的手持机显示内容,已经发送指令的箱子按照各自的顺序号显示在理货员的箱信息列表里,这样船控就可以辅助理货员整理箱子的顺序,方便理货员选箱(总是选排在列表前面的箱子)。

船控调度员在发送指令顺序时需要考虑的因素有:

① 舱盖板。如图 3-29 所示,如果是 2 块平移式舱盖,则卸船时只能将整舱的箱子分成 2 块来卸,所以不能一味地一层一层发指令,关键还是要考虑实际卸船时的作业顺序。

② 场地计划。如果舱内有特殊箱或者舱内的箱子不属于同一组,则要尽可能地先发一类箱子的指令再发另外一类箱子的指令,尽量避免两类箱子频繁交叉卸船。

3.4 卸船实际作业

3.4.1 桥吊卸船确认

1. 卸船确认主要内容

卸船确认主要内容包括集卡信息确认和卸船箱信息确认两部分,通过卸船确认为卸船箱和集卡建立一个一一对应的关系。

① 集卡信息确认。主要是指集卡车号的确认,如图3-30所示。

② 箱信息确认。主要是指待卸箱箱号的确认,如图3-31所示。

2. 卸船现场作业流程

进口箱卸船现场作业涉及多个岗位的多项作业,其大致作业流程如图3-32所示。

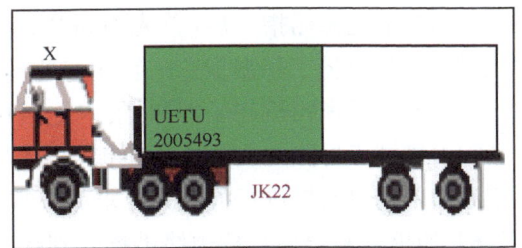

图3-30 集卡信息确认

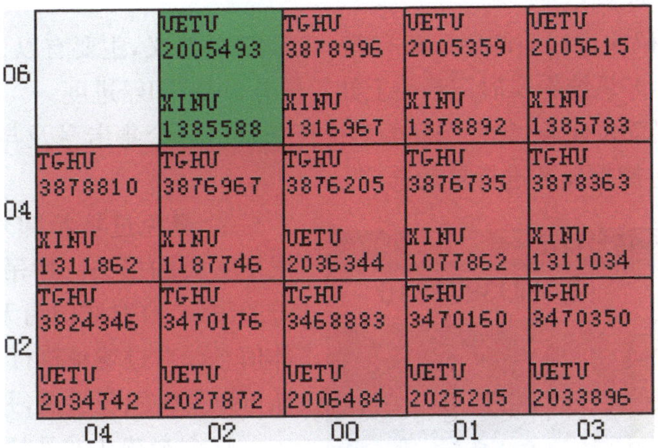

图3-31 箱信息确认

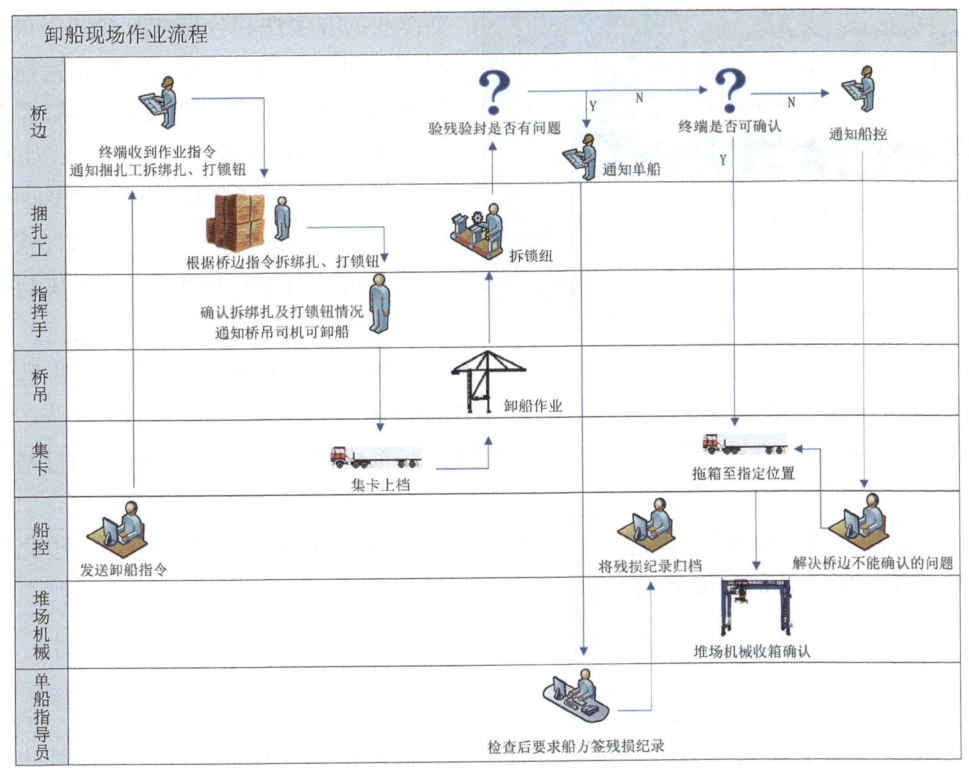

图3-32 卸船现场作业流程

船控下达卸船指令后,首先由桥边理货员根据收到的作业指令,通知机械工拆绑扎,打锁钮;机械工根据指令进行相应的拆、打作业,作业结束后必须经指挥手检查无误后方可通知桥吊司机卸船,同时集卡上档接收由桥吊卸下来的箱子;箱子装上集卡后,必须由机械工拆除之前安装的钮锁,并接受桥边验残验封,若箱体或铅封有问题,需立刻通知单船对残损进行检查并要求船方签残损记录以便事后交由船控对残损记录进行归档;如果检验合格且桥边终端接收到任务就让集卡拖箱至场地指定位置;若桥边终端未能正常就收任务,则需通知船控,待其解决不能确认的问题后再拖箱进场。

3. 卸船确认的意义

卸船确认对码头进口箱卸船业务有着十分重要的意义,主要有以下三方面:

① 在码头生产系统中实时记录船上卸箱任务,跟踪卸船进度。

② 生成卸船落位任务,每一条卸船落位任务对应一个集卡号及与之相应的卸船箱箱号,服务器通过捕捉任务进行自动选位。

③ 避免过境箱卸入本港,对码头造成不必要的损失。桥吊司机由于受到视野的限制,有时候因为无法看清箱子的具体信息而对过境箱执行卸箱操作,卸箱确认可以及时发现错误,并把箱子回装。

4. 卸船确认常见情况

卸船作业柔性较大,实际作业时可以根据作业的方便性和合理性改变同一贝上不同箱子的卸船顺序,而不按照船控指定的卸船顺序发箱。要更改发箱任务,需在箱号校正输入框内输入待卸箱号,如要将"UETU2005493"任务换成"TGHU3878810"任务,从箱号末位逆序输入"018",系统检测到该箱后自动跳出提示框,确认后便可更改卸船任务,如图3-33所示。

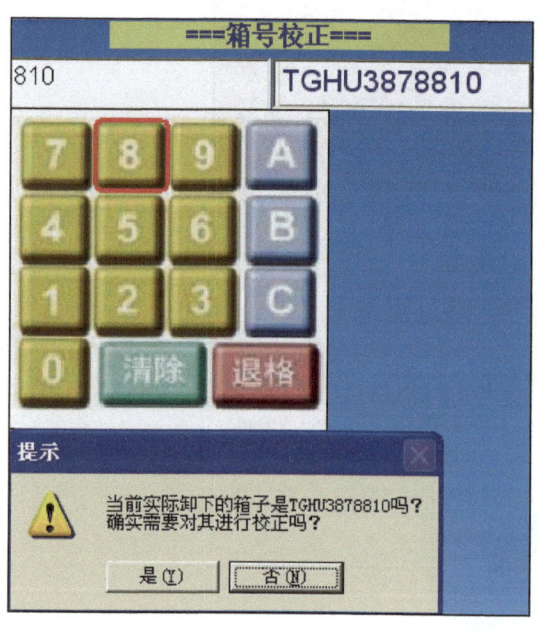

图3-33 卸船箱任务更改

卸船确认过程中可能出现的另一种情况是卸船箱箱号在系统内无法找到。产生这种现象存在两种可能原因:

① 由于船图信息漏输或错输造成,需要及时联系中控,对船图上的记录进行增补或修改。

② 该卸船箱为过境箱,不应该在本港卸船,此时应及时将箱子装回船上,避免卸错港,这也是卸船确认的主要目的之一。

3.4.2 卸船箱进场自动选位

1. 卸船箱进场自动选位步骤

卸船箱进场自动选位是指管理系统自动为完成桥吊卸船作业的箱子选择具体的场地位置并生成可供场桥终端看到的落位任务的过程。

集装箱码头卸箱进场自动选位可分以下三个主要步骤。

① 服务器索箱。即服务器检索进口箱选位任务,若检测到该箱子,即进入下一步骤。

② 最优箱位确定是指给检测到的箱子制定一个最佳落位位置,该步骤可以分为:对检测到的箱子进行类别判断;根据箱子类别进一步确定该类箱子应该堆存到场地哪些区域(卸船计划);在既定区域内选择距离场地机械最近的位;从该位上满足卸箱要求的位置上选择一个最优落位位置。

③ 落箱任务发送。是指将选好的最优箱位发送到该任务记录的集卡 TPS 接收终端上,从而指导集卡司机的运输方位。

自动选位的具体流程如图 3-34 所示。

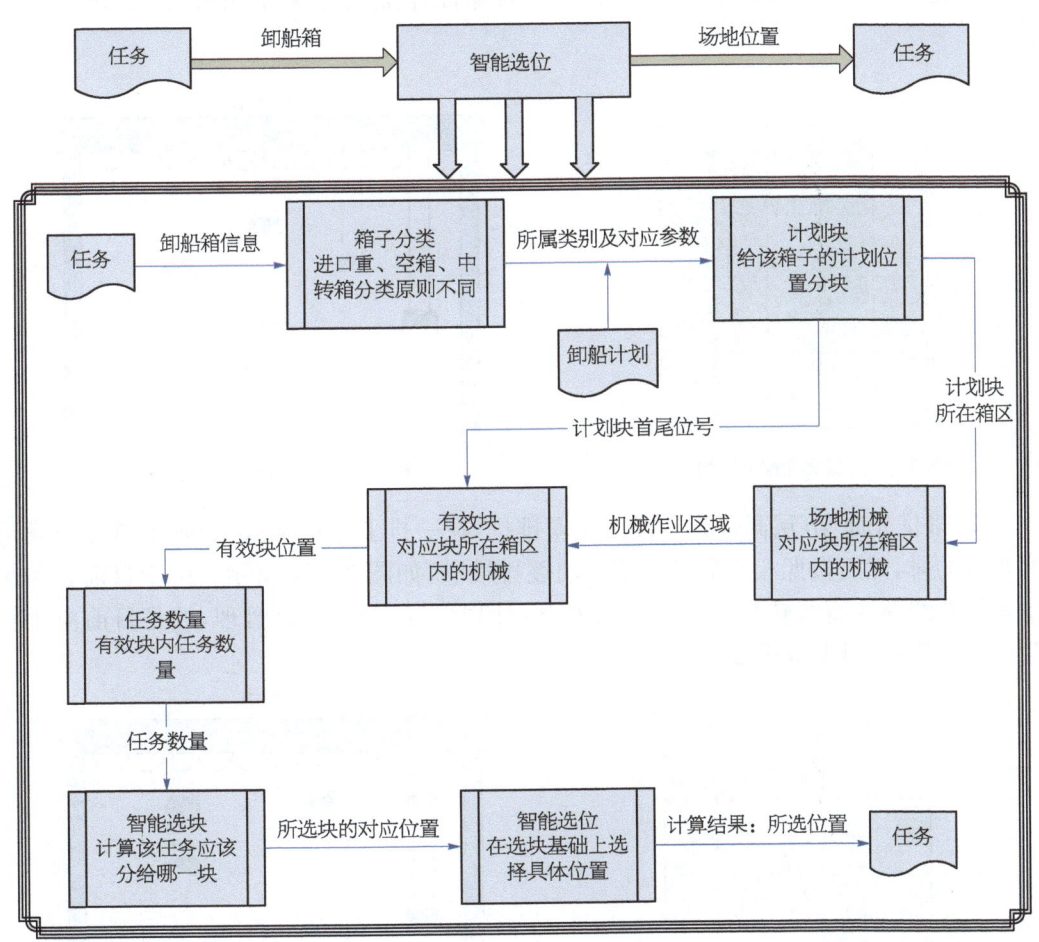

图 3-34 自动选位流程图

2. 卸船箱进场堆存模式及收箱堆存原则

(1) 卸船箱进场堆存模式

通常情况下,卸船箱进场主要有两种堆存模式:

① 进口箱区内混堆。这种堆存模式不分船名航次,将卸船箱随机卸至码头的进口

箱区中的各块。采用这种模式,在场地机械充分的情况下能提高卸船作业的效率,但提箱时翻箱率较高。

② 按船名航次堆存。这种堆存模式将同一船名航次下进口集装箱都按照自然箱箱型堆存于多个块中。采用这种模式可提高机械利用率、降低集卡等待时间和提箱翻箱率,但是造成箱区利用率略低。

(2) 卸船箱收箱堆存原则

目前,箱区内一个贝位有 6 排 4 层,总堆存能力是 24 个自然箱,考虑到翻箱操作的需要(同一贝位内集装箱不翻往其他贝位),实际最大堆存能力为 21 个自然箱。

卸船箱收箱时,常见的堆存原则有:

① 层优先原则,即优先安排层,从底向上,逐层堆放,如图 3-35 所示。前轮胎吊吊具作业线路为弧线,如图 3-36 所示。为保证作业安全多采用此方式,现在应用较少。

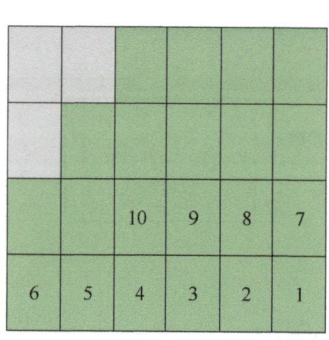

图 3-35　层优先排位规则

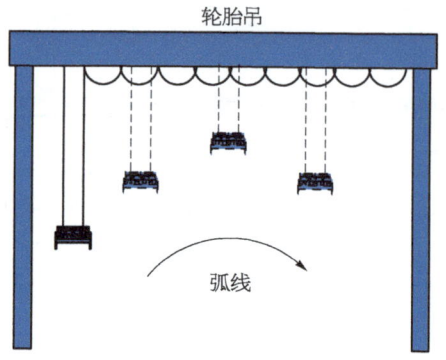

图 3-36　轮胎吊吊具作业路线

② 排优先原则(层高优先),即优先安排排,在一排上逐层堆放,原则上首先堆满远离车道的排,然后按照相对靠近车道方向逐排堆满,如图 3-37 所示。由于目前轮胎吊吊具作业线路为直线转 90°,操作较为安全,计划性好,同类型易管理,故是目前应用较为广泛的堆存原则,如图 3-38 所示。

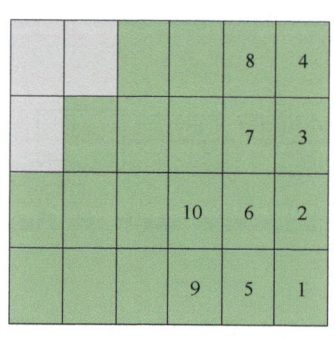

图 3-37　排优先排位规则图

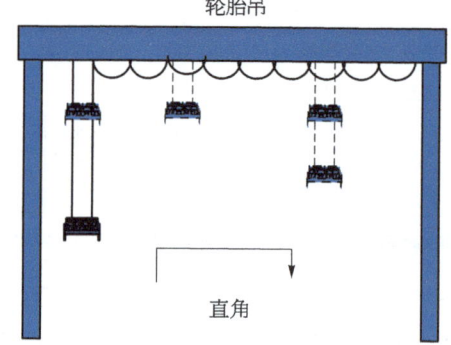

图 3-38　轮胎吊吊具作业路线

③ 随机堆放原则,随机堆放的随意性较强,场桥司机可根据作业路繁忙程度随时调整箱位,收箱作业速度较快,但计划性差,在实际作业中应用较少。

3.4.3 场吊落位确认

1. 落位确认主要内容

场桥落位确认是指桥吊司机根据场控发出的指令将箱子落到指定箱位的过程。落位确认的主要内容是指确定卸船箱最终堆存位置,以便场地业务控制人员能够及时地查询堆场状态。

2. 落位确认作业步骤

(1) 任务选择

集卡进场后,场控按集卡号选择落位任务,落位任务列表如图 3-39 所示。

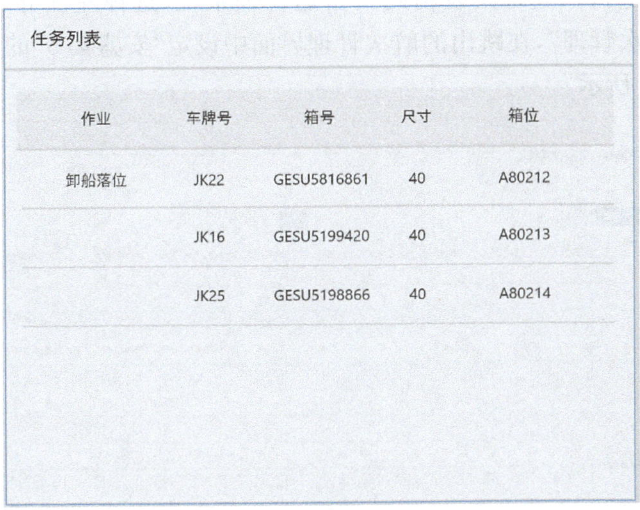

任务列表				
作业	车牌号	箱号	尺寸	箱位
卸船落位	JK22	GESU5816861	40	A80212
	JK16	GESU5199420	40	A80213
	JK25	GESU5198866	40	A80214

图 3-39 落位任务列表

为了避免场桥司机对本不属于该箱区的任务进行落位作业而导致的误操作,系统对作业任务设置可见性,即本任务列表只显示当前场桥负责作业箱区的落位任务。

(2) 箱位核对

箱位核对是指作业人员查看选定集卡上对应箱子的指定箱位是否可以进行实际落位作业。一般情况下总是可以顺利落位,但有时受到集卡进场先后顺序的影响,可能出现落位位置已被占用或该箱下面的箱子尚未落位。若箱位已被占用,作业人员需根据实际情况到箱区图中更改该箱子的场地位置,直接把它改到可以落位的地方。若该箱子下面的箱子尚未落位,则可将其直接落位到下一层的箱位上,或当下面箱子的落位任务正好紧随其后时,先执行下面箱子的卸箱落位任务。

(3) 实际落位

箱子实际落位后就与场地中某一具体堆存位置形成了一个一一对应的关系,据此对场地堆存状态进行监控。落位任务结束时与该任务对应的集卡同时被释空,服务器可以对集卡进行捕捉并将其投入新的作业任务中。

进口箱场地落位确认可以避免码头发生"丢箱"现象。所谓"丢箱"是指箱子实际落位位置与指定位置不同时,若不进行卸箱确认,导致无法通过场地位置搜索到箱子的情况。

3.5 卸船作业综合案例

本章主要对进口集装箱卸船业务从信息收集、处理到装卸作业资料统计的全过程进行了介绍,为了使读者能够更好地理解和把握集装箱码头生产系统的作业流程,真正掌握本系统的操作步骤,下面以"安盛集5"0927航次为例具体讲解集装箱码头卸船作业中的相应的操作步骤,力求把各个细节和容易误操作的地方完整清晰地呈现给读者。

1. 进口船图录入

目前,许多集装箱码头已采用EDI文件导入的方式录入船图,然而个别记录的增减及修改仍需手工进行。登录集装箱码头营运管理系统,选择左侧导航栏中的"船舶航次"菜单下的"航次管理",在跳出的航次管理界面中设定"安盛集5"的0927航次为当前航次,如图3-40所示。

图3-40 航次选择界面

航次选择后,单击界面中的"新增"按钮新增一条记录,根据手头的船图资料将所有信息逐一录入并进行保存。本航次录入完毕后的进口卸船船图,如图3-41所示。

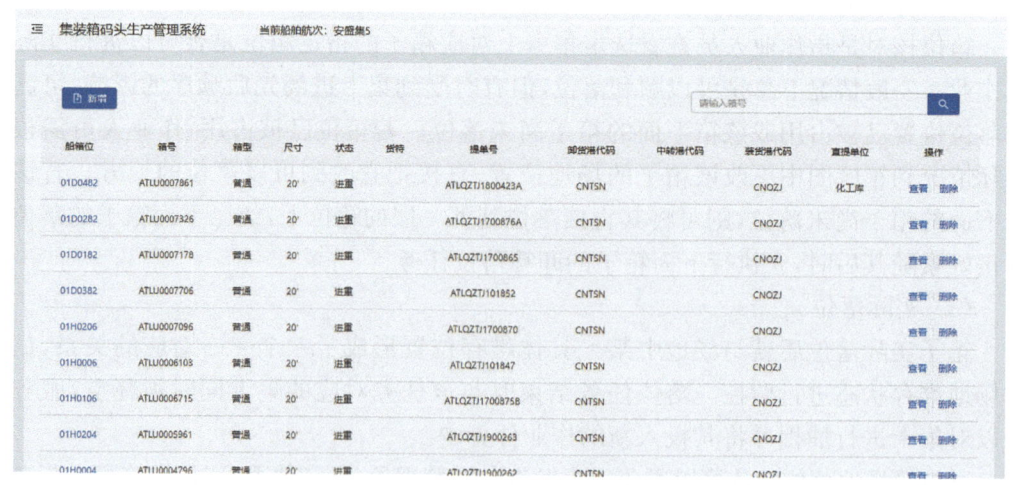

图3-41 进口船图手工录入与修改界面

为了准确高效地完成船图的录入工作,有以下几个需要注意的事项:

① 当集装箱为普通箱时,许多字段可以缺省不输;

② 当集装箱为中转箱时,要对"状态"作出选择,并输入该箱的目的港;

③ 对于箱重,20 ft 箱重量小于 2.3 时为空箱,40 ft 箱重量小于 3.8 时为空箱,在输入时如果跳过"箱重"字段,系统默认为空箱。若为直提箱,则要在直提单位字段中输入。

在某条已存记录中单击"船箱位"可以查看该贝的剖面图,并特显该箱在船图中的位置。以箱号为"ATLU0007178"的记录为例,双击船箱位"01D0182",该箱所在位置以蓝色高亮显示,其所在贝剖面图如图 3-42 所示。

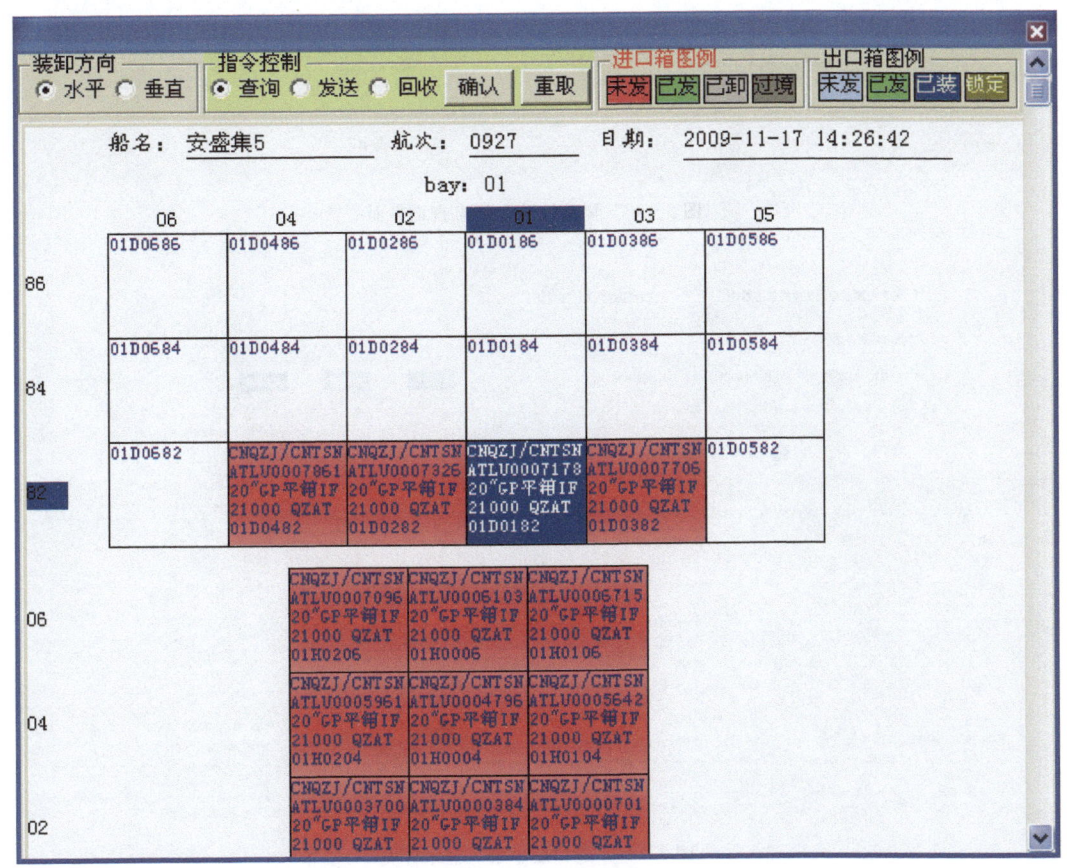

图 3-42 贝剖面图

单击操作栏中的"查看"链接,则可查询集装箱的综合信息,同样以箱号为"ATLU0007178"的记录为例,集装箱信息综合查询界面如图 3-43 所示。

由图 3-43 知,箱号为"ATLU0007178"的集装箱航次代码为"I000000013",属于 20 ft 普通平箱,卸货港在"天津"等有关信息,而且该箱目前尚在船上等待卸船。

2. 进口舱单录入

进口舱单录入与进口船图录入与修改同在进口卸船模块内。进入进口舱单录入模块,如图 3-44 所示。

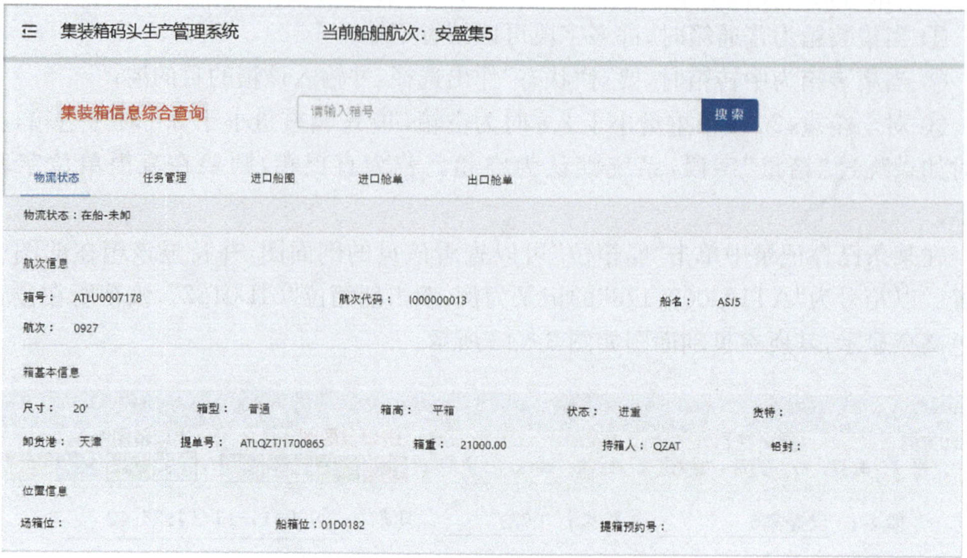

图 3-43　集装箱综合信息查询界面

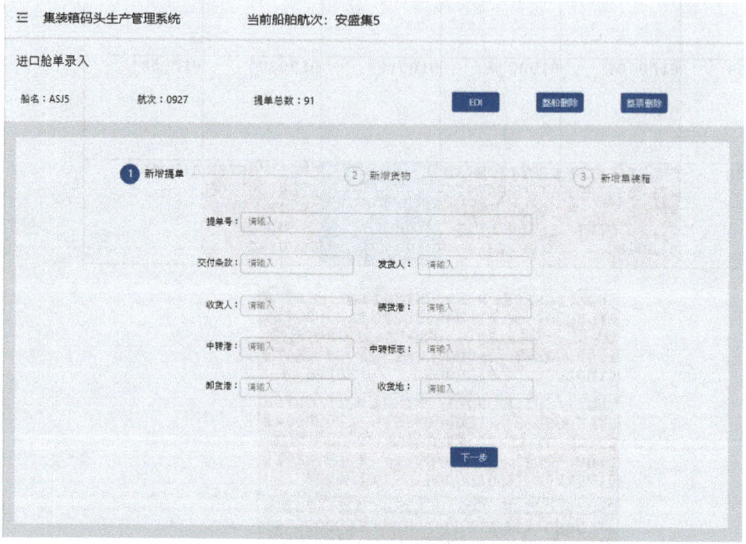

图 3-44　进口舱单录入登录界面

进入界面后,要录入新的提单内容,主要分为三个步骤:

首先,新增提单信息,增加一票信息,根据书面文件依次输入提单号等提单相关信息并单击下一步。

其次,新增货物信息,依次输入货物序号、货类代码等信息并保存。若一票提单中包含多类货物,则需要依次新增多条货物信息并点击下一步。

最后,对应某类货物新增集装箱信息,输入属于该类货物的所有集装箱对应信息并提交。

至此,一票提单的信息录入完毕。当提单信息量较大时,码头往往采用 EDI 文件导入的方式,单击 EDI 按钮进行选择即可快速完成舱单信息录入。本航次录入完成后的进口舱单如图 3-45 所示。

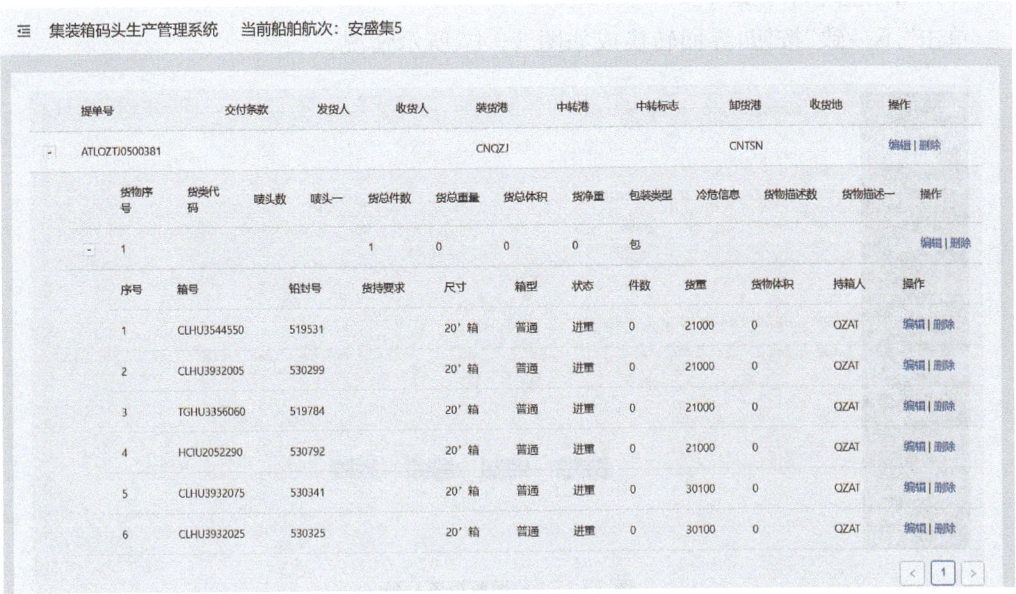

图 3-45 进口舱单录入界面

3. 船图舱单校核

船图舱单校核是卸船作业中不可缺少的步骤,登录船图舱单校核模块,如图 3-46 所示。

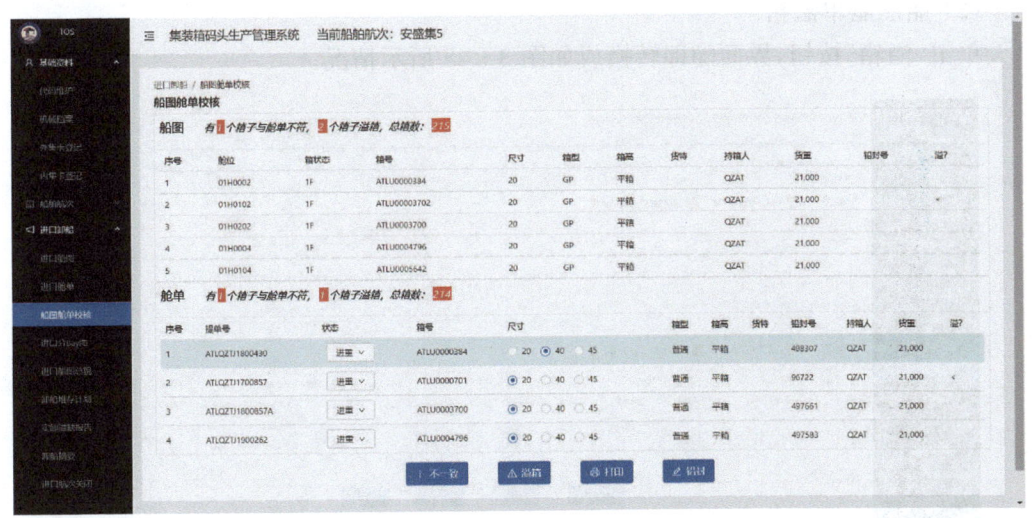

图 3-46 船图舱单校核

登录后,系统自动显示校核结果,若船图与舱单完全一致则校核通过。为了形象地说明问题,本例中溢箱和不一致的情况同时存在。

如图 3-46 所示,船图中有一个箱子信息与舱单不符,同时存在两个溢箱;舱单中对应有一个箱子与船图不符,同时存在一个溢箱。所有不匹配信息都以黄色特显。为了更加清晰地分别查看不一致与溢箱情况,分别通过点击界面右侧不一致及溢箱按钮实现。

(1) 船图舱单不一致

单击"不一致"按钮,界面转换成如图 3-47 所示情况。

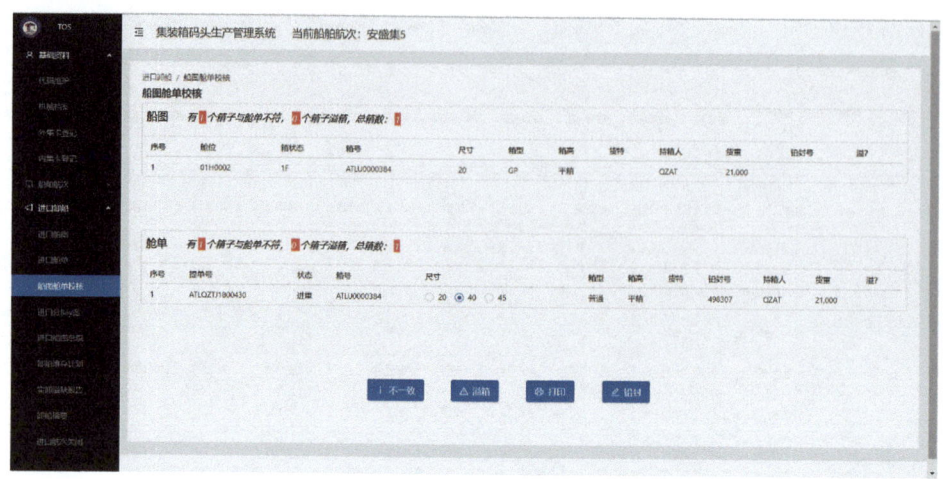

图 3-47　船图舱单不一致

由图知,箱号为"ATLU0000384"的箱子在船图与舱单中的尺寸不一致,此时工作人员需要找到原始文件或联系船公司进行查核,确定属于船图输入有误还是舱单输入有误,确认好后将错误信息改正并进行保存。

(2) 船图舱单溢箱

单击"溢箱"按钮,界面随即转换成如图 3-48 所示情况。

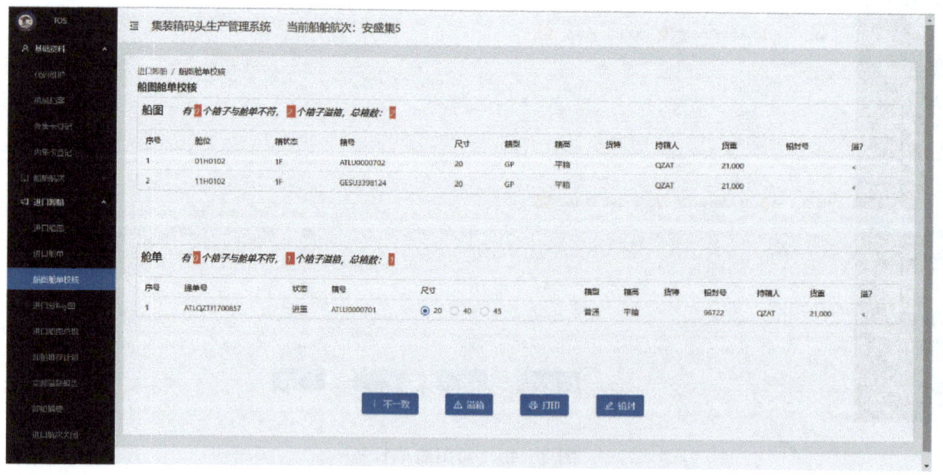

图 3-48　船图舱单溢箱

由图知,箱号为"ATLU0000702"和"GESU3398124"的箱子只存在于船图中,而箱号为"ATLU0000701"的箱子只存在于舱单中。通过比较不难发现,箱号"ATLU0000702"与箱号"ATLU0000701"只差一位,很有可能属于某个箱号输错造成,核对信息后更正错误箱号,即可同时消除船图与舱单中对应的溢箱情况;而箱号为"GESU3398124"的箱子属于舱单漏输问题,因此需要向船公司确认后到舱单录入界面中增加记录。

4. 卸船堆存计划

卸船堆存计划是实际作业顺利展开的有效保证,其作业界面如图3-49所示。

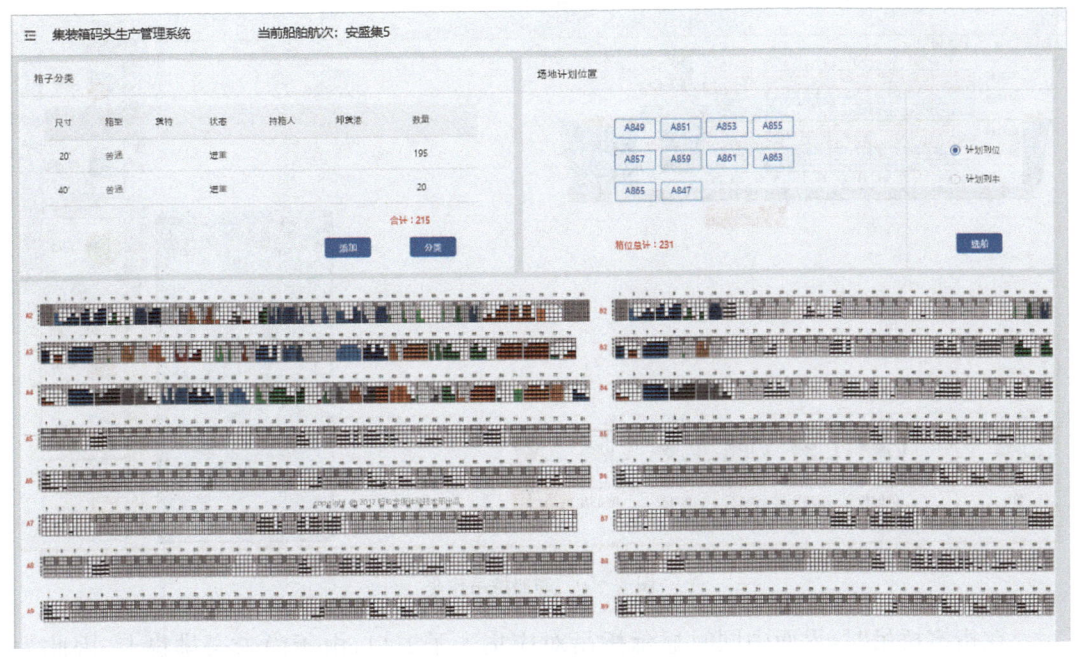

图3-49 卸船堆存计划制定

登录后,界面左上方"箱子分类"子窗口尚无信息,说明还没有箱子完成场地堆存计划。单击"自动分类"按钮对本航次的箱子进行分类,本例分为20 ft普通进口重箱和40 ft普通进口重箱两类。卸船堆存计划制定步骤如下:

① 单击选中20 ft箱所在记录;
② 在"计划范围控制"中选择计划到位控制方式;
③ 右键单击A8该箱区所在任意位置放大显示该箱区,拖动鼠标为所选箱子在场地指定计划箱位,如图3-49所示;
④ 单击"保存"按钮进行保存。

这样就将该航次20 ft箱的场地计划指定到了A8箱区第49~65位,同理完成40 ft箱场地堆存计划。若要对已做计划进行修改,先选中"场地计划位置"中需要撤销的场箱位,单击"删除"按钮并保存修改。重新指定箱位步骤与前述相同。

5. 卸船桥吊调度

卸船堆存计划制定后,中控人员就开始卸船桥吊调度,登录桥吊调度模块。

选择"安盛集5"0927航次,界面中显示该航次船舶剖面图根据船舶靠泊的位置及空闲桥吊的状况,本例中安排Q08进行该航次卸船作业。以22贝甲板为例,首先点击选中Q08;然后点击22贝甲板位置,Q08同时以不同形式显示在船舶侧面图下方和船舶俯视图上,如图3-50所示。

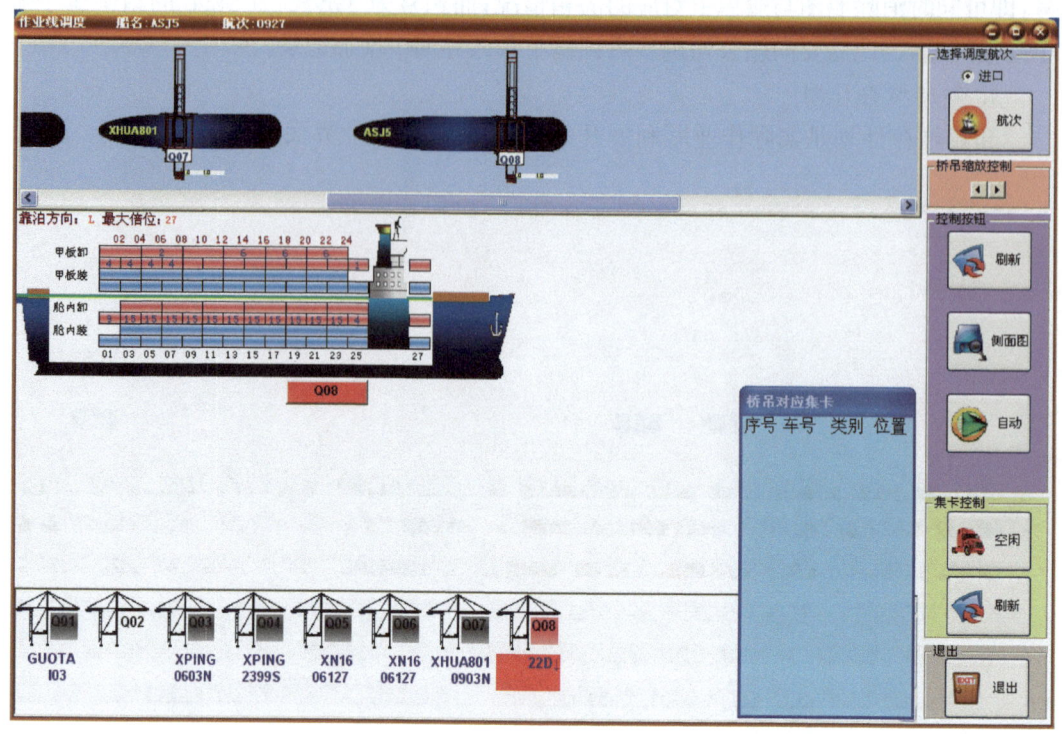

图 3-50　卸船桥吊作业

在指定桥吊时,界面中同时显示桥吊对应集卡子窗口,由于尚未安排集卡,因此为空,当集卡调度完成后,即显示该桥吊对应的集卡信息。集卡调度前也可通过单击"空闲"按钮对当前可用集卡进行查询。

6. 集卡调度

集卡调度是紧随桥吊调度的后续作业,桥吊卸下的箱子必须经由集卡运往堆场,进入集卡调度模块,如图 3-51a 所示。

登录后,首先通过"新增"按钮新增一条作业路,本例中根据安排的桥吊将作业路命名为 Q08,由于本作业路不与其他作业路共享集卡,因此集卡池维持默认值 0,要箱车辆和回路车辆值分别设置为 2 和 5,并将本作业路设置成"使用"状态。作业路录入完毕后,单击"保存"按钮保存记录,同时从操作选项中选择"安排车辆"可进行路线安排,界面如图 3-51b 所示,分别选中 JK16、JK22 和 JK24 前面的复选框,将这三辆集卡调度给作业线 Q08,单击"确定"按钮保存作业,同时完成集卡调度过程。此时再查看桥吊调度界面就可以看到桥吊对应集卡小窗口内显示 JK16、JK22 和 JK24。

7. 场桥调度

完成集卡调度后,登录如图 3-52 所示的场桥调度模块继续为卸船场地指定作业场桥。首先,在界面左上方"机号"下拉列表框中选择空闲桥吊,这里选择 L03,由于在卸船堆存计划时,将该航次的卸船计划指定给了 A8 箱区,因此以"按区"作业设定方式单击 A8 箱区,确定后就完成了该航次卸船作业的场桥调度。

图 3-51 集卡调度作业界面

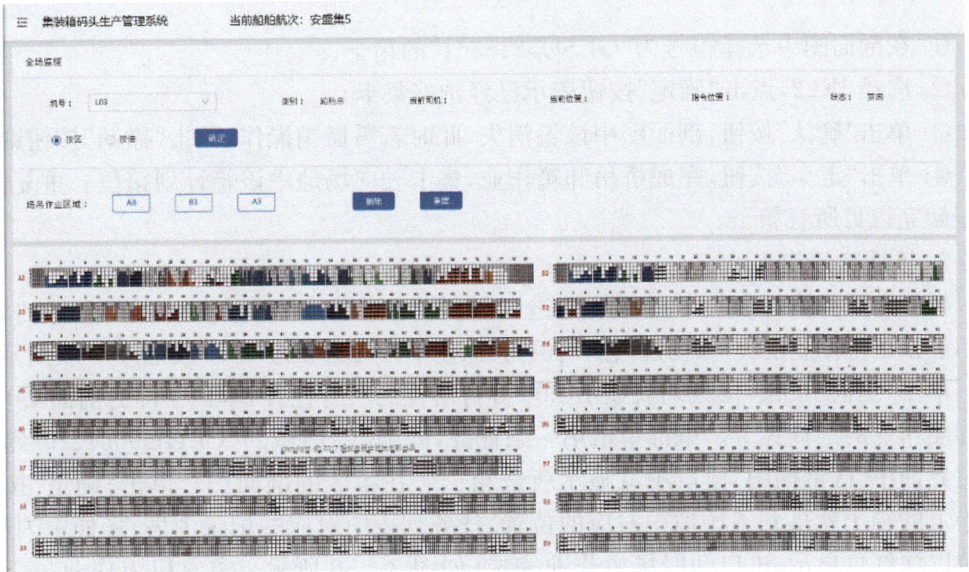

图 3-52 场桥调度作业

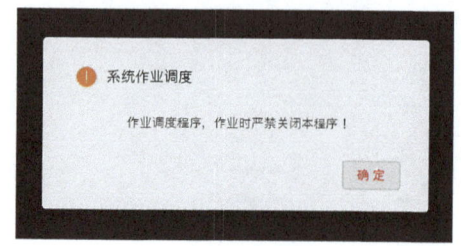

图 3-53　系统作业调度

8. 桥吊卸船作业

所有机械调度完成后，就进入实际卸船环节，首先开启系统作业调度程序，如图 3-53 所示。

首先是桥吊卸船作业，登录模块后出现图 3-54 所示的界面。核对船舶箱位信息无误后开始卸船，作业步骤如下：

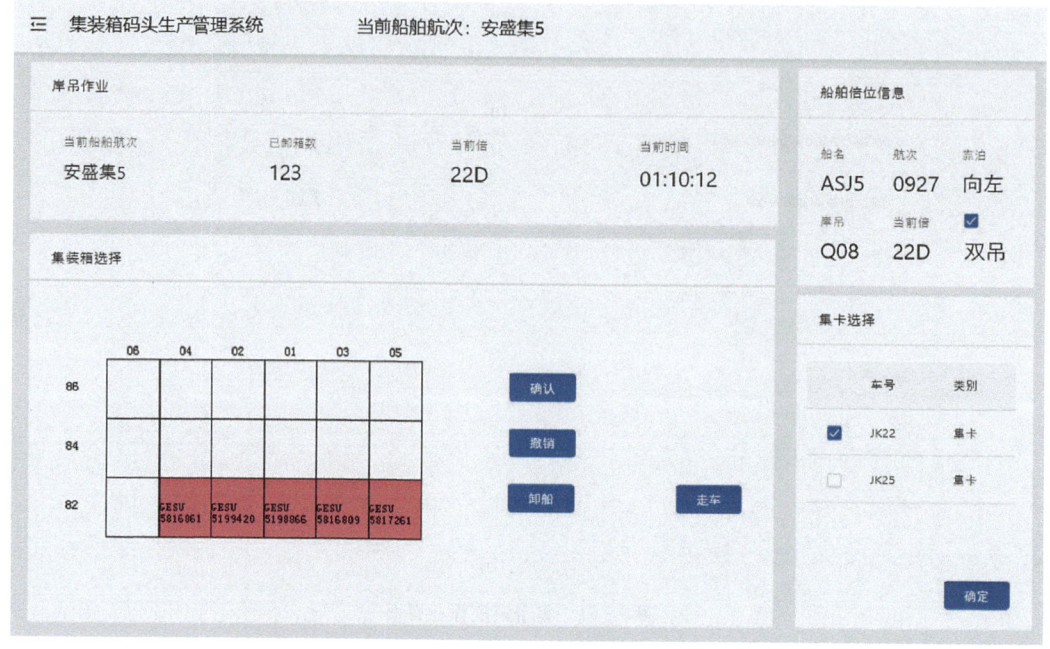

图 3-54　桥吊作业界面

① 在剖面图中选择箱号为"GESU5816861"的箱子；
② 选择 JK22，点击"确定"按钮表示已经选好集卡；
③ 单击"确认"按钮，剖面图中该箱消失，此时若需撤销操作，单击"撤销"按钮即可；
④ 单击"走车"按钮，完成桥吊卸箱作业，集卡驶向场地中该箱计划箱位。重复操作直至卸完该贝所有箱子。

9. 场桥落位作业

桥吊卸下的箱子由集卡运往场地进行场桥落位作业，选择前面已经调度好的场桥 L03，登录场桥作业模块，该场桥当前司机为"徐建华"，其工号为"007"，如图 3-55 所示。

单击"当前"按钮，任务列表显示 L03 等待落位的所有任务，本例中即为前面 Q08 完成卸船作业的三辆集卡。鼠标单击第一条任务，即 JK24 所载的"CLHU9064219"箱子，此时界面中"区剖面图"窗口中就显示所选箱子所在箱区的剖面图。单击"确定"按钮，集卡上的箱子就落到了场地中对应的位置，任务列表中对应的记录消失，场地中闪烁的箱位以深红色显示，进口卸船场桥作业完成，如图 3-56 所示。重复以上作业，直至完成任务列表中所有集卡的落位作业。

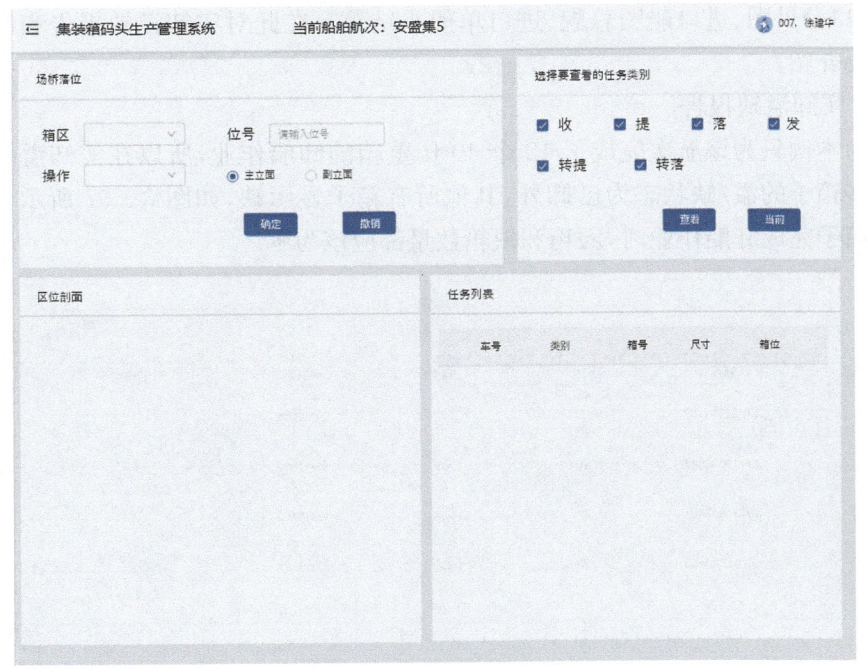

图 3-55 场桥落位登录界面

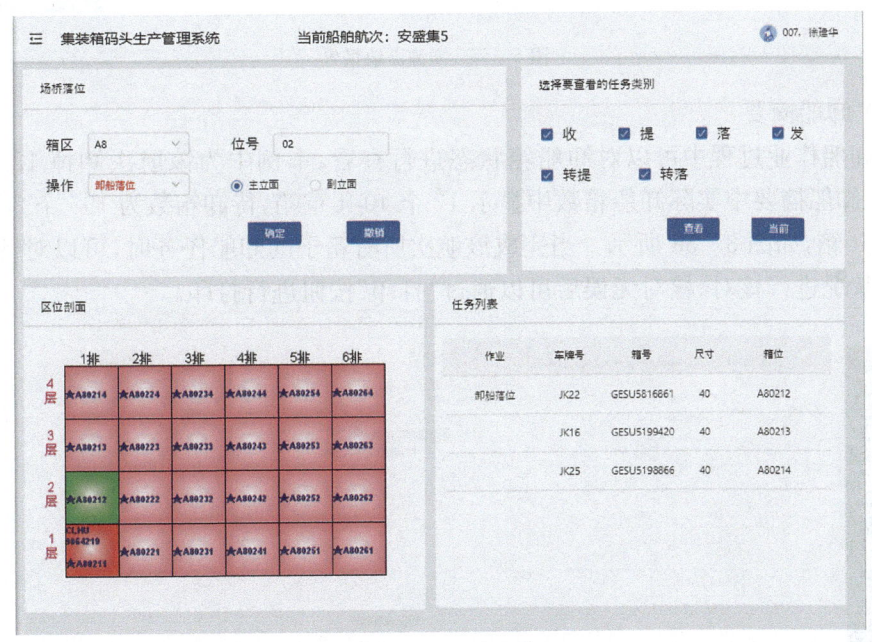

图 3-56 场桥落位作业

在场桥作业界面完成落位作业后,继续回到桥吊卸船界面,此时桥吊对应的集卡已经完成场地作业返回码头前沿,等待船上其他箱子的卸船作业,循环作业桥吊和场桥,直至写完该贝所有集装箱为止。

10. 卸船相关统计报表

卸船作业中或作业完成后均可查看并打印相关统计报表,包括实卸溢缺报告、卸船摘要、进口分贝图、进口船图总貌、进口单船小结等。在此对实卸溢缺报告和卸船摘要进行简要介绍。

（1）实卸溢缺报告

因为本例只为该航次完成了 12 个 40 ft 重箱的卸船作业，所以在实卸溢缺报告中除了这些箱子的溢/缺状态为已卸外，其他所有箱子显示缺，如图 3-57 所示。当该航次所有箱子完成卸船作业时，溢箱和缺箱数量都应该为零。

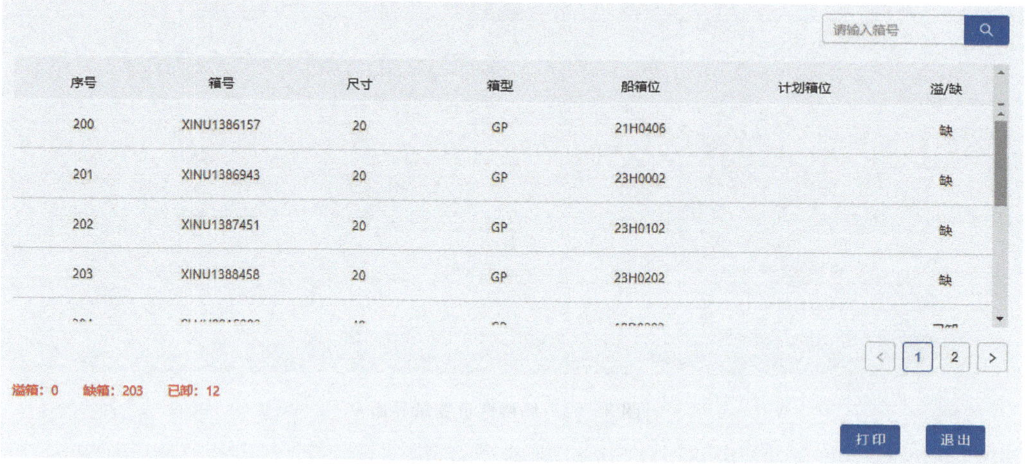

图 3-57 实卸溢缺报告

（2）卸船摘要

在卸船作业过程中可以对卸船箱状态进行查看，本例中为该航次卸掉 12 个 40 ft 箱，因此卸船摘要中实际卸船箱数中显示 12 个 40 ft 重箱，待卸箱数为 195 个 20 ft 箱及 8 个 40 ft 箱，如图 3-58 所示。当完成该航次所有箱子的卸船任务时，可以对计划和实际卸船状况进行核对，核对无误后可以通过"打印"按钮进行打印。

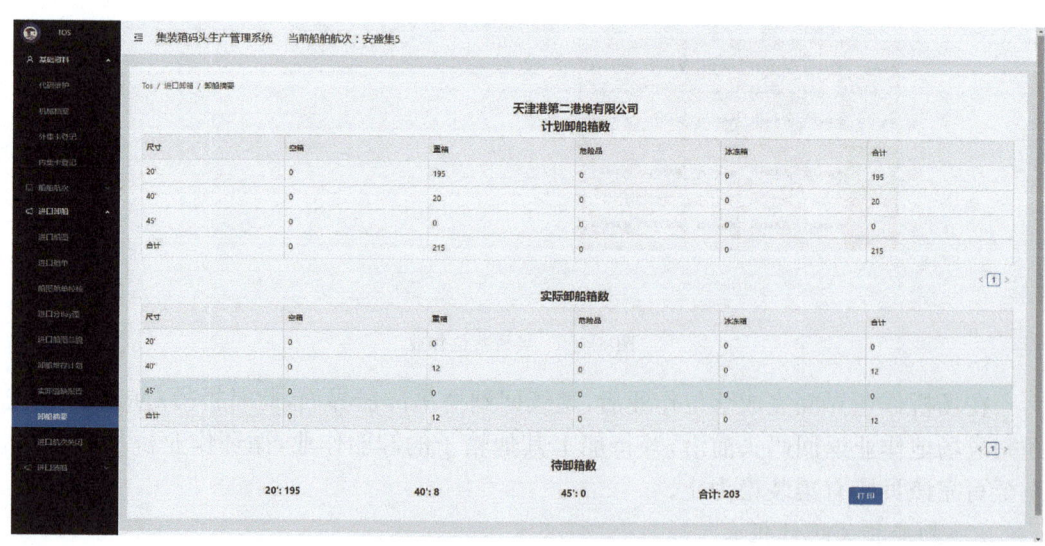

图 3-58 卸船摘要

11. 进口航次关闭

当该航次所有卸船作业完成后,码头应该及时关闭该航次,以禁止对进口数据再进行修改,并及时释放被占用的资源、记录卸船作业的结果等。

3.6 智能卸船系统

1. 智能卸船定义

智能卸船,全称集装箱码头智能卸船选位系统,是集装箱码头智能化改造的必经环节和关键环节之一。智能卸船系统针对传统集装箱码头边装卸工艺模式,在不需要人工制定卸船箱场地计划的前提下,由计算机系统综合考虑设备情况、任务分布、堆存状态等因素,根据堆场"分散且集中"等派位原则,自动地为卸船箱动态分配场地位置。

2. 发展现状

近年来,随着工业4.0的浪潮,传统的生产方式正在悄然地向自动化、智能化的方向演变。集装箱码头新工艺、新技术的不断完善,以及码头吞吐量的日益增长推动着港口码头行业加入工业4.0。

未来,随着全球班轮运输网络的逐步形成,越来越多的集装箱吞吐将会集中到枢纽港,从而加剧枢纽港堆场资源不足的问题。因此,提高集装箱码头的管理水平,即通过优化堆场内箱位的分配,使得有限的堆场资源能够被最大程度的利用就显得尤为重要。进口箱作为集装箱码头重要的集装箱类型之一,其卸船选位的合理与否直接影响着卸船效率的高低及提箱时倒箱作业的数量。因此,实现集装箱码头进口箱卸船选位是传统人工码头智能化转型过程中最为关键的技术环节。

就目前而言,集装箱码头进口箱卸船选位智能化程度尚处于初级阶段,绝大多数的集装箱码头卸船选位只是相对降低了员工工作强度,具有一定程度的动态性,但是对码头生产作业效率的提高效果并不十分明显,受限于诸多因素。

在实现集装箱码头进口箱卸船选位的传统人工码头智能化转型过程中。相较于传统人工码头进口箱卸船选位,智能卸船选位摒弃人工制定场地计划,极大地解放了劳动力。其根据进口箱属性,配合码头资源(集卡、堆场起重机等)进行实时全场搜索以获取最优的场地位置,实现动态、均衡选位,提高卸船效率。大榭招商国际码头在使用智能卸船选位系统后,卸船作业时间缩短、卸船作业人工成本大幅度降低、堆场利用率提升、堆场起重机及距离缩短、提箱时的翻箱率降低。

在堆场资源相对紧缺的情况下,堆场成为集装箱码头的作业瓶颈,对堆场资源分配利用的优劣会直接影响码头的整体作业效率。通过对卸船作业的智能化场地安排,使有限的堆场资源,包括空间资源、装卸资源被合理利用,提高码头作业的效率和效益。

3. 智能卸船的意义

卸船箱智能选位主要是进一步提高企业内部精细化管理程度,为管理者提供智能决策支持,使码头始终保持较好的场地堆存状态,提高码头各个环节的装卸作业效率。具体研究目标如下:

① 脱离人工制定场地计划的模式,解放劳动力。智能卸船不再有计划的概念。卸

船箱的场地计划改为：每卸载一个进口箱，由计算机在后台计算一次位置分配，计算时间要求在 1~3 s 内完成。

② 实现动态、均衡选位，提高效率。智能卸船选位系统针对自动化码头端部装卸的特殊工艺模式，由系统综合考虑设备情况、任务分布、堆存状态等因素自动地、动态地分配卸船箱场地位置。

③ 实现大票箱自动归垛，降低提箱翻箱率。在计算机智能选位的条件下，完全有能力通过动态选位算法尽量控制同一提单号的箱子按排（串）堆放，对于大票箱而言可大幅度降低后期提箱过程中的翻箱率。

4. 智能卸船主要特征

① 无须人工进行箱组划分；
② 无须人工编制卸船堆存计划；
③ 动态选位、动态调整计划。

5. 与传统模式的对比分析

智能卸船模式与传统模式的对比分析见表 3-5。

表 3-5 智能卸船模式与传统模式对比

模式	传统模式	智能卸船模式
示意图		
流程	人工分组→人工计划→计算机给位	计算机一步给位
执行	人工计划	计算机动态计算和调整卸船计划
作业方式	以单船为对象，制定船舶卸船场地计划	以整个码头为对象，由计算机对卸船箱自动分组归类，根据该组箱子的待卸数量、已卸船的箱量与堆存状态、场地机械情况等因素动态计算场地位置
计划对比分析	传统模式下的卸船箱选位需要人工提前制定进口箱卸船堆存场地计划。进口箱卸船堆存场地计划是指对所有进口卸船箱进行分组并且在码头堆场分别为各组指定一个或多个箱区作为目标堆存区域所做的场地计划。其目的是依据进口箱各属性合理分配堆场资源，同时便于顺利、高效完成提箱作业	智能卸船不再需要人工制定场地计划，而是将堆场现有资源统一配置，在卸船箱放上集卡的瞬间，系统根据堆场资源及卸船箱自身属性在全场内为其动态分配一个场地位置

(续表)

模 式	传 统 模 式	智能卸船模式
管理思路	以服从计划为主	以动态调配为主,突破场地计划的"限制",将选位决策的动态性能大幅提升
计划范围	整船:人工制定卸船堆存计划,计划员一般会为整船卸船箱全部安排场地计划	局部:智能卸船模式下,计算机根据卸船箱的属性安排/分配局部箱组(例如一票)的场地计划
计划频次	一次性:计划员制定整船卸船计划后,如果在装卸船过程中需要调整,一般由中控调度员撤销部分计划,手工修改场位安排	动态、多次:智能卸船模式下,计算机根据卸船作业情况实时安排和调整卸船场地计划,不会一次性指定堆放卸船箱的箱区
考虑设备位置	计划时无法考虑设备位置:传统模式下,卸船箱选位都是按卸船箱属性寻找对应箱组的场地贝位,人工很难动态调整,机械繁忙时会造成较多的移机,造成资源浪费	跟随场地设备选位,减少移机:智能卸船由于不受场地计划的限制,因此可以根据场桥当前作业位置来动态选择作业位置,从而减少场桥不必要的移机,达到提高设备利用率的目的
多船混堆	传统计划模式下,一般以单船为对象,不考虑多船混堆,这在一定概率上会造成堆场空间资源浪费,且占用的场地机械较多	智能卸船模式下,可将整个码头当前卸船作业统一考虑,实现多船混堆,针对杂票箱还可以同排混堆,以设备为导向,集约化控制场桥的作业任务密集度,提高场地机械作业效率

（续表）

模 式	传 统 模 式	智能卸船模式
大票箱归垛	人工制定场地计划时如果将大票箱分离出来单独堆放（大票归垛），工作量相对较大，且有可能单票超过一定数量才做大票归垛	智能卸船模式下，通过计算机动态计算场地位置，可实现大票归垛，达到 4 个箱子即可归垛到一排集中堆放
选位方式	传统模式下，卸船箱给位也是理货确认后动态选位，但是只能选择卸船场地计划堆存区域内的场位	智能卸船模式下，理论上任意可堆放进口箱的箱区都有可能是卸船箱的目标箱区，系统会根据选位规则动态决策箱子进入的箱区及场位

第4章

集装箱码头提箱业务管理

提箱作业流程概述
提箱预约计划
提箱作业进场管理
基于看板式管理的堆场提箱作业
提箱车辆出场信息校核
提箱作业综合案例

4.1 提箱作业流程概述

码头上所讲的提箱作业一般都是指进口重箱的提箱,它是集装箱码头提箱作业最主要的业务内容。对于进口重箱而言,提箱业务属于整个进口业务流程中的第二阶段,第一阶段则是卸船作业。码头是一个"集疏运"的枢纽点,进口业务是一个由"集"到"疏"的过程,而"疏"则主要是指在提箱阶段堆场内的集装箱被疏运至社会的过程,因此这也就决定了提箱过程的物流特点是随机、离散的。

1. 进口重箱提箱流程

进口重箱的提箱过程一般可分为三个阶段,即计划阶段、收费阶段、作业阶段,在这三个阶段中提箱业务所涉及的部门或单位有客户本身、受理部、银行、承运人、闸口、场内吊车等,各环节相互依托,环环相扣,其流程和关系如图4-1所示。

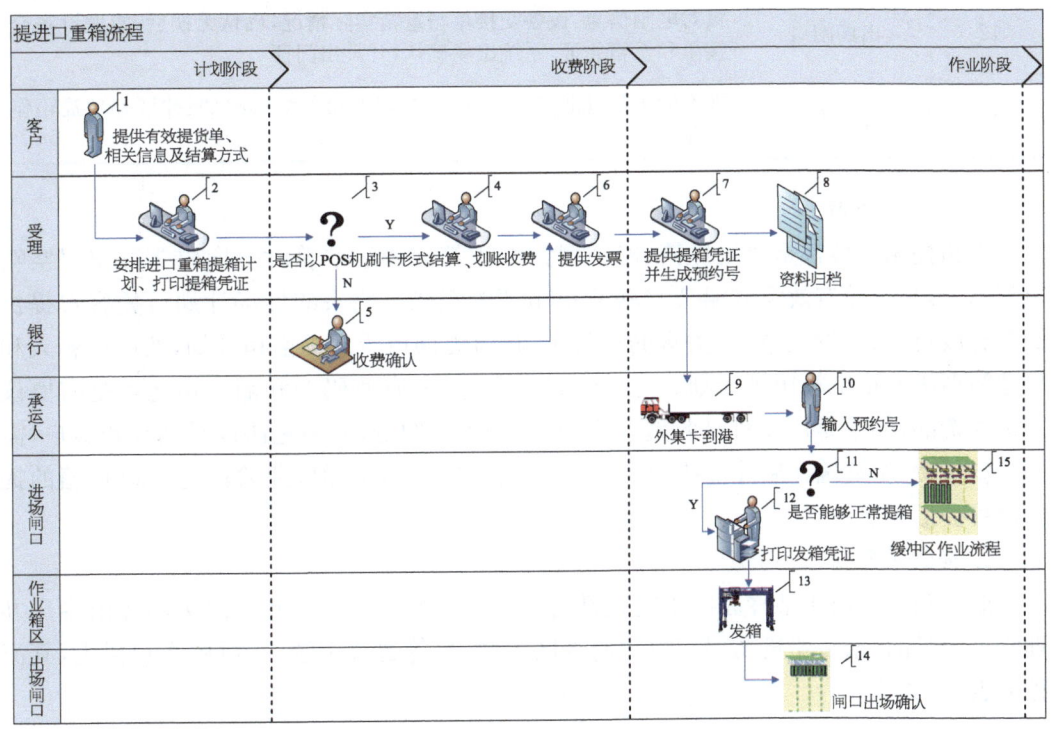

图4-1 进口重箱提箱作业流程

进口重箱的提箱作业流程见表4-1。

表4-1 进口重箱提箱作业流程描述

编号	岗位	说明
1	客户	客户持内容准确规范的有效提货单,提出申请整箱作业的时间,单位代码并提出结算方式要求
2	受理	安排进口重箱提箱计划、打印提箱凭证

(续表)

编号	岗位	说明
3	受理/银行	客户直接刷卡或到银行柜台付账
4	受理	结清费用，提供发票
5	受理	核对相关收费凭证，提供提箱凭证，并生成预约号
6	受理	资料归档
7	承运人	外集卡至港区
8	承运人	司机在进场闸口输入预约号
9	进场闸口	判断能否正常进港
10	进场闸口	如果能够正常进港，根据预约号打印发箱凭证
11	作业箱区	按照作业队列发箱
12	出场闸口	核对电脑信息、设备交接单与重箱实际情况，确认无误后，收取设备交接单和发箱凭证，系统出场确认，开具出门证
13	进场闸口	如不能正常进港，进入缓冲区办理提箱手续（详见缓冲区办理提箱作业流程）

2. 提空箱流程

空箱提箱一般都是成批提箱，船公司需要用箱或调运空箱时会向码头开出提空箱申请单，客户持盖有效章的船公司联系单申请提空箱。码头的堆场计划员凭客户提供的盖有放行章、收货人章、海关章的提货单，核对无误后受理提空箱计划，按照持箱人和尺寸箱型等安排空箱用箱计划。之后便是结算过程，有些码头和船公司之间是有协议月结收费的，如果是协议月结收费客户，直接提供预约号，如不是协议月结收费客户，需要当场付费，付费确认后才能提供预约号。之后提箱的实际作业阶段与进口重箱的提箱过程类似。

3. 提退关箱流程

退关箱是指由于某种原因未能正常海关放行并装船的出口箱。退关箱经由客户办理海关出具的《未装船货物提离海关监管区申请单》等退关手续后，可由客户提走，其流程见表4-2。

表4-2 提退关箱流程描述

编号	岗位	说明
1	客户	提供船公司有效联系单及由海关出具的《未装船货物提离海关监管区申请单》
2	受理	安排提退关箱计划
3	受理	是否以POS机刷卡形式结算
4	受理	如客户能够使用POS机刷卡结算方式，受理台开辟专用快速通道，以银行卡划账收费

(续表)

编号	岗位	说明
5	银行	如客户不能使用POS机刷卡结算方式,客户到银行柜台付账
6	受理	结清费用,提供发票
7	受理	核对相关收费凭证,提供提箱凭证,并生成预约号
8	受理	资料归档
9	承运人	外集卡至港区
10	承运人	司机在进场闸口输入预约号
11	进场闸口	判断能否正常进港
12	进场闸口	如果能够正常进港,根据预约号打印发箱凭证
13	作业箱区	按照作业队列发箱
14	出场闸口	核对电脑信息、设备交接单与箱体实际情况,确认无误后,收取设备交接单和发箱凭证,系统出场确认,开具出门证
15	进场闸口	如不能正常进港,进入缓冲区办理提箱手续(详见缓冲区办理提箱作业流程)

4. 提疏运箱流程

疏运是指进口集装箱卸船后在码头堆至疏港法规定天数后,由码头内部堆场转至码头外专业堆场的过程。码头内负责疏运计划的岗位一般是船舶计划。计划员首先根据船舶信息查询在场箱是否超过有关规定的时间并确定需疏运的在场箱,对需疏运的在场箱安排疏运计划,并向物流公司提供疏港箱预约号,通知物流公司疏运。接下来的提箱过程与进口重箱的提箱过程类似。

4.2 提箱预约计划

提箱预约是指客户持有效提箱凭证到码头办理提箱预约计划的过程。以进口重箱为例,预约计划的受理服务部门是码头的大厅受理部门,该部门主要负责集装箱码头的对外窗口服务。

客户办理预约手续的前提是已经完成缴费,预约后码头的系统会自动生成一个预约号,提箱司机进港提箱时需要在闸口处输入该预约号以便系统进行选箱及中控室安排机械等。

提箱预约的方式按照提箱批量可分为单箱预约和成批预约两种,其中单箱预约一般指按箱号预约,成批预约则包括按提单号预约、按持箱人预约及捆绑预约等模式。

4.2.1 单箱预约

单箱预约一般针对一票一箱的货物,即某票货物全部装载于一个集装箱内,这种情况下货主要提的箱子只有一个。对于大厅受理部的码头管理人员来说,为方便操作,单箱预约一般都采用按箱号预约的方式,如图 4-2 所示。

图 4-2 按箱号预约

按箱号预约的基本操作是:找箱、核对信息、指导缴费、制作预约计划。受理员首先要按照客户提供的提货单上指定要提的箱号在系统中寻找该箱子的信息,图 4-2 所示即为受理员输入箱号查箱子的过程,如果目标箱已经卸船且尚未被预约过,那么受理员就可以在屏幕上看到这个箱子的信息,如图 4-3 所示。

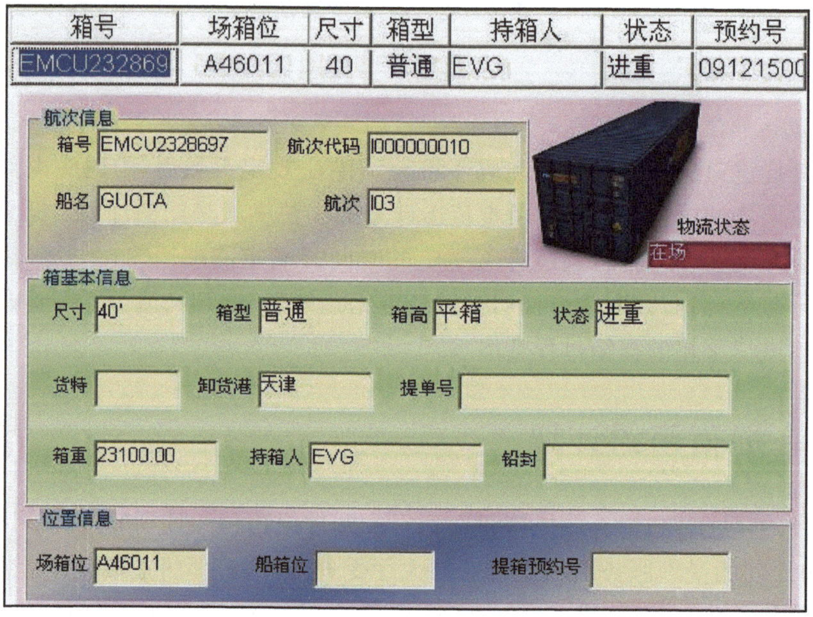

图 4-3 单箱预约查箱

箱子找到后,受理员还需要核对系统中的箱信息和客户提单上的箱信息是否一致,箱信息确认正确后受理员即可指导客户进行缴费工作,缴费后便可以将箱子的预约计划提交,并打印提箱凭证,系统自动生成的预约号也会显示在提箱凭证上,以供集卡司机提箱时使用。

4.2.2 成批预约

成批预约是指为多个集装箱统一制定预约计划,在提箱时这些箱子可不分先后地提给货主。因此，成批提箱计划的合理安排及闸口处的自动选箱可以大大降低场地提箱时的翻箱概率。例如，如果某个客户要提 30 个集装箱，这 30 个集装箱中的部分箱子堆存在一起，存在压箱现象，如果进行单箱预约，则很可能被压在下面的箱子先要被提走，这样就造成了不必要的翻箱，但如果是成批预约，码头就可以先把上面的集装箱提给客户，从而避免翻箱。

针对不同的集装箱及不同的客户需求，成批提箱主要有按提单号预约、按持箱人预约和组合预约几种模式。

1. 按提单号预约

对于进口重箱，如果客户的提单是一票多箱（一个提单号，多个集装箱）的，大厅受理员一般可采用按提单号预约的方式，如图 4-4 所示。

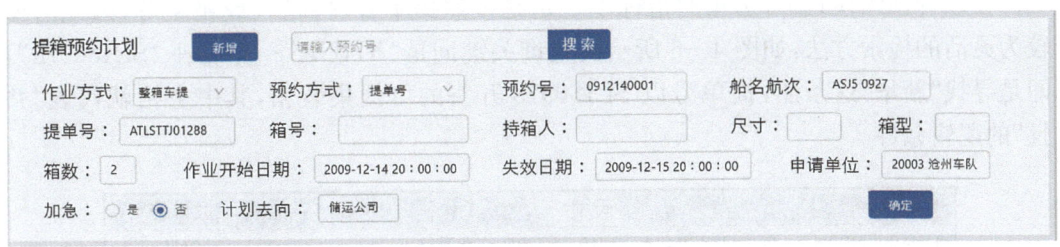

图 4-4 按提单号预约

按提单号预约的一般流程是：

① 根据客户提单，选择船名航次，输入提单号，从而在场地内查找已经卸船并且尚未被预约过的进口箱，如图 4-5 所示。

已选箱数：2

	箱号	提单号	场箱位	尺寸	箱型	持箱人	状态	预约号
☑	CLHU8970013	ATLSTTJ01288	A80211	40	GP	QZAT	进重	0912140001
☑	CLHU8970013	ATLSTTJ01288	A80211	40	GP	QZAT	进重	0912140001

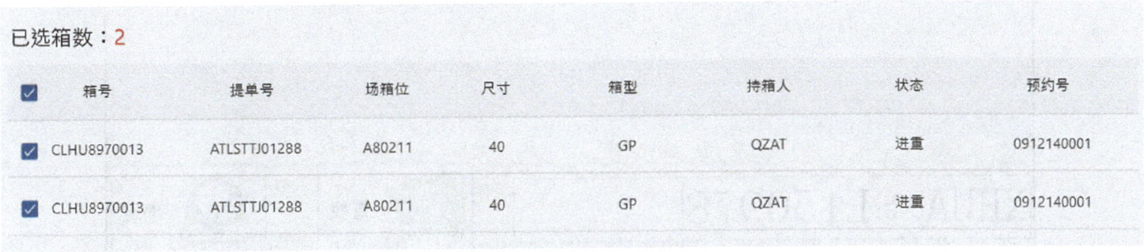

图 4-5 按提单号查箱

② 选箱。根据提单上客户要求提的箱子箱号，在图 4-5 中查询出的集装箱列表中选择客户要提的几个箱子，当箱子数量较大时，要注意核对箱子数量。

③ 核对箱信息。检查系统中显示的箱信息与纸质提单上的箱信息是否有出入。

④ 指导缴费。即受理员指导客户进行缴费工作。

⑤ 制作预约计划。缴费后便可以将该提单的预约计划提交，并打印提箱凭证，以供集卡司机提箱时使用。

2. 按持箱人预约

对于空箱而言不存在货的因素，因此提空箱的客户往往都是持箱公司或船公司，他们往往都是指定要提箱子的数量，而一般不会指定箱子的箱号。所以对于码头操作员而言就是要在堆场内查找属于某持箱人、某种尺寸箱型的在场空箱并安排用箱计划。有些持箱公司会要求用箱时尽量满足先到先提的原则,为此在安排用箱计划时也要尽量先提堆存时间较长的箱子。

该种预约模式的操作过程与按提单号预约的过程类似,不同的是查箱时要输入持箱人、尺寸和箱型,如果尺寸或箱型不输入则意味着任意尺寸或任意箱型。其余操作步骤请见"按提单号预约"。

3. 组合预约/模糊预约

为提高服务的灵活性,多数码头也都支持组合预约(模糊预约)的模式。因为有可能某个客户同时拿了多份提单来提箱,如果码头能将不同提单的箱子编入一组,统一计划,势必会方便码头的提箱作业。

在该种预约模式下,选箱的指标不一定是按照提单号、持箱人或箱型等,因此需要较为灵活的检索方法,如图 4-6 所示的查询关键词是"XHUA"+空格+"SL150978",即是寻找"新华"这条船,提单号以 SL150978 开头的可提集装箱,其中空格就代表"并且"的逻辑条件。

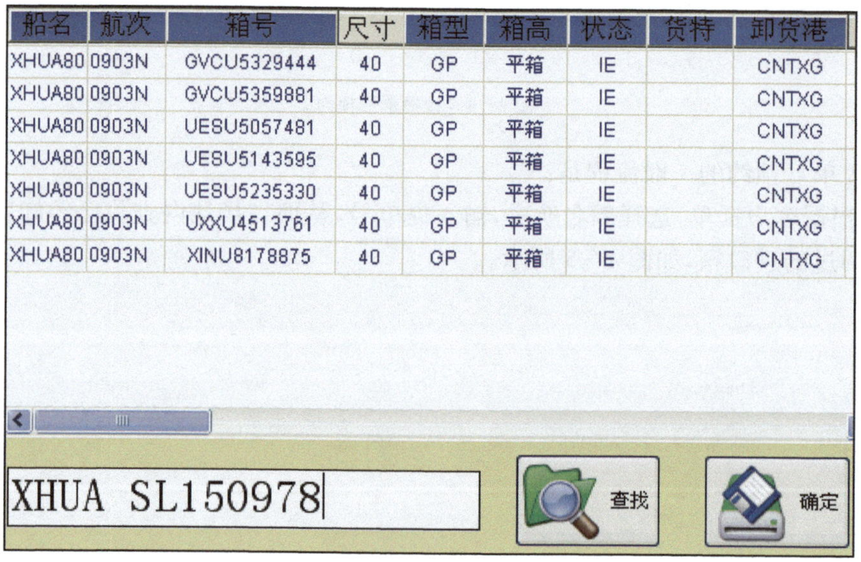

船名	航次	箱号	尺寸	箱型	箱高	状态	货特	卸货港
XHUA80	0903N	GVCU5329444	40	GP	平箱	IE		CNTXG
XHUA80	0903N	GVCU5359881	40	GP	平箱	IE		CNTXG
XHUA80	0903N	UESU5057481	40	GP	平箱	IE		CNTXG
XHUA80	0903N	UESU5143595	40	GP	平箱	IE		CNTXG
XHUA80	0903N	UESU5235330	40	GP	平箱	IE		CNTXG
XHUA80	0903N	UXXU4513761	40	GP	平箱	IE		CNTXG
XHUA80	0903N	XINU8178875	40	GP	平箱	IE		CNTXG

XHUA SL150978   查找 确定

图 4-6 模糊选箱

模糊选箱后的核查、缴费、预约等流程详见"按提单号预约"的过程。

4.3 提箱作业进场管理

客户预约后即可拿到码头打印的提箱凭证,上面有提箱的预约号,之后便可在合适的时间委托承运公司到码头提箱。提箱车辆(集卡)进入码头堆场提箱之前首先需要经过进场闸口办理提箱车辆登记手续。

1. 提箱车辆进场登记的主要工作

车辆进场的手续办理工作由码头进场闸口理货员负责,针对提箱车辆(空车)进场业务,闸口理货员要辅助集卡司机完成以下作业。

（1）登记车牌号

码头需要记录提箱过程的主要信息，其中就包括集卡信息。目前我国多数海港码头均采用自动登记方式，例如IC卡刷卡、RFID技术等，读取出的集卡车牌号会自动填入码头生产系统的闸口作业模块中，以减轻闸口理货员的输入工作。当然也有少部分码头或集卡仍需要闸口理货员的手工录入，如图4-7所示。

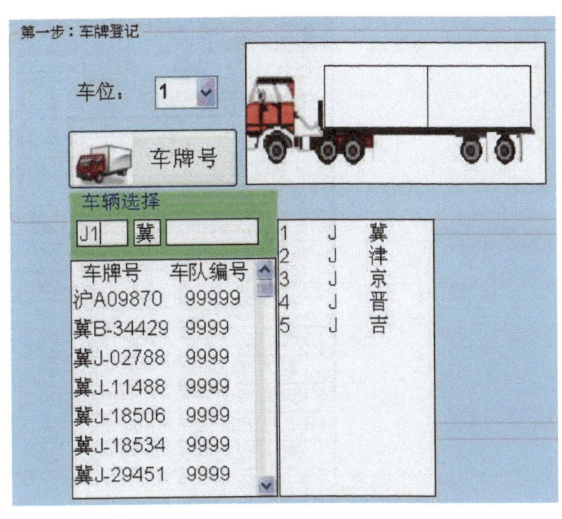

图4-7 提箱车辆登记

（2）查找预约记录

提箱之前必须到码头做好预约工作，闸口理货员或集卡司机需要根据提箱凭证上的箱号或预约号查找预约记录。目前我国多数码头需要闸口理货员来完成此工作，如果客户之前办理的是单箱预约手续，则闸口理货员既可输入箱号来查询预约记录，也可以输入预约号来查询；如果客户之前办理的是成批预约手续，则闸口理货员只能输入预约号来查询，如图4-8所示。

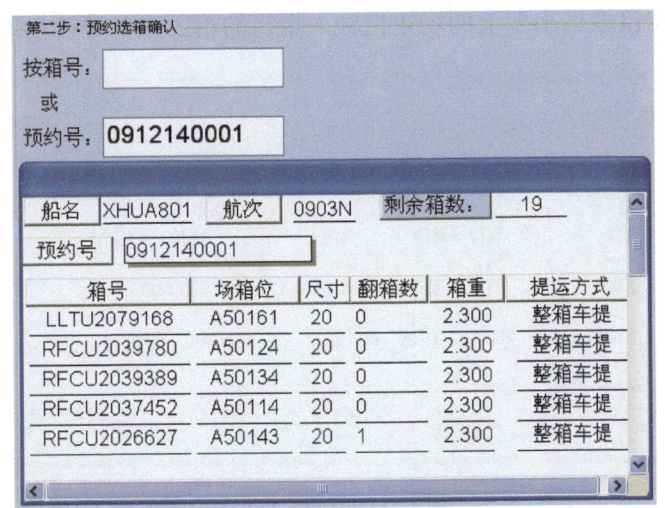

图4-8 按预约号查询可提箱

有些码头也实施了智能化闸口作业系统，在进场闸口处设置了类似于ATM机的自动办理设备，集卡司机可在该设备上输入预约号或直接扫描提箱凭单上的条形码。

（3）计算翻箱数

翻箱数由系统自动计算而得。如果是单箱预约，这一步可跳过。如果是成批预约，如图4-9所示，从预约记录中查询出的每个可提的集装箱都有各自的翻箱数。翻箱数指的是在当前堆存状态下要提某个集装箱所需翻箱的个数，也就是该箱子当前被几个箱子压着，翻箱数为0则代表该箱子在最上边，可以直接提走。因此，为降低作业翻箱

箱号	场箱位	尺寸	翻箱数	箱重	提运方式
LLTU2079168	A50161	20	0	2.300	整箱车提
RFCU2039780	A50124	20	0	2.300	整箱车提
RFCU2039389	A50134	20	0	2.300	整箱车提
RFCU2037452	A50114	20	0	2.300	整箱车提
RFCU2026627	A50143	20	1	2.300	整箱车提
LLTU2093762	A50313	20	1	2.300	整箱车提
GVCU2274538	A50133	20	1	2.300	整箱车提
XINU1405046	A50113	20	1	2.300	整箱车提
XINU1396176	A50123	20	1	2.300	整箱车提
RFCU2027198	A50132	20	2	2.300	整箱车提
XINU1333310	A50312	20	2	2.300	整箱车提

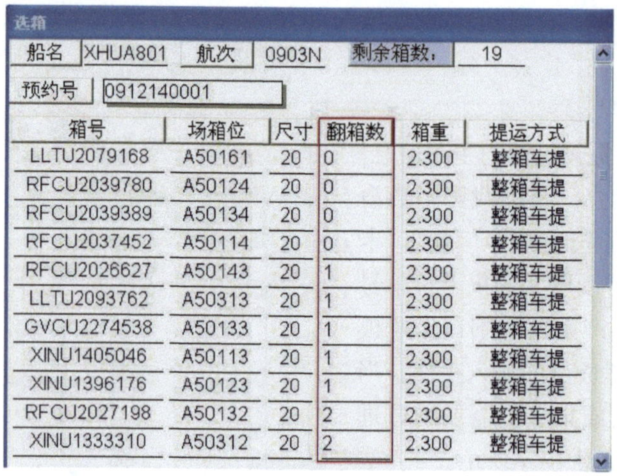

图 4－9 计算翻箱数

率，闸口理货员需要选择翻箱数为 0 或最小的集装箱来配发给进场的集卡，这也体现了成批预约的优势。

（4）生成提箱任务，打印小票

闸口理货员在图 4－9 所示的提箱列表中选择翻箱数最小的集装箱，系统则会自动调出该箱子的信息并生成如图 4－10 所示的提箱任务，同时将该任务打印成小票交给司机师傅，以便司机根据小票上的场箱位驶入指定的箱区箱位等待场地机械为其提箱。

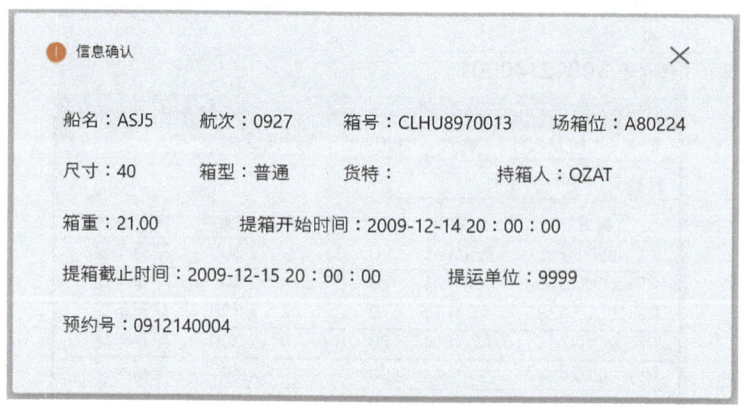

图 4－10 提箱任务生成

2. 提箱车辆进场登记的意义

集装箱码头提箱作业的信息流是一个闭环，其中提箱车辆进场登记就是该闭环中不可或缺的一部分，其主要意义在于：

① 严格管理进场车辆，有预约记录才能放行；

② 翻箱预计算，减少不必要的提箱翻箱；

③ 生成提箱任务，使得中控和指定箱区的场桥司机可提前获取提箱信息并做好准备；

④ 为集卡司机打印小票，通知外集卡提箱去向；

⑤ 记录提箱作业过程，以备日后查阅和工作统计。

4.4 基于看板式管理的堆场提箱作业

4.4.1 提箱作业的机械安排

闸口作业人员根据提箱预约计划在闸口对前来提箱的车辆进行信息核实,并自动搜索集装箱在场地的位置,同时在系统内生成一个提箱任务,该提箱任务是场控为提箱作业安排机械的主要依据。

提箱车辆在闸口处获得所提箱子的具体场箱位后进场,为了避免车辆在场地等待时间过长,提高服务质量,场控必须及时为当前提箱任务安排场桥。若待提箱所在区域正好有场桥处于空闲状态,则安排其进行作业;若待提箱所在区域当前没有空闲场桥,则需从其他箱区就近调度空闲场桥。如图 4-11 所示,提箱任务在 B9 箱区,而 B9 箱区当前没有可用场地机械,因此场控需从 A6 箱区调度 1 号场桥前来作业。

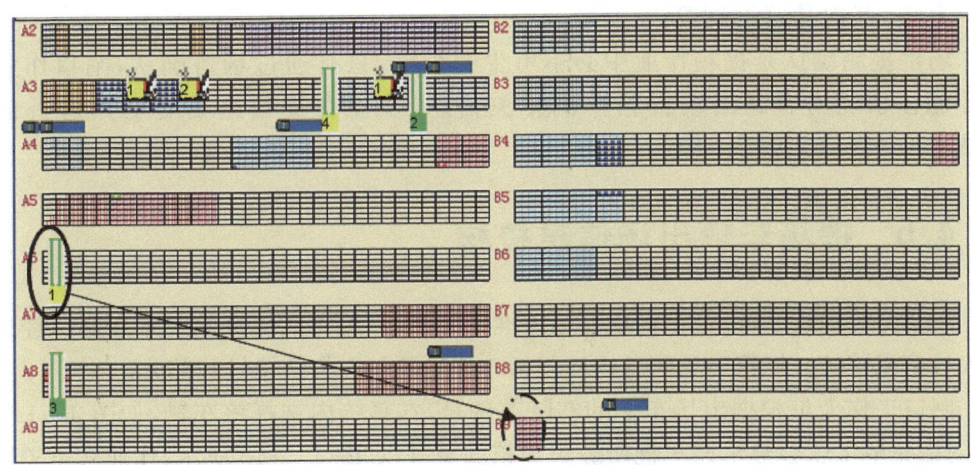

图 4-11 提箱作业机械安排

4.4.2 场桥提箱确认

场桥司机接到场控下达的指令,控制机械至指定位置后,根据提箱车辆车牌号在终端任务列表中选择对应任务,如图 4-12 所示。

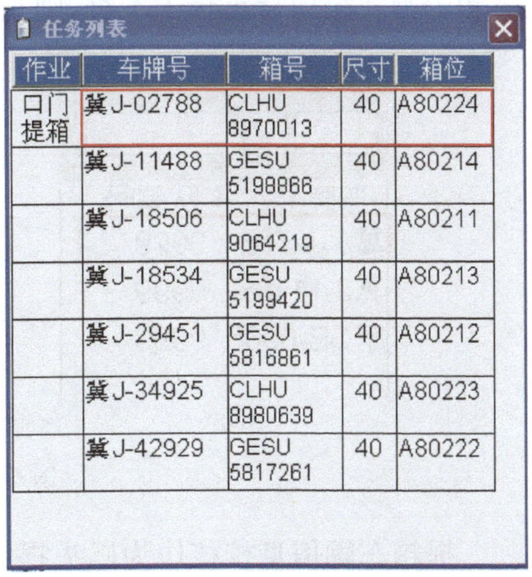

选中某条任务后,终端上该任务对应集装箱所在的场地位置就会以绿色闪烁显示,场桥司机控制场桥将场地实际箱位上对应的箱子提到提箱车辆上,提箱确认过程大致如图 4-13 所示。

提箱过程中若是遇到所提箱子被其他箱子压箱的情况,则优先考虑是否为成批提箱,

图 4-12 提箱任务列表

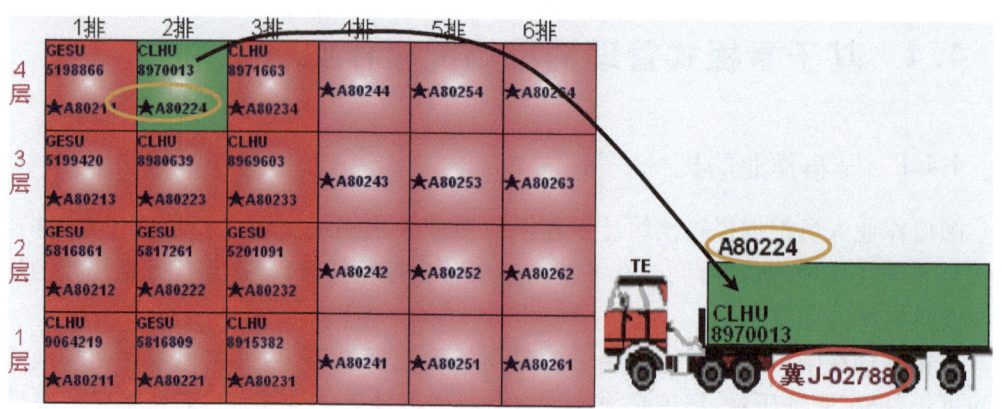

图 4-13 场桥提箱确认

如果成批提箱则优先找同批的其他不翻箱的箱子进行作业。如果不得不翻箱,则要按照实际的翻箱位置一一确认每个被翻箱的最终场地位置,翻箱优先考虑在同贝内翻箱,其次是跨贝翻箱。

场桥提箱确认是提箱作业中必不可少的步骤,只有通过场桥确认,闸口作业人员才能在系统内看到出场提箱车辆相关信息,从而在提箱出场时对其进行信息校核。

4.5 提箱车辆出场信息校核

场桥提箱确认后,提箱车辆离开场地准备出场,提箱车辆出场前必须在闸口经过工作人员信息校核。提箱出场信息校核包括车牌号及对应集装箱号两部分。

闸口工作人员根据出场车辆的实际车牌号,在系统内选择该车辆,如图 4-14a 所示,对应车辆上就会显示该车辆所载集装箱的箱号,如图 4-14b 所示,作业人员需要与提箱车辆实际所载集装箱箱号进行核对,核对无误方可放行车辆。若提箱车辆实际所载箱子与系统内指定箱子不符,则车辆需返回堆场,重新提箱。

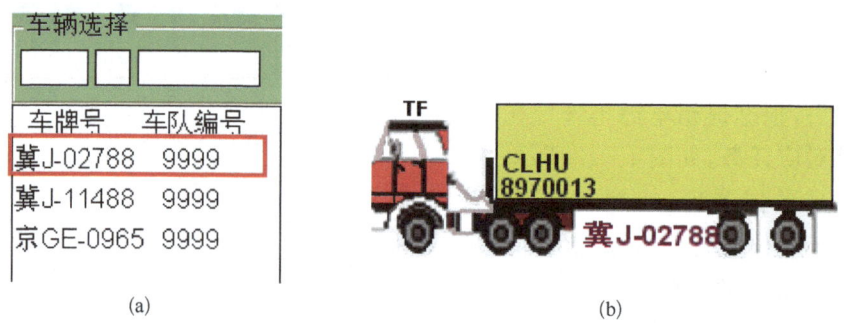

图 4-14 提箱出场信息校核

提箱车辆信息校核作为码头提箱作业的最后一个环节,对码头有着十分重要的意义,可以避免错提箱给码头造成的重大损失。

4.6　提箱作业综合案例

本节以船舶"安盛集5号（ASJ5）"的0927航次内的5票集装箱共计8个箱子为例，说明进口重箱提箱的码头作业流程和内容。待提箱箱号、对应的提单号及箱子在场地内的堆存位置见表4-3。

表4-3　提箱信息

箱　号	提单号	场箱位
GESU5198866	ATLSTTJ01288	A8箱区02位1排4层
CLHU9064219	ATLSTTJ01288	A8箱区02位1排1层
GESU5199420	ATLSTTJ01282	A8箱区02位1排3层
GESU5817261	ATLSTTJ01282	A8箱区02位1排2层
GESU5816861	ATLSTTJ01298	A8箱区02位2排2层
CLHU8970013	ATLQZTJ101856	A8箱区02位2排4层
CLHU8980639	ATLQZTJ101844A	A8箱区02位2排3层

1. 提箱预约受理

根据表4-3对提单号为ATLSTTJ01288的两个箱子按提单号进行预约，在如图4-15所示的提箱预约模块中。

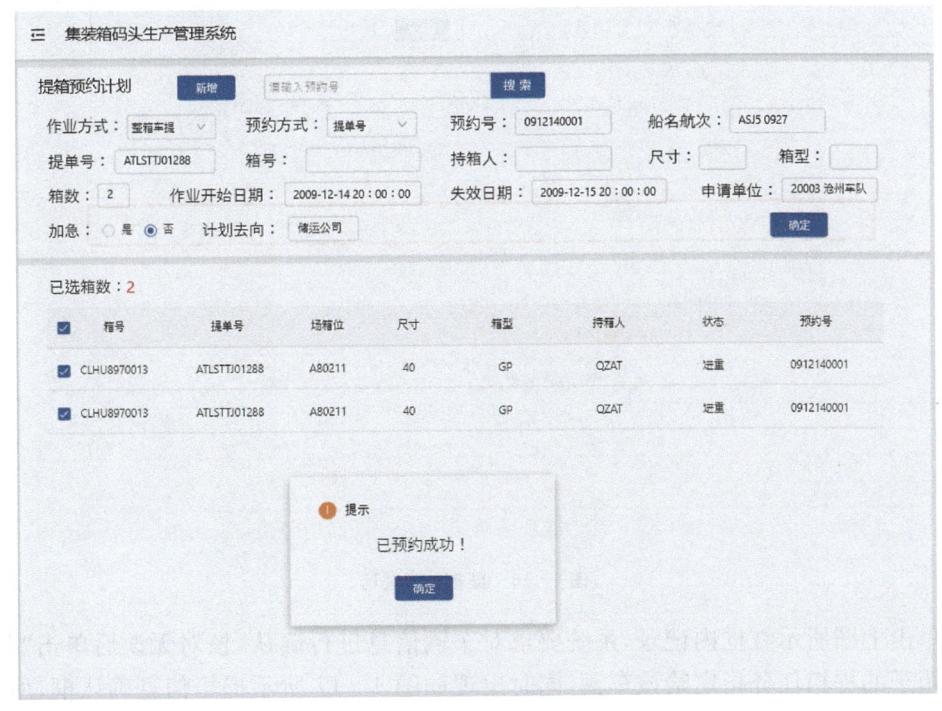

图4-15　提箱预约计划

① 单击"增加",新增一条预约记录,系统自动生成以当天日期加四位序号(0001)的预约号;

② 选择"提单号"预约方式;

③ 选择船名航次,即 ASJ5-0927;

④ 输入提单号;

⑤ 依次输入箱数等其他信息;

⑥ 单击保存,系统提示已预约成功。

当一票提单对应两个或以上箱子时,按提单预约比较方便,若一票提单只对应一个箱子,则可直接按箱号预约。按箱号预约时,只需将预约方式设为箱号,并输入箱号,其他与按提单号预约相同。按箱号预约时无须选择船名航次,同理完成表 4-3 中剩余箱子的提箱预约计划。

2. 提箱车辆进场

在场箱完成提箱预约后,外部车辆可前来码头提箱,首先需在码头闸口办理提箱进场相关手续。本例中车辆冀 J-02788 前来提取预约号为 0912140004 的集装箱。

闸口作业人员在系统内单击"下一车"选择车辆冀 J-02788,并在"预约号"内输入该车辆提箱的预约号:091214004,系统自动搜索该预约号对应的在场箱并显示相关信息,如图 4-16 所示。

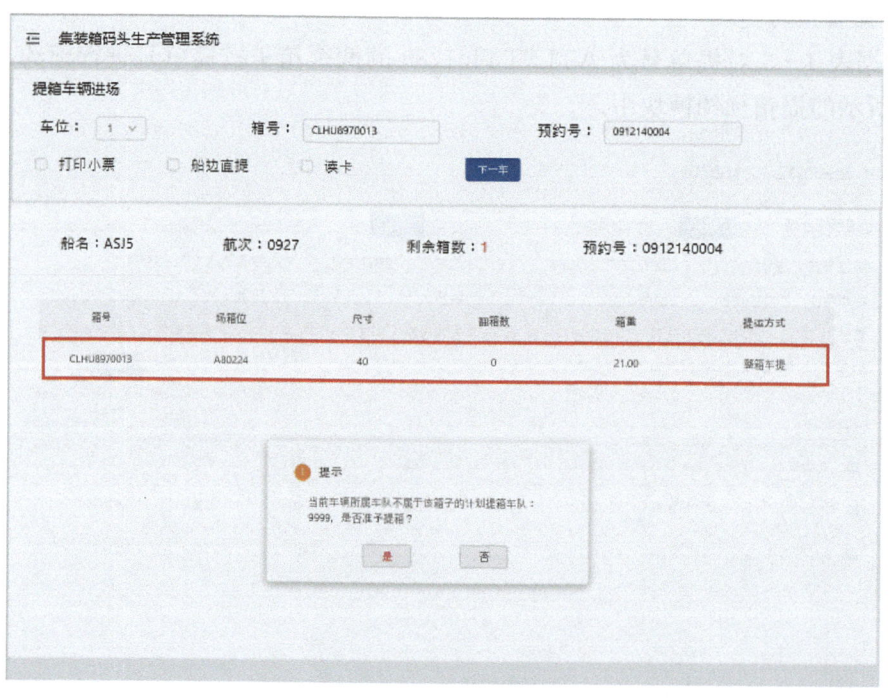

图 4-16 提箱车辆进场

单击上图所示红框内记录,系统要求对车辆信息进行确认,核对无误后单击"是"即将该箱子的提箱任务指定给该车辆,同时出现如图 4-17 所示提箱信息确认框,所有信息核对正确后车辆方可进场。

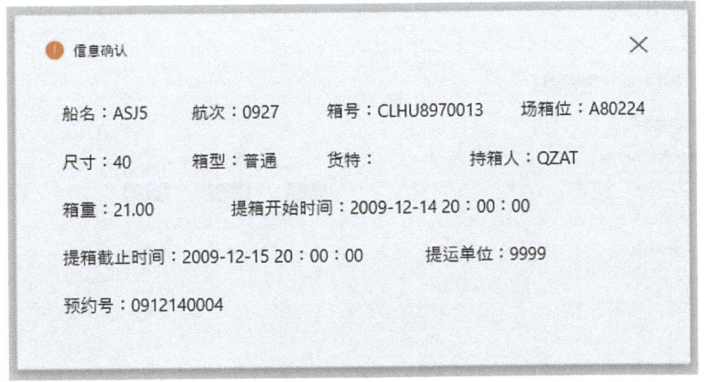

图 4-17 提箱信息确认

3. 场桥提箱作业

提箱车辆闸口手续办理完后，驶向场地中箱子实际所在位置；同时闸口工作人员将提箱任务（包括提箱车辆车牌号、待提箱号等）发送给场桥司机。当车辆到达目标位置后，场桥司机开始提箱作业，如图 4-18 所示。实际操作与装船发箱相似，只要在作业类别中选择"口门提箱"即可。

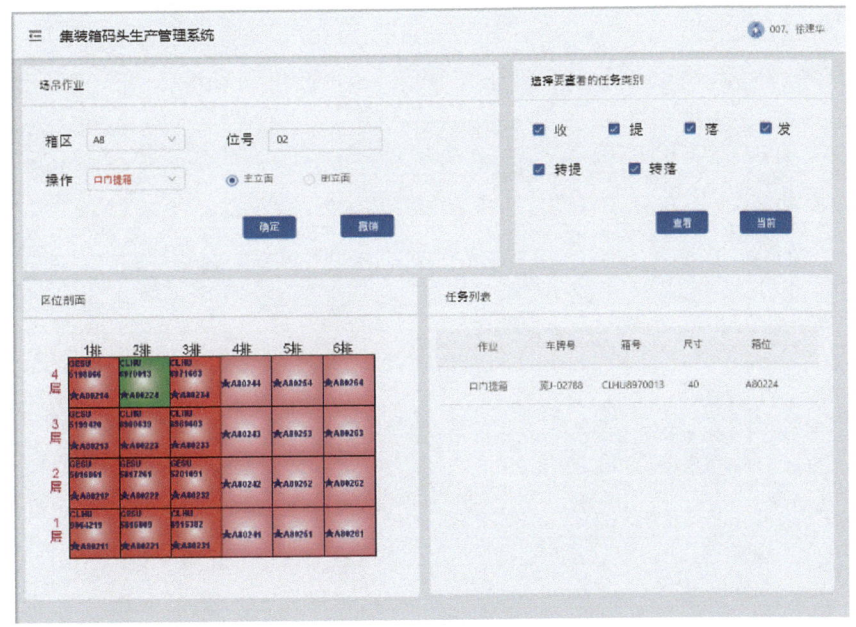

图 4-18 场桥提箱

4. 提箱车辆出场复核

场桥作业完成后，提箱车辆载着所提箱子再次经过闸口出场。闸口作业人员对车辆车牌号及其所载箱子的箱号的实际信息与系统中记录信息进行核对，如图 4-19 所示。作业人员在系统内通过单击"下一车"选择前来车辆：冀J-02788，其指定箱子为

CLHU8970013，与实际箱号进行核对，核对无误后，点击"确认出场"完成提箱出场作业，同时放行车辆出场。

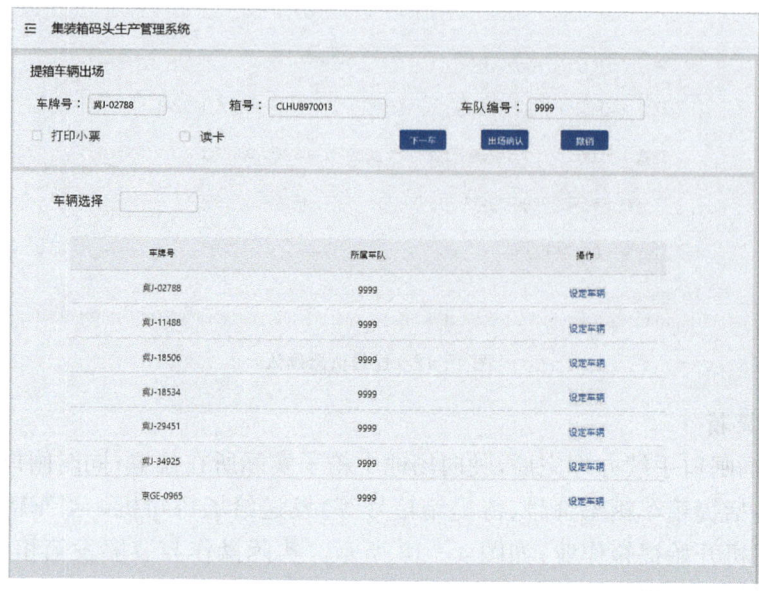

图 4-19 提箱车辆出场

第5章

集装箱码头集港业务管理

集港作业环节概述

出口箱信息预录

出口箱分港分吨

出口箱场地计划

闸口收箱作业流程

集港作业综合案例

智能收箱系统

5.1 集港作业环节概述

集港即在船舶到达港口前,通过运输车队将出口集装箱陆续运到港口的堆场,等待装船。出口集装箱一般在相应船舶到港前 3~5 d 开始集港,由外集卡陆续运输至码头堆场内,并在船舶到港前 6 h 截关(停止进箱),以便根据集港箱信息进行最终的船舶配载及制定装船作业计划。

出口箱集港业务包括出口箱信息预录、出口箱分港分吨、出口箱场地计划、出口箱进场选位和堆场收箱等环节。其中出口箱信息预录包括两种方式,第一种是来自承运人在港外进行的出口箱信息预录,很多规模较大的海港码头采取这种信息预录的方式;第二种方式是直接使用出口舱单作为预录信息的,由于港方拿到较为完整的出口舱单时间比较晚,所以这些码头往往只能提前 2~3 d 进行集港作业,而且在重车进集装箱码头闸口时,如果对应集港箱的舱单信息还没有到,那么需要闸口理货员根据装箱清单手工录入该箱子的信息,在这种方式下,集港的在场箱信息则来自舱单信息或闸口理货员的手工录入。出口箱分港分吨即将一个航次的所有出口箱根据尺寸、卸货港和吨级进行分类。出口箱场地计划即根据船名、航次、尺寸、卸货港、箱型货特等信息进行分组,为一个航次的每组出口箱安排箱区和场地位置。由于出口箱集港是分散进场,集中装船,且由于集港时,相应船舶还未到达,其相关信息不够准确,且装船时有严格的时间限制和空间限制,所以出口箱的进场计划难度较大。出口箱进场选位是根据该箱的具体资料和该箱所属航次的进场计划,为其指定一个具体的堆场堆存位置。堆场收箱即场桥司机将出口箱吊装并堆放到堆场后,通过车载终端,将该箱的最终堆存位置保存到码

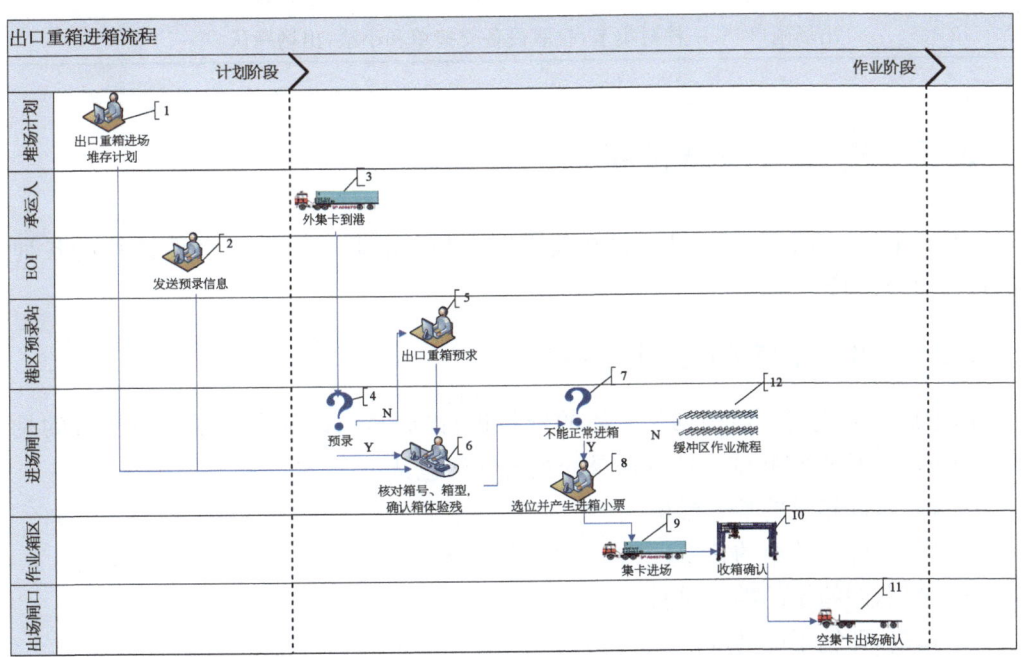

图 5-1 出口箱集港流程

头生产系统(TOS)的数据库中去。

出口箱集港过程中，前后工序具有依托关系，只有进行了前面的工序，才能进行后续操作，例如只有进行了出口箱进场选位，才能进行堆场收箱。集港过程的基本流程如图 5-1 所示。

出口箱集港过程中，所涉及的岗位及其对应的工作见表 5-1。

表 5-1　出口箱集港所涉及的岗位及其工作

编　号	岗　位	说　明
1	堆场计划	出口箱分港分吨划分
2	堆场计划	依据出口船的挂靠港、分港分吨情况，安排进场堆存计划
3	EDI	发送出口箱电子装箱单信息
4	承运人	出口重箱运至港区
5	进场闸口	是否有出口重箱预录信息
6	港区预录站	如没有预录信息，则先到港区预录站进行出口重箱预录
7	进场闸口	如果已预录信息，闸口可直接根据电子装箱单信息核对出口重箱箱号、箱型，实施箱体验残
8	进场闸口	判断是否能够正常进场
9	进场闸口	如能够正常进场，系统自动选位，司机获取进场小票
10	进场闸口	如不能正常进场，则进入缓冲区作业（详见缓冲区办理进场作业流程）
11	作业箱区	外集卡进入收箱箱区
12	作业箱区	堆场机械进行收箱操作，无线终端收箱确认
13	出场闸口	核对集卡，收取设备交接单和小票，出场确认

5.2　出口箱信息预录

出口箱信息预录的主要目的是在集港时，根据出口箱的箱号，获取该箱的各种属性，以便进场选位。

5.2.1　出口箱预录信息主要内容

由于出口箱进场时需根据其具体的资料进行选位，所以信息预录的主要目的是为出口箱进场选位奠定基础。信息预录的主要内容包括：

① 箱号，即箱子的唯一标识。
② 尺寸，即集装箱的长度，以英尺(ft)为单位。
③ 箱型，即箱子的类型说明。
④ 箱高，即箱子的高度。
⑤ 持箱人，即箱经营人。

以上主要内容的具体解释见 3.2.1.1 节中的船图箱信息的主要构成。

⑥ 铅封号。通常在集装箱号之后还加注海关查验后作为封箱的铅制关封号。铅封是货物装入集装箱并正确地关闭箱门后,由特定人员施加的类似于锁扣的设备。铅封一经正确锁上,除非暴力破坏(即剪开)则无法打开,破坏后的铅封无法重新使用。每个铅封上都有唯一的编号标识。只要集装箱外观完整,集装箱门正确关闭,铅封正常锁上,则可以证明该集装箱在运输途中未经私自开封,箱内情况由装箱人在装箱时监督负责。

⑦ 卸货港,即集装箱被卸下船的港口。卸货港是出口箱的一个非常重要的属性。一般情况下,一条船的一个航次中会有多个卸货港,为了避免中途港卸货时倒箱,不同卸货港的出口箱在船舶上应尽量分开积载,这就要求不同卸货港的出口箱在堆场中也应尽量分开堆放,因此箱子的进场选位、船舶配载、装船发箱与该属性都有着密切的联系。一旦卸货港信息录入有误,出口箱将会在错误的港口被卸下,这将给承运人带来重大损失。

⑧ 目的港,即出口箱最终所到达的港口。一般情况下,船公司的船都有其固定的航线,而当货物所要求的目的港与船所停靠的港口不一致时,它就会把货先卸到距离目的港最近的港口,再通过其他运输方式把货物转运到客户所要求的目的港,所以在与船公司订舱时都要求写清楚目的港,以防把货运送到错误的地方。特别是与内陆地区进行贸易时,不能以内陆城市作为卸货港,应该以靠近该城市的、可以安排船舶运输的港口作为卸货港,内陆城市只能作为目的港。

⑨ 箱子净重,即出口箱内货物的总重量,该重量不考虑集装箱本身的重量,单位为吨(t)。

⑩ 箱子毛重,即出口箱内货物与集装箱本身的重量之和,单位为吨(t)。这是出口箱的另一个非常重要的属性。由于出口箱装船时要尽量避免重箱压轻箱,因此不同重量吨级的出口箱应尽量分开积载,或重箱在下轻箱在上,这就要求堆场上,不同重量吨级的出口箱也应分开堆放,或重箱在上轻箱在下,因此箱子毛重与出口箱进场选位、船舶配载、装船发箱等也有着密切的联系。

⑪ 状态,即箱子的交接状态和空重状态,对于出口箱来说,一般有出口重箱(EF),出口空箱(EE),出口中转箱等。

⑫ 货物描述,即对集装箱内装的货物的种类的描述。该属性对于集装箱码头而言,不是非常重要,因为码头操作的对象是集装箱,而不是集装箱内的货物。

5.2.2 出口舱单文件接收与转换

由于在我国某些港区(如天津港)并不需要出口箱信息预录,因此需要出口舱单来代替出口箱信息预录的作用。同时在某一航次的出口箱集港完成后,需要通过出口舱单与该航次的所有在场箱进行信息复核,如有不一致的地方,将向船公司确认后,修改在场箱的信息。

为了提高码头的操作效率,降低误操作率,各大港口目前多使用 EDI 技术,获取出口舱单信息。

集装箱码头生产系统中必须由指定模块来完成对 EDI 文件的解码工作,如图 5-2 所示。

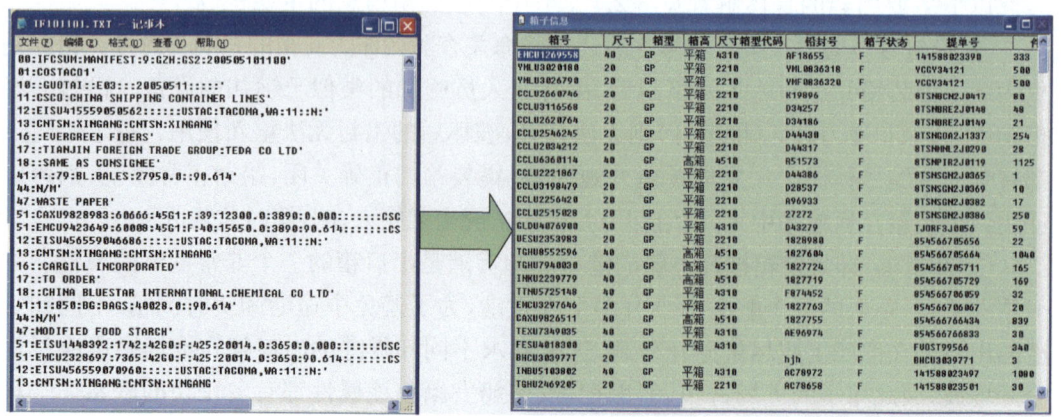

图 5-2　出口舱单 EDI 导入系统

出口舱单 EDI 平台文件的具体转换标准如下。

发送方与接收方：船公司、船舶代理→集装箱码头、理货、港监等。

功能：该平台文件对应于 IFCSUM 报文的舱单子集，提供某一航次运输货物的信息，说明承运人、运输方式、运输工具、设备及联运货物的细节。舱单是船舶运载集装箱货物的证明，是船舶办理进出口报关手续的必要单证，也是码头做好装卸船准备的业务单据。

相应单证：出口舱单，即出口装载清单。

出口舱单采用本格式：集装箱出口装载清单（PENAVICO TIANJIN EDI N.C.L FORMAT）。

每个记录为定长：X(128)。

表 5-2　出口舱单 EDI 平台文件

记录 00		HEADER RECORD		
序号	字　段　名	格式	位数	注　释
1	RECORD-ID	9(2)	1-2	00
2	DATA TYPE ID	X(3)	3-5	"NCL"
3	FILE DESCRIPTION	X(20)	6-25	"CONTAINER LIST"
4	PAYER-ID	X(2)	26-27	CODE
5	SENDER CODE	X(8)	28-35	CODE
6	RECEIVER CODE(1-4)	X(8)*4	36-67	CODE UNLESS ONE
7	FILE SEND TIME	9(10)	68-77	YYMMDDHHMM
8	SEND TIME CODE	X(1)	78	"L": LOCAL TIME "G": GREENWICH TIME
9	SEND PORT CODE	X(5)	79-83	CODE
10	RECEIVER PORT CODE(1-4)	X(5)*4	84-103	CODE UNLESS ONE
11	FILE CREATOR	X(8)	104-111	CODE

（续表）

记录 00		HEADER RECORD			
序号	字 段 名		格式	位数	注 释
12	CREATOR PORT CODE		X(5)	112－116	CODE
13	VERSION ID		X(3)	117－119	1.1
14	FILLER		X(9)	120－128	SPACES
记录 11		VESSEL & VOYAGE RECORD			
序号	字 段 名		格式	位数	注 释
1	RECORD－ID		9(2)	1－2	11
2	FILLER		X(3)	3－5	SPACES
3	LINE MARK CODE		X(2)	6－7	SAME AS DOCUMENT
4	FILLER		X(3)	8－10	
5	VSL. CODE		X(6)	11－16	COSCO VESSEL CODE
6	VSL. NAME		X(20)	17－36	VSL. FULL NAME
7	VOYAGE		9(5)	37－41	VOY. NO.
8	ARRIVAL DATE		X(6)	42－47	YYMMDD
9	SAILING DATE		X(6)	48－53	YYMMDD
10	SHIP'S REGISTRY NO.	＊	X(15)	54－68	FOR DG. CARGO(US)
11	CALL SIGN	＊	X(6)	69－74	FOR DG. CARGO(US)
12	FILLER		X(54)	75－128	SPACES
记录 51		DETAIL RECORD－1			
序号	字 段 名		格式	位数	注 释
1	RECORD－ID		9(2)	1－2	51
2	CONTAINER NO.		X(11)	3－13	SAME AS DOCUMENT
3	CONTAINER SIZE & TYPE		X(4)	14－17	SAME AS V3.1
4	SEAL NO.		X(10)	18－27	
5	CONTAINER STATUS		X(1)	28	E：EMPTY, F：FULL, P：LCL
6	DOCUMENT NO.		X(16)	29－44	SAME AS DOCUMENT
7	DISH PORT OPTION－1		X(5)	45－49	
8	PORT OF DISH		X(5)	50－54	CODE SAME AS DOCUMENT
9	PORT OF DELIVERY		X(5)	55－59	CODE SAME AS DOCUMENT

(续表)

记录 51		DETAIL RECORD - 1				
序号		字 段 名	格 式	位数	注 释	
10		FISH PORT OPTION - 2	X(5)	60 - 64		
11		PACKAGE NO.	9(6)	65 - 70	"999999"	
12		KIND OF PACKAGE	X(8)	71 - 78	"CARTONS"	
13		TEMPERATURE ID	X(1)	79	"C/F"	TEMPERATURE RANGE
14		TEMPERATURE MARK FROM	X(1)	80	"+/−"	
15		TEMPERATURE FROM	9(2)	81 - 82	"99"	
16		TEMPERATURE MARK TO	X(1)	83	"+/−"	
17		TEMPERATURE TO	9(2)	84 - 85	"99"	
18		DG. CARGO - ID	X(1)	86	"Y" OR "N"	
19		FRONT	9(3)	87 - 89	IN CM	OVER SIZE & OVER LENGTH
20		BACK	9(3)	90 - 92	IN CM	
21		LEFT	9(3)	93 - 95	IN CM	OVER EIDTH
22		RIGHT	9(3)	96 - 98	IN CM	
23		OVER HIGH	9(3)	99 - 101	IN CM	
24		LENGTH	9(4)	102 - 105	IN CM	UNCONTAI-NERIZED CARGO DIMENIONS
25		WIDTH	9(4)	106 - 109	IN CM	
26		HIGH	9(4)	110 - 113	IN CM	
27		NET WEIGHT	9(6)	114 - 119	"999999" (KG)	
28		GROSS WEIGHT	9(6)	120 - 125	"999999" (KG)	
29		CNT NO. CHECK FLAG	X(1)	126	"Y" OR "N"	
30		FILLER	X(2)	127 - 128	SPACES	
记录 52		DETAIL RECORD - 2 (FOR DANGEROUS CARGO)				
序号		字 段 名	格 式	位数	注 释	
1		RECORD - ID	9(2)	1 - 2	52	
2		CONTAINER NO.	X(11)	3 - 13	SAME AS RECORD 51	
3		SHIPMENT FLASH POINT	X(3)	14 - 16		
		DANGEROUS ITEMS			(OCCURS 2 TIME ?)	
4		HAZARD CODE(IMCO CLASS)	X(7)	17 - 23	SAME AS DOCUMENT	

(续表)

记录 52	DETAIL RECORD-2 (FOR DANGEROUS CARGO)			
序号	字 段 名	格式	位数	注 释
5	PAGE NUMBER *	X(7)	24-30	
6	UNDG NUMBER	X(4)	31-34	
7	UNDG GOODS FLASH POINT *	X(8)	35-42	
8	EMS NO. *	X(6)	43-48	
9	MFAG *	X(4)	49-52	
10	PACKING GROUP *	X(3)	53-55	CODE
11	DG GOODS LABEL MARKING *	X(4)*3	56-67	
12	FILLER	X(61)		SPACES

记录 53	DETAIL RECORD-3 (FREE TEXT FOR REMARKS)			
序号	字 段 名	格式	位数	注 释
1	RECORD-ID	9(2)	1-2	53
2	CONTAINER NO.	X(11)	3-13	SAME AS RECORD 51/52
3	GOODS DESCRIPTION	X(30)	14-43	
4	STOWAGE LOCATION	X(6)	44-49	
5	CANNCELL ID	X(1)	50	"C" OR "U"
6	REMARKS	X(75)	51-125	TEXT
7	FILLER	X(3)	126-128	

记录 99	TRAILER RECORD			
序号	字 段 名	格式	位数	注 释
1	RECORD-ID	9(2)	1-2	99
2	DATA TYPE ID	X(3)	3-5	"NCL"
3	RECORD NUMBER	9(6)	6-11	INCLUDING HEADER AND TRAILER
4	FILLER	X(117)	12-128	SPACES

出口舱单原则上要求通过 EDI 接收入库,但在实际作业中仍需手工录入,因为通过出口舱单手工录入,可以对出口箱资料进行查阅、统计并做适当的修改,如图 5-3 所示。

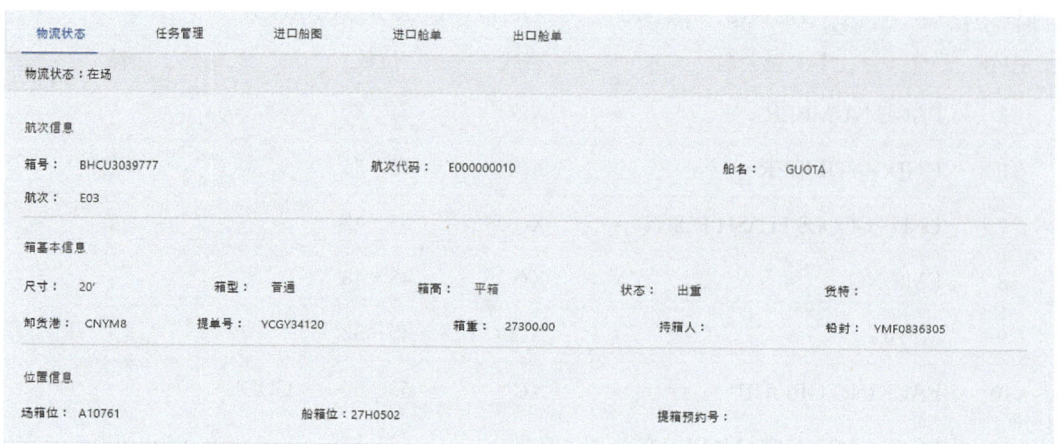

图 5-3 出口舱单手工录入

5.3 出口箱分港分吨

1. 分港分吨的作用

出口箱分港分吨即为每一出口航次安排出口箱场地计划前,根据该航次船舶在本港之后的沿途卸货港为预计进场的出口箱进行分组(分港),再为每组卸货港对应的出口箱进行重量等级划分(分吨),术语为分港分吨。由于船舶配载时,需要保证船舶良好的稳性和适当的吃水差,避免中途卸货港倒箱,因此不同卸货港不同重量级的出口箱在船舶上应尽量分开堆放,且尽量保持重箱在下轻箱在上,这就需要出口箱在场地上堆放时也应分卸货港和重量等级堆放,因此出口箱分港分吨是制定进场计划和船舶配载的基础。如果不做好分港分吨,每一个航次的出口箱在场地上将处于混乱的堆存状态,这将对船舶稳性和船舶中途港卸箱带来较大的麻烦。如图 5-4 所示,场地堆存的集装箱

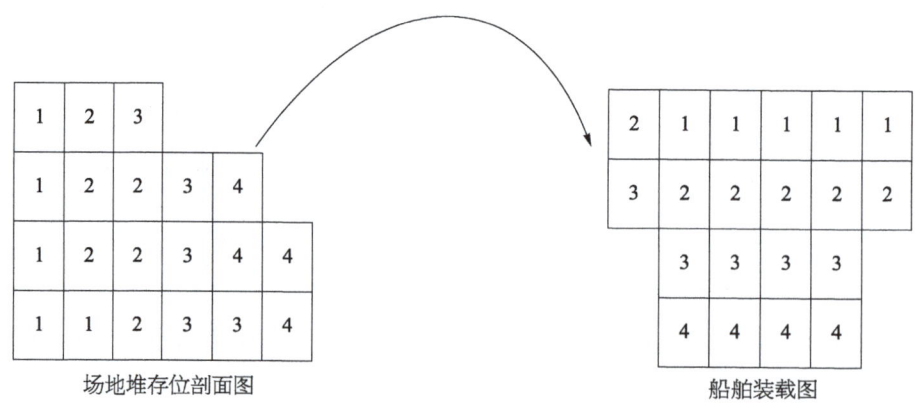

图 5-4 不同吨级出口箱场地与船舶堆存图

分为 4 个吨级，分别为 1、2、3 和 4，图中所示的场地中，不同吨级均堆存在位内不同的排，或大吨位的堆放在小吨位的上面，对应到船上，则为大吨位的堆放在下面，小吨位的在上面。注意，图中的重量等级分布只是一个箱子轻重分布的示意图，每个码头的堆存策略不同，但堆场的总体原则一般都是“重压轻”且同一排放同一重量等级的箱子。

2. 分港分吨的内容

出口箱分港分吨的主要内容为对每一个航次的所有出口箱按照其尺寸、卸货港和吨级三种属性进行分类。

第 1 步：在集装箱码头生产系统中，通过出口舱单查询该航次的所有出口箱的尺寸和卸货港，并选择某一个尺寸和卸货港，如图 5－5 所示。

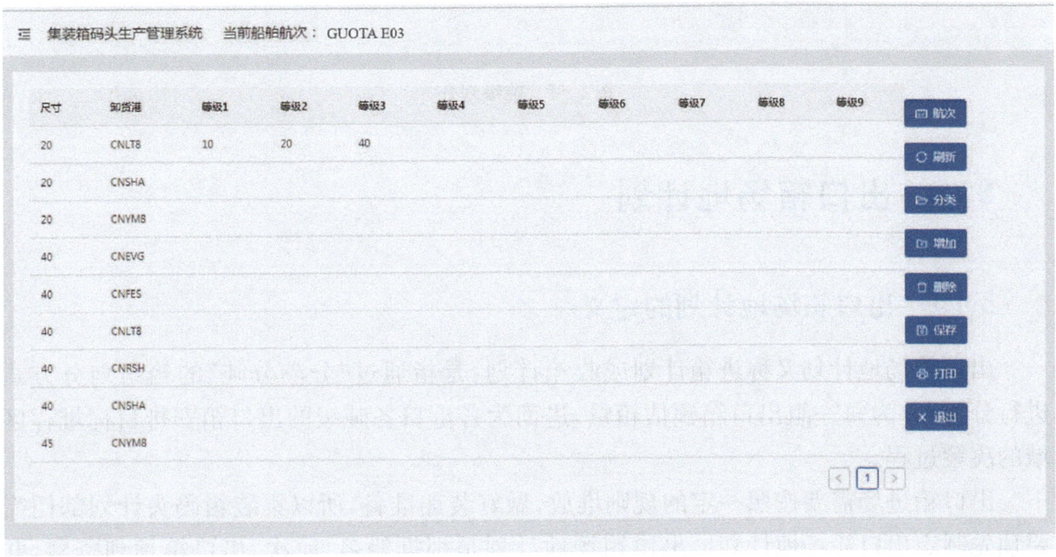

集装箱码头生产管理系统
当前船舶航次： GUOTA E03
尺寸
卸货港
等级1
等级2
等级3
等级4
等级5
等级6
等级7
等级8
等级9
20 CNLT8 10 20 40
20 CNSHA
20 CNYMB
40 CNEVG
40 CNFES
40 CNLT8
40 CNRSH
40 CNSHA
45 CNYMB
航次
刷新
分类
增加
删除
保存
打印
退出

图 5－5　尺寸与卸货港选择

第 2 步：为选中的尺寸和卸货港记录添加吨位等级。每个等级代表了一定的吨级范围，如等级 1 代表 5～10 t，等级 9 代表 40～50 t。各等级的吨级范围并不是固定的，对于不同航次的每个等级的吨级范围可以不同，同一航次同一尺寸不同卸货港的同一等级的吨级范围也可以不同。吨级划分时，等级越小，其所代表的出口箱也就越轻，如等级 2 的集装箱轻于等级 3 的集装箱。各尺寸各卸货港的吨级数量一般与该航次的箱量、船舶稳性要求有关，如果箱量较少，船舶稳性要求不是很高，则吨级数量可以划分的较少，如果箱量较大且船舶稳性要求较高，则吨级划分的较细。某一尺寸某一卸货港的吨级划分如图 5－6 所示。

第 3 步：由于受到时间的限制，出口舱单录入不及时，或者有些临时的业务没有使用出口舱单，导致使用出口舱单导入的信息不能满足实际作业。此时，应新增尺寸和卸货港，并对该新增记录进行等级划分。

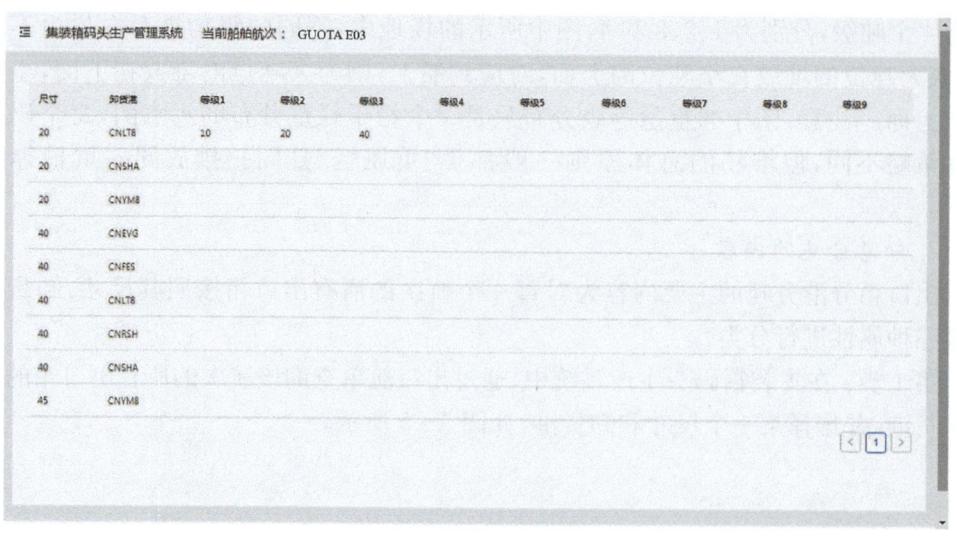

图 5-6 吨级划分

5.4 出口箱场地计划

5.4.1 出口箱场地计划的定义

出口箱场地计划又称进箱计划或收箱计划,是指通过"分港分吨"的箱组划分方式进行分组,并为每一组出口箱预估箱量,进而为各港口各吨级的出口箱安排目标堆存区域的决策过程。

出口箱进场需要按照一定的规则堆放,做好装船准备,所以集装箱码头计划部门需要预先制定出口箱场地计划。出口箱场地计划是根据船名、航次、出口箱预到资料,并结合集装箱码头堆场目前的实际情况而编制的。出口箱场地计划在编制过程中,应综合考虑该航次未来船舶配载图编制情况和堆场的实际使用情况,从而保证出口箱顺利装船。

5.4.2 出口箱场地计划的特点和作用

集装箱班轮运输是贸易活动中的一个物流环节,而码头的集港作业也是集装箱班轮运输过程中的一个环节,因此贸易活动的不确定性导致了集装箱班轮在每个挂靠港装船量的不确定性,同样导致码头集港作业的信息不确定性。在某船舶集港作业进行的过程中,客户将不同地方的集装箱在不同的时间运送至码头,该过程无法预估每个卸货港出口箱的最终进场数量,这就类似于公交车无法准确预估每一站将会上来多少乘客,所以对于堆场来说,出口箱是分散进场集中堆放,无序进场有序堆放,因此出口箱场地计划的难点在于信息的不确定性,即数量和顺序的不确定性,如图 5-7 所示。

出口箱进场计划是出口箱业务中最基础和核心的环节,包括箱区计划和位串计划。合理的出口箱进场计划将为船舶配载、装船时设备的调度奠定良好的基础,反之,出口

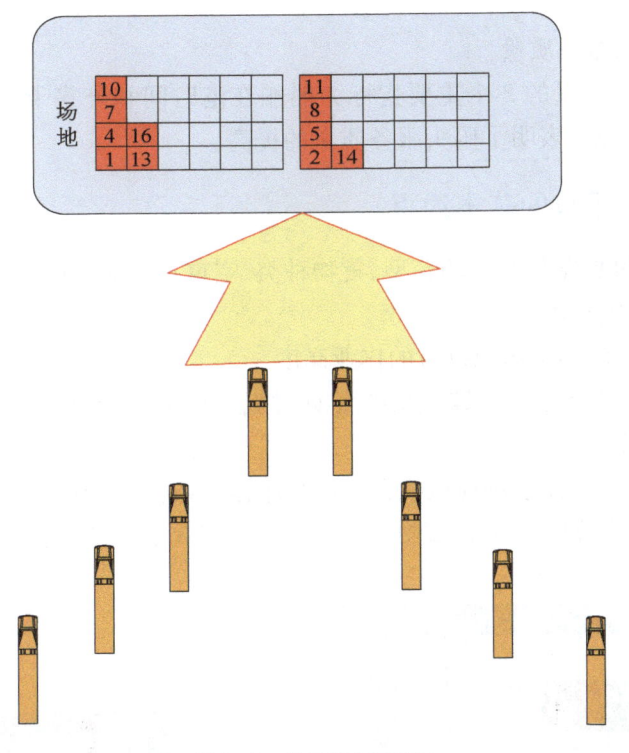

图 5-7 出口箱分散进场

箱的无序堆存将为配载和设备调度带来很大困难。在出口箱贝位堆存状态杂乱的情况下,即使对发箱顺序和设备调度策略的进行优化,也无法保证装船作业的流畅性。同时由于出口箱进场计划发生在出口箱进场之前,有利于从整体上把握集港箱堆存的合理性,对出口箱的集港堆存具有宏观指导作用,因此出口箱进场计划是出口箱后续业务有效组织的前提和基础。由于出口箱进场是通过承运人将不同地方的集装箱在不同的时间运送至码头,所以对于堆场来说,出口箱是分散进场,如图 5-9 所示。因其相关信息不够准确,所以合理的出口箱的进场计划难度较大。

进场计划制定得合理将会给码头、船公司、承运人带来以下好处:

(1) 降低码头营运成本

合理的出口箱场地计划对提高堆场利用率、减少场地机械的移动距离和转场次数、降低翻箱率,进而有助于降低码头的营运成本。

(2) 降低码头机械能耗

由于场地机械来回移动次数、转场次数和翻箱率的降低,相关能耗和污染的排放也将得到降低。

(3) 降低船舶在港时间

合理的出口箱场地计划将有助于装船时多作业路并行作业,这对提高装船效率,降低船舶在港时间具有积极作用。

(4) 降低外集卡在港停留时间

合理的场地计划将有助于减少外集卡在场地机械下的排队时间,进而降低了其在港停留时间。

(5) 提高码头服务质量

评价码头服务质量的 2 个重要指标为船舶在港时间和外集卡在港停留时间,这 2 个指标值的降低,充分表明了码头服务质量的提高。

5.4.3 场地堆放的基本约束

出口集装箱堆放跟集装箱的箱型、货物种类、空重及场地机械密切相关。

1. 场地机械对出口箱的堆放要求

(1) 箱区堆高应小于场地机械的作业高度

对于轮胎吊作业工艺,如果轮胎吊为堆四过五,则箱区只能堆 4 层高,如图 5-8 所示。

(2) 预留翻箱位

出口箱堆放时,为便于场地机械在贝内翻箱作业,同一贝内一般需要预留 n 个翻箱位,n 一般设定为堆放层数减 1,如图 5-9 所示,预留 3 个翻箱位。

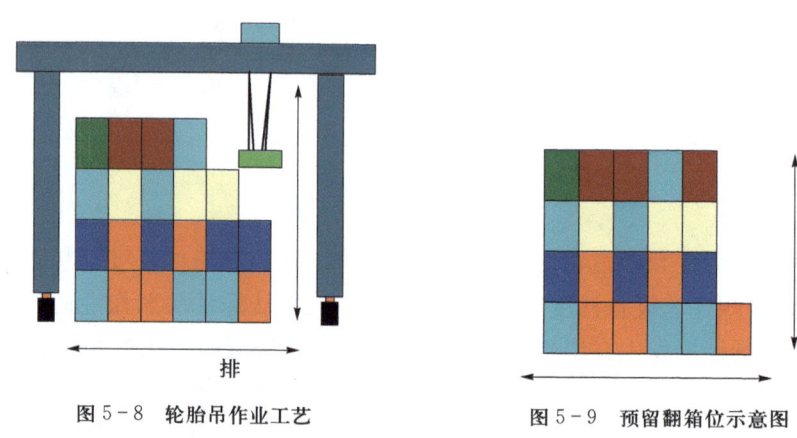

图 5-8 轮胎吊作业工艺　　图 5-9 预留翻箱位示意图

2. 箱型与货种对出口箱的堆放要求

(1) 不同尺寸的出口箱应分开堆放

20 ft、40 ft 和 45 ft 的出口箱,在箱区中不能在同一个位内混合堆放,且 45 ft 的出口箱一般应堆放在箱区的两头。

(2) 危险品箱进危险品箱区

每个集装箱码头都有专门的危险品箱区,所有危险品出口箱只能堆放在专门的箱区中。危险品箱应按照隔离要求分开堆放。

(3) 冷冻箱进冷冻箱区

由于冷冻箱需要插电工作,所以每个集装箱码头都有专门的冷冻箱区,所有冷冻箱只能堆放在专门的箱区中,既是冷冻箱又是危险品箱的箱子应进冷冻箱区。在冷冻箱区中,不同尺寸的箱子可以混合堆放。

(4) 超限箱进超限箱区

超限箱、平板箱和框架箱应进超限箱区,超限箱一般只能堆 1 层高,且不同尺寸可以混合堆放。超限箱宽度如果超过 30 cm,相邻排不能堆放,长度如果超过 50 cm,相邻位不能堆放。

(5) 空箱重箱分开堆放

空箱一般按照持箱人分类堆放,空箱箱区一般可以堆 6 过 7,重箱则要根据业务属性按特定规则堆放,重箱箱区一般是堆 4 过 5。

3. 箱区内的进箱次序

① 一般情况下,箱区的堆放顺序按箱区由小到大位堆放。

② 如果在箱区的两头同时进箱,一头由小位到大位进箱,另一头由大位到小位进箱。

③ 进箱时,在同一位内的进箱顺序为远离车道排到靠近车道排。如车道为第 7 排,则进箱应从第 1 排到第 7 排。

5.4.4 出口箱场地计划的制作方法

5.4.4.1 出口箱场地计划的时间和内容

当前国内大多数集装箱码头的集港天数都为 4 d,每个航次每天集港的比例不同,一般情况为第一天集港较少,第二天稍多,第三天最多,第四天较少。多数港口通常在船舶到港前第五天的上午 9∶00 开港集港。一般是每天中午 12∶00 开始制定第二天的进场计划,同时,需在当天综合考虑未来几天集装箱进出堆场的情况。

集港作业前首先要做堆存计划,为船舶的集港箱划分堆存区域,即给该船舶的集港箱分配箱区。其计划内容包括:

1. 出口箱箱组划分

箱组划分是根据出口箱的船舶航次、尺寸、卸货港、重量等级、箱型和货特等属性,对其进行分组。

2. 主箱区计划

主箱区计划是为某一个航次的所有出口箱指定堆放的主要箱区区域。

3. 场位安排:贝位计划或位串计划

区内位计划就是将某一类出口箱指定到箱区内的某 1 个或几个位,位串计划则为将某一类出口箱指定到箱区内的某个具体的排(1 串),位计划和位串计划是箱区内堆场计划精度不同的两种方式。

5.4.4.2 出口箱场地计划的对象

出口箱按照不同属性可以有多种分类,包括空箱和重箱、普通箱和冷超危等特殊箱、标准箱型和特殊箱型(如折叠箱)。一般而言,空箱、冷超危、折叠箱等所占比例极小,这些特殊的箱子一般不需要做场地计划,码头会将这部分特殊箱分类统一堆放,TOS 系统中可做整体设定。而普通重箱占最大比例,包括冷带干(保温箱装不需保温的货物)的箱子也属于普通重箱,因此,对于大多数码头而言,出口箱场地计划的对象其实指的是出口普通重箱。

5.4.4.3 箱组划分

箱组划分是指在分港分吨的基础上,按照集装箱的尺寸、箱型、船名航次、卸货港,以及为该卸货港划分好的重量等级将预计进场的出口箱分为若干箱组,以便后续分组进行场地空间安排,如图 5-10 所示。

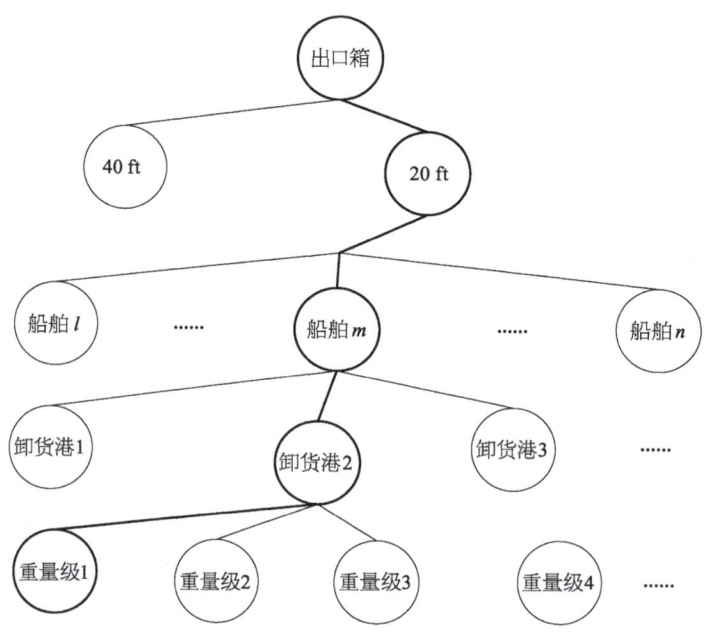

图 5-10 箱组划分示意图

由于出口箱场地计划都是对同一类的出口箱指定堆放范围,所以出口箱分组是做好进场计划的基础和前提。箱组划分的粗细程度主要取决于重量等级划分的粗细程度,这与某尺寸某港口的预计进场箱量有关,人工计划一般都是箱量越大重量等级划分越细致。分类越细,场地计划制作的过程越烦琐,占用的场地资源也可能较多,分类越粗,其场地计划的复杂程度将降低,但将增加船舶配载的难度和装船发箱时的翻箱率。

箱组划分的目的是为保证各组箱子在一定程度上能够独立堆放,如果堆场空间资源足够多,则可以按位(场地 BAY)分别堆放,量小的箱组可以按照排(位串)分别堆放;如果场地资源比较紧张,也经常会发生某种程度的混堆,如抢位堆放(高箱和平箱混位堆放)、混吨堆放(不同吨级的箱子混堆)、混港堆放(不同卸货港的箱子混堆)。

5.4.4.4 主箱区计划一般原则

1. 泊位就近原则

船舶到各箱区的水平运输距离为集卡将出口箱运至指定的岸桥下的总距离。水平运输距离即关系到船舶装卸效率,又关系到码头的装卸成本,运输距离越短,其集卡的运输时间就越短,船舶装卸效率也就越高,码头的装卸成本也越低,反之亦然。因此为某一个航次的出口箱计划箱区时,应充分考虑该航次的船舶靠泊泊位与箱区之间的距离,计划的箱区应尽可能接近船舶所靠的泊位。如图 5-11 所示,若图上船舶所停靠位置为计划泊位,则打钩的几个箱区比较适合做该航次的主箱区。

2. 进出口箱区分离原则

船舶作业有装船作业和卸船作业之分,而对于箱区也有出口箱区和进口箱区之分。进行场地计划时,在箱区充足的情况下,尽可能保证进出口作业分离,使出口箱作业尽量安排在出口箱区,卸船作业尽量安排在进口箱区。若不进行上述区分,则可能会致使

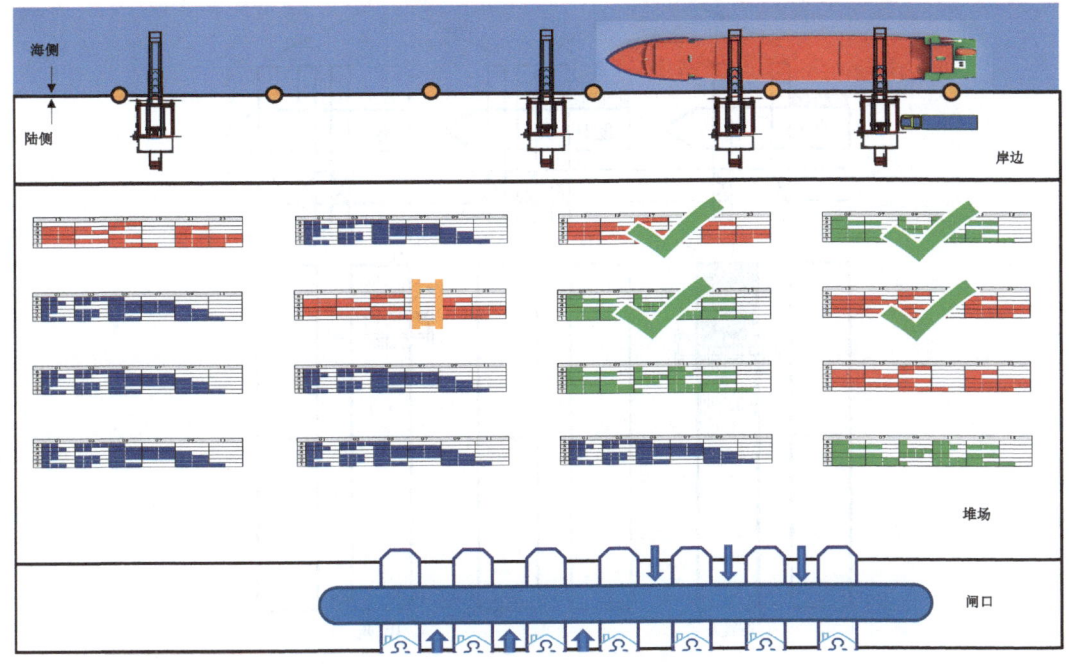

图 5-11 泊位就近原则示意图

场桥作业不便,场内秩序混乱,发生冲突概率增加。进出口箱区分离还可避免将来客户提箱对装船作业的干扰。

但在进口箱区已满的情况下,也可将卸船作业安排在出口箱区;同样若出口箱区已满,则可将装船作业安排在进口箱区。

3. 避免船期冲突原则

该原则是指预计可能同时作业的船舶,其出口箱尽量不要策划在同一箱区。如图 5-12 所示,在为 B 船进行主箱区选择时,应尽量避开已策划了 A 船出口箱的 B1 箱区,而是选择已策划了不同船期出口箱的 C1 箱区。另外,同一箱区内不应策划过多船舶,一般以 2 条船为较好。

4. 装船时能并行发箱

并行发箱,顾名思义,就是多台场桥同时发箱,这对提高装船效率也有着重要的影响。由于岸桥和场桥的装卸效率并不相同,通常情况下,岸桥的装卸效率略高于场桥装卸效率,如果装船时,1 台岸桥仅对应 1 台场桥,将会出现岸桥频繁地处于等待状态,也即装船效率的瓶颈在堆场。因此装船时,为了不产生效率瓶颈,每 1 台岸桥最好对应 2 台场桥,也即场桥并行发箱。这就需要制定箱区计划时,充分考虑箱区的分散性,即将出口箱分布到多个箱区中,提高并行发箱的概率。

5.4.4.5 场位安排一般原则

场位安排是指在计划好的箱区内为每一类出口箱计划具体堆放范围,包括两种方式,分别为按位计划和按排计划,其中按排计划又称之为位串计划。不论是按位计划还是按排计划,都必须遵循如下原则:

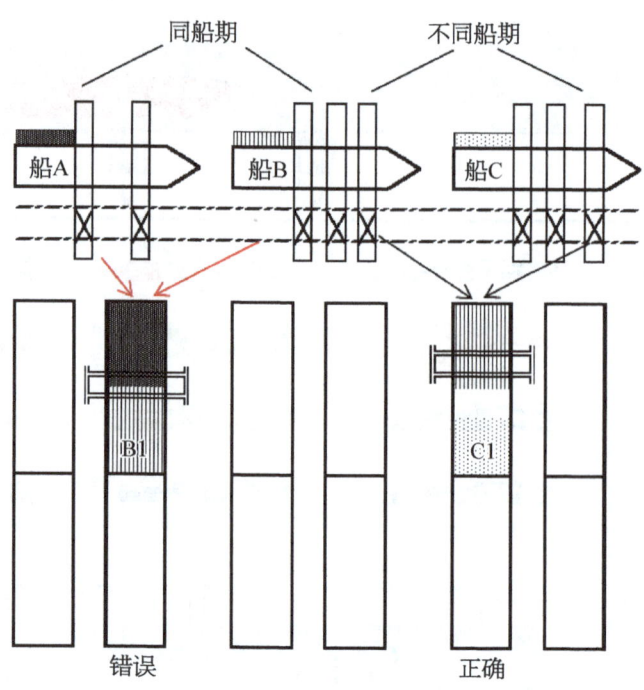

图 5-12　出口箱箱量均衡示意图

1. 不同尺寸分开堆放

同一个位内不能既堆放 20 ft 又堆放 40 ft 的集装箱,因为这将给集装箱码头的生产调度带来极大的麻烦,如翻箱率增加、配载难度增大、场桥作业来回移动等。如图 5-13 所示,红色框中的位既堆存 20 ft 又堆存 40 ft 集装箱,这在实际操作中属于违规操作。

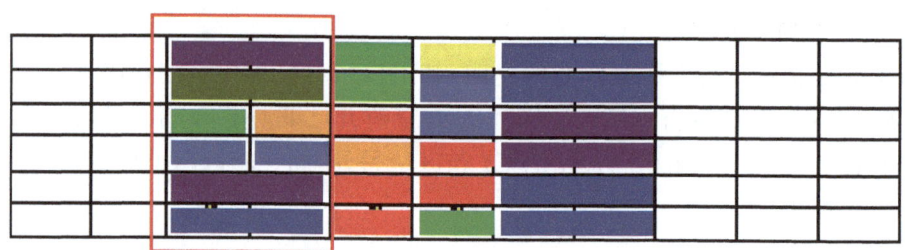

图 5-13　不同尺寸集装箱混合堆放

2. 箱位集中原则

箱区内选择位时应充分考虑如何降低集港与装船时场桥大车的移动距离,即选择的位在箱区内应尽量集中。当选择的位之间的距离较小时,集港和装船时,场桥始终在一个较小的范围内活动,其移动距离也相对较小。如图 5-14 所示,如果船舶在箱区中需要计划 3 个位,方案 1 选择的 3 个位之间的距离之和为 2 个位,而方案 2 选择的 3 个位之间的距离之和为 5 个位,因此方案 1 较方案 2 更为合理。

3. 大小箱间隔堆放原则

小箱即 20 ft 集装箱,大箱即 40 ft 集装箱,间隔堆放原则是指在为箱量较大的箱组进行场地计划时,尽量按照"小大大小"的方式穿插堆放大小箱,以便将来舱内装船时小

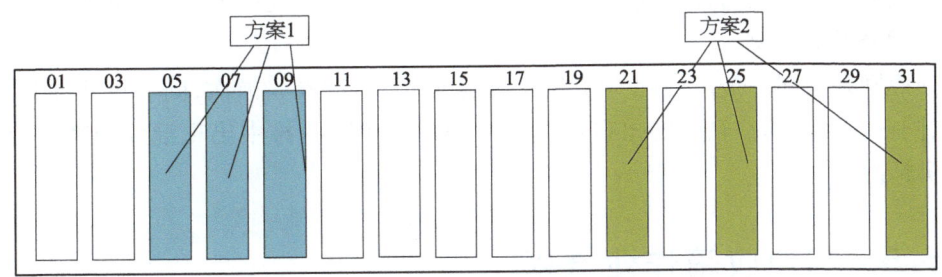

图 5-14　箱位集中与分散

箱到大箱发箱过渡较为方便,且能尽量保证 2 台场桥能够同时作业。如图 5-15 所示,若为 40 尺箱做计划,则在 10 贝和 18 贝计划则较好。

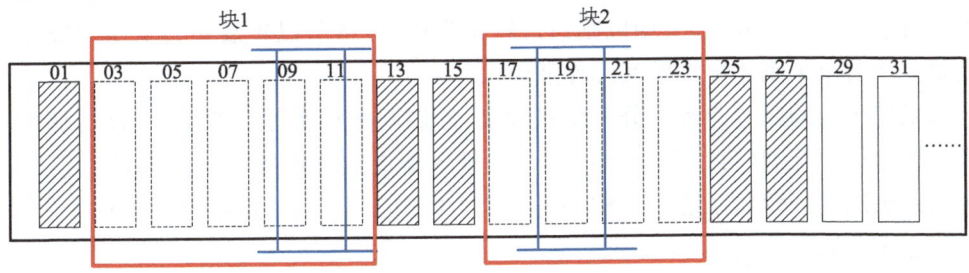

图 5-15　大小箱间隔堆放

4. 分散且集中原则

该原则是指同一卸货港的箱子应该在箱区上分散,在贝位内集中。

如果某港口箱子较多,则可计划到 2～3 个箱区中,以保证装船时,同一条作业线可以并行发箱,这就要求同一卸货港的出口箱尽量分布在不同的箱区。如图 5-16 所示,卸货港 1 分布在箱区 1、3 中,卸货港 2 分布在箱区 1、3 中,卸货港 3 分布在箱区 1、2、4 中,卸货港 4 分布在箱区 2、4 中,这样的卸货港分布能最大程度上的保证同一条作业线

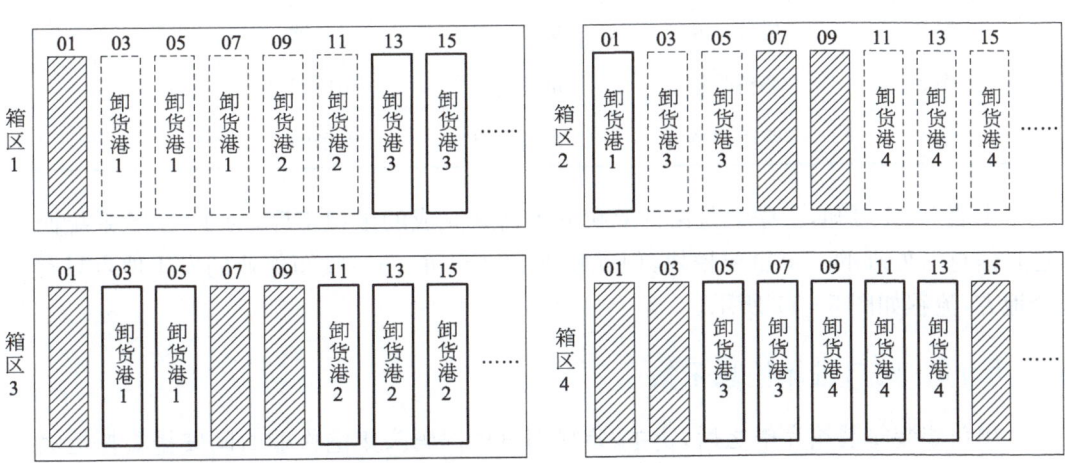

图中虚线框代表第一天的卸货港分配情况,粗实线框代表第二的卸货港分配情况

图 5-16　卸货港分布图

的并行发箱。而贝位内集中则是指同一个场地贝位尽量只放一个卸货港的箱子。

5. 位串堆放原则

该原则是指同一个位的同一排内,要堆放同类箱,即同一航次、同一尺寸、同一个卸货港、同一吨级和同一箱型的出口箱。该原则可避免同一排中出现混吨级甚至混港口的恶劣情况。

5.5 闸口收箱作业流程

5.5.1 闸口收箱作业流程概述

出口箱集港的方式按照运输工具不同可分为闸口进箱(陆运)、驳船进箱(水运)、火车进箱(铁运)等多种方式,其中以闸口进箱最为典型,本节以集装箱码头闸口收箱作业为主要分析对象来阐述集港的实际作业阶段。

如果把码头的集港业务划分为信息收集、计划调度和实际作业三个阶段,那么在制定完出口箱场地计划(第二阶段)后,即可以进入集港业务的实际作业阶段。该阶段在集装箱码头的生产营运系统(TOS)中可归纳为四道工序(以闸口收箱为例):

工序 1:信息采集;

工序 2:场位计算;

工序 3:场桥收箱;

工序 4:空车出场。

这 4 道工序发生的地点及由谁来执行或操作见表 5-3。

表 5-3 闸口收箱作业工序列表

序 号	工 序	地 点	执 行 方
工序 1	信息采集	进场闸口	进场闸口理货员/智能闸口
工序 2	场位计算	进场闸口	服务器
工序 3	场桥收箱	堆场内	场桥司机
工序 4	空车出场	出场闸口	出场闸口理货员

由表 5-3 可知,工序 2 是由计算机服务器来完成的虚拟工序,对于 TOS 系统而言这是信息流处理的一个重要模块,但就物理意义来讲,闸口收箱作业的发生地点只有三个地方,流程如图 5-17 所示。

5.5.2 闸口进箱信息采集

出口集装箱装箱完毕之后,货主/货代即可根据码头集港作业时间安排委托运输车队将出口箱运至码头,到达集装箱码头的进场闸口之后,在此处完成进箱业务的信息采集。

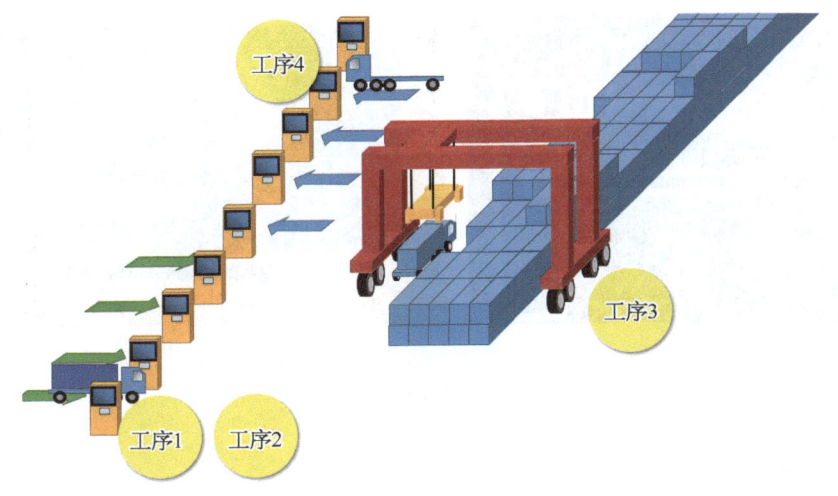

图 5-17 闸口收箱作业流程示意图

1. 信息采集的内容

信息采集的内容主要有集卡车牌号和出口箱箱号。

2. 信息采集的方式。

集装箱码头的闸口有人工闸口和智能闸口,因此信息采集的方式也分为人工采集和系统自动采集两种。

（1）人工采集

人工采集是由闸口理货员将集卡车牌号和出口箱箱号录入到 TOS 系统的功能界面内,根据系统提示提交采集信息,如图 5-18 所示。

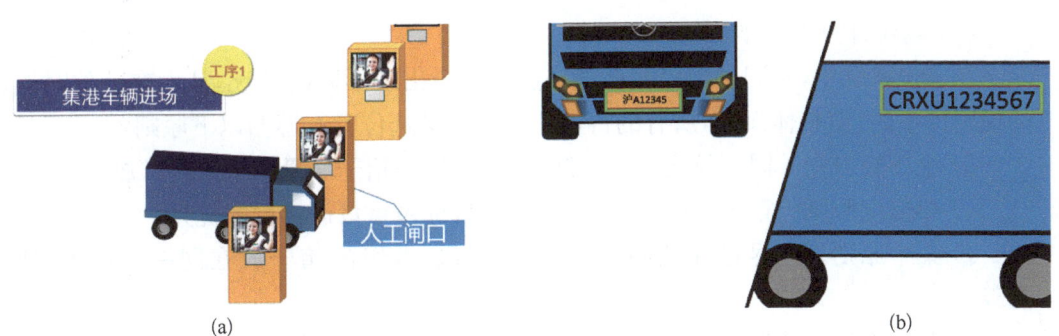

图 5-18 人工闸口信息采集

（2）系统采集

也有部分码头采用智能闸口,系统应用图形识别技术或 RFID 技术来自动识别车牌号和箱号,并将采集到的信息显示在智能闸口的终端屏幕上,由集卡司机自助确认进箱作业的信息,如图 5-19 所示。

（3）信息采集的作用

为出口箱进场选位决策提供数据准备。如果把闸口收箱看作是一个系统,那么信息采集就是系统的输入。

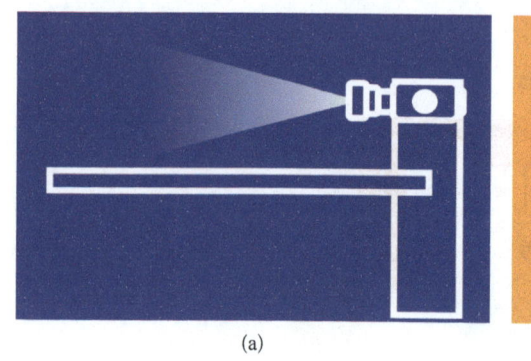
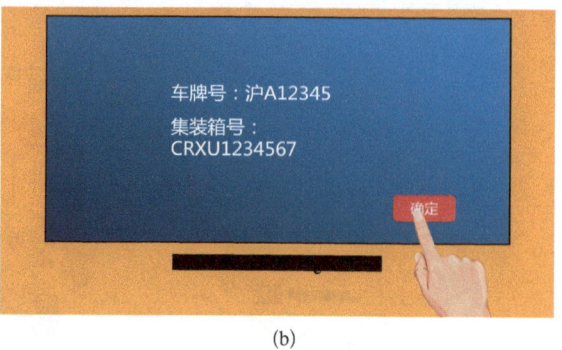

(a)   (b)

图 5-19 智能闸口信息采集

5.5.3 场位计算

无论是人工闸口还是智能闸口,采集到的数据都会由网络传输到远端的计算机服务器(选位算法服务器),再由服务器根据输入的信息来进行具体的堆场位置安排。

(1) 场位计算的决策内容

选位系统根据闸口的集装箱箱号,自动检索该箱号对应的出口箱预录信息,详细的箱预录信息包括船名、航次编号、箱尺寸、卸货港、箱重等重要参数,根据这些参数可判别该出口箱所属的分组类别(箱组),进而就可以找到该箱组对应的场地计划区域,结合当前时刻可放区域内的场位堆存情况和箱区内设备状态,系统会通过一定的选位规则计算产生最终的选位结果,即该箱应放置的箱区、场贝位、排、层。

(2) 场位计算的基本原则

在选位系统中,不同的出口箱在进场选位时会出现不同的情况,从而在选位时遵循的规则也不同,但整体而言,所有的待选位箱在进场选位时都遵循以下原则:

① 重压轻原则。同一航次、尺寸、卸货港、吨级的箱子尽量按重压轻堆放。

② 相似度原则。重压轻时,被压箱重量与目标箱重量最接近的优先。

③ 集中原则。应尽量保证同一尺寸、卸货港、吨级的箱子放在同一个位里,便于配载。

④ 分类堆放。计划区位充足时尽量把不同类别的箱子堆放于不同场地的位内。

⑤ 分散原则。如果某一航次、尺寸、卸货港、吨级的箱子数量较大,需要堆于多个贝时,这些位要尽量分散。

⑥ 抢排原则。抢排时,尽量去抢同一卸货港、不同吨级的箱所在位。

⑦ 混堆原则。混吨优于混港,混港优于混船;混吨尽量重压轻;混港尽量远压近。

(3) 场位计算的数据处理

该工序不仅仅是计算一个具体的场地放箱位置即可,其数据处理内容如下:

① 为出口箱计算场位。如上所述。

② 产生场桥收箱作业任务/指令。为有效衔接下一工序(场桥收箱),系统会根据箱

号、车牌号、已选场位、闸口操作时间、操作工号等信息产生场桥收箱作业任务/指令。

③ 将选位信息发送至闸口。选位后需要信息反馈,将选位信息发送至闸口,并且为集卡司机打印进场小票,进场小票上有指示司机应该前往的箱区和场地贝位(图 5-20)。

图 5-20　选位信息反馈

5.5.4　场桥收箱

集卡司机持小票进场的同时场桥司机也在车载终端上收到了收箱作业指令,指示将有哪一辆运载着哪一个集装箱进入堆场的哪一个箱区及哪一个贝位,场桥司机再根据该贝位内实际的堆存情况,把该出口箱堆放在指令指定的排和层,并且在车载系统中确认收箱的最终堆放位置和作业完毕信息(图 5-21)。

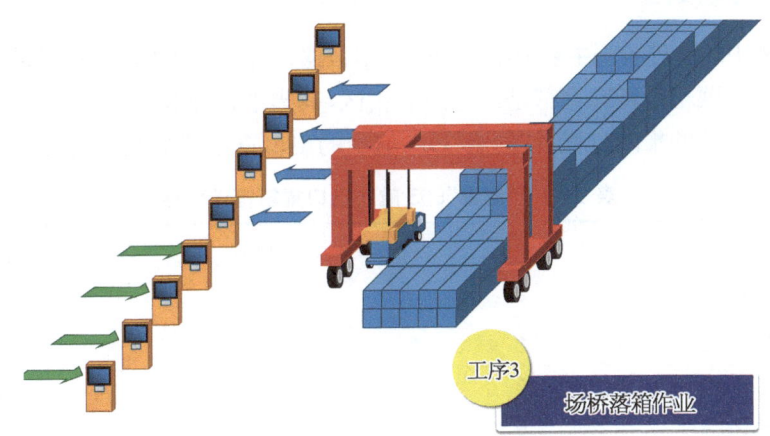

图 5-21　场桥收箱示意图

5.5.5　空车出场

由于外部车辆不可在集装箱码头长期逗留,场桥作业完毕后还需要集卡司机至出场闸口进行消机作业,以确认车辆出场并记录出场时间,其目的为:

① 码头核验车辆出入信息,保证集港作业信息的完整性。

② 根据进出闸口的时间节点来记录集卡在码头的服务时间,可作为码头对其集港作业流程分析及优化的依据。

空车出场如图 5-22 所示。

图 5-22 空车出场示意图

5.6 集港作业综合案例

本章主要对出口集装箱集港业务的全过程进行了介绍,为了使读者能够更好地理解和把握集装箱码头出口箱集港的作业流程,下面以某码头"国泰"E03 航次为例具体讲解集装箱码头出口箱集港作业的中相应的操作步骤,力求把各个细节和容易误操作的地方完整清晰地呈现给读者。

5.6.1 基础数据

集港过程中的基础数据主要为出口箱的基本数据,包括各箱的尺寸、卸货港、空重、箱型、货特等。由于冷藏箱等特殊箱都是进专门的箱区,其集港作业相对较为简单,因此本案例主要讲解普通重箱的集港过程。"国泰"E03 航次的出口重箱基本数据见表 5-4。

表 5-4 "国泰"E03 航次出口重箱箱量数据

卸货港	20 ft	40 ft	45 ft
CNEVG	8	13	0
CNFES	0	7	0
CNLT8	5	26	0
CNRSH	0	9	0
CNSHA	237	20	0
CNYM8	24	8	0

5.6.2 出口箱舱单信息录入

在 TOS 系统的出口箱舱单信息录入模块中,将"国泰"E03 航次的出口舱单 EDI 文件接收并转换到 TOP 系统中,然后通过出口舱单手工录入界面,对出口箱资料进行查阅、统计并做适当的修改。出口箱舱单 EDI 文件接收如图 5-23 所示。

如果需要手工添加或修改记录,则在出口舱单录入模块中,选择"E03 航次",进入出口舱单手工录入界面。如图 5-24 所示,手工增加一条出口箱箱号为"BHCU3039777"记录。

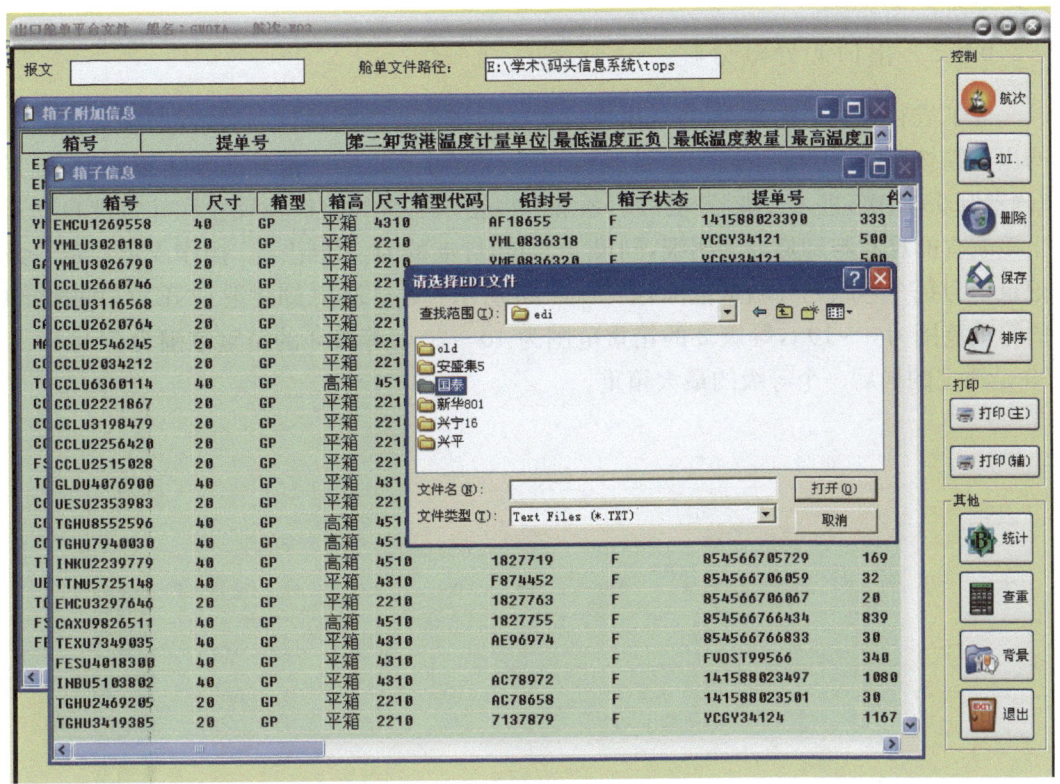

图 5-23 出口仓单 EDI 接收

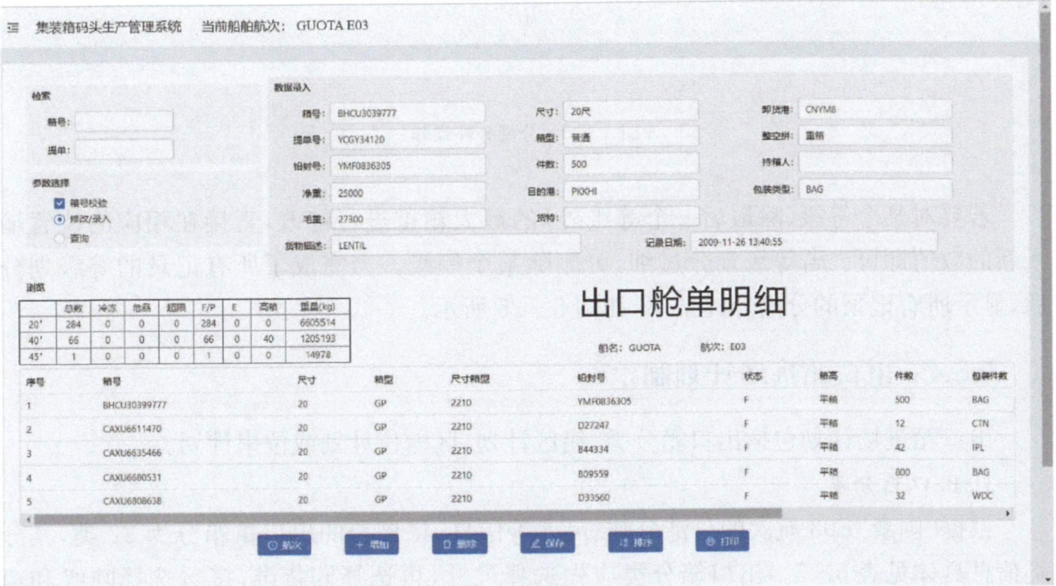

图 5-24 出口舱单手工录入

手工录入时,要特别注意箱号校验,以避免输入不合规范的箱号。

5.6.3　出口箱分港分吨

为了堆存集装船的方便,每一出口航次在安排出口箱场地计划时,都必须对该航次的出口箱按照港口和吨位进行重量等级划分。在对应的出口箱分港分吨模块中,选择"国泰"E03航次,进入分港分吨界面,系统会根据该航次的出口箱尺寸和卸货港自动产生该航次的尺寸与卸货港的明细,同尺寸、同卸货港的为一条记录。操作人员在每一条记录中为每个等级划分箱重范围,如图5-25所示,尺寸20 ft、卸货港CNEVG的等级1的箱重范围为0~10 t,等级2的箱重范围为10~20 t,等级3的箱重范围为20~40 t。99是约定的最后一个等级的最大箱重。

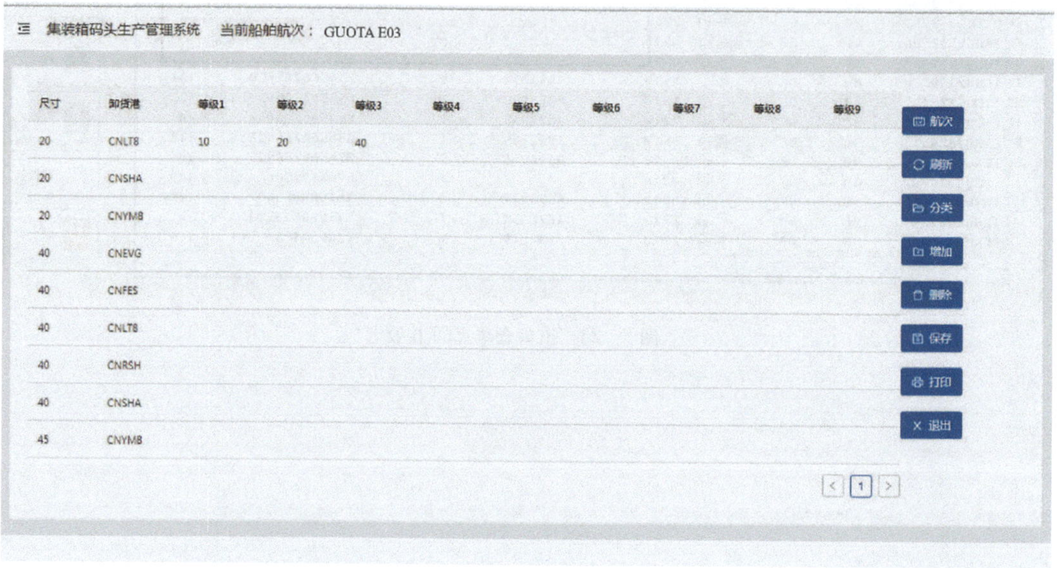

图5-25　分港分吨操作

若要对某个等级(除最后一个等级外)的最大箱重进行修改,直接在相应的位置输入新的数值即可。若等级划分过细,可删除某个等级。当完成了所有记录的等级划分后,显示所有记录的分港分吨结果,如图5-26所示。

5.6.4　出口箱进场计划制定

出口箱进场计划包括出口箱分类、箱区计划、区内位计划或位串计划。

1. 出口箱分类

根据"国泰"E03航次的分港分吨、尺寸等信息,将该船的出口重箱分为32类,其分类信息具体见表5-5。出口箱分类应先选择尺寸,再选择卸货港,接着选择吨级和箱型,其分类界面如图5-27所示。

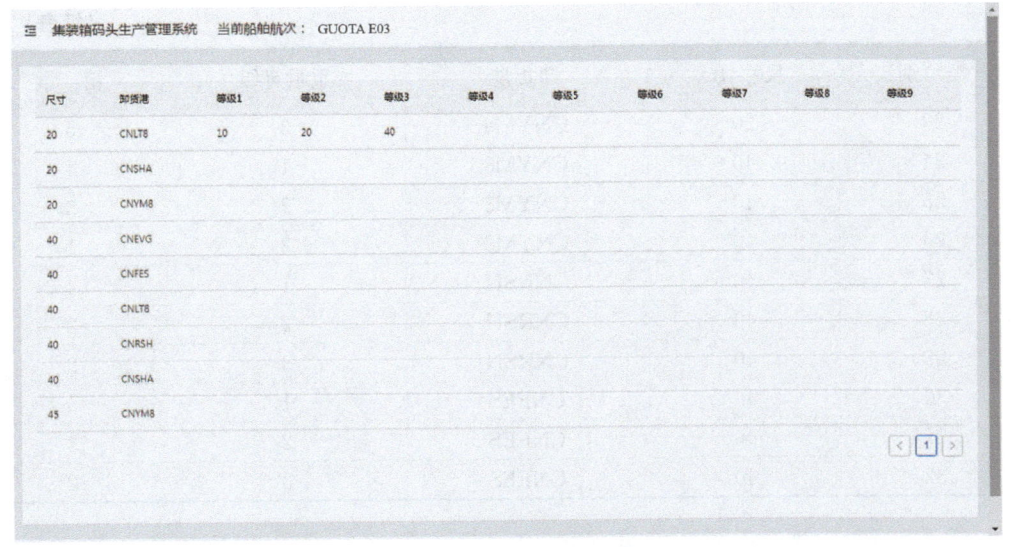

图 5-26 分港分吨结果

表 5-5 "国泰"E03 航次出口重箱分类表

类 别	尺寸(ft)	卸货港	重量等级	箱 量
1	20	CNEVG	1	2
2	20	CNEVG	2	3
3	20	CNEVG	3	3
4	40	CNEVG	1	4
5	40	CNEVG	2	6
6	40	CNEVG	3	3
7	20	CNLT8	1	2
8	20	CNLT8	2	2
9	20	CNLT8	3	1
10	40	CNLT8	1	2
11	40	CNLT8	2	4
12	40	CNLT8	3	2
13	20	CNSHA	1	82
14	20	CNSHA	2	65
15	20	CNSHA	3	52
16	20	CNSHA	4	30
17	20	CNSHA	5	8
18	40	CNSHA	1	8
19	40	CNSHA	2	7
20	40	CNSHA	3	5
21	20	CNYM8	1	12
22	20	CNYM8	2	7

(续表)

类 别	尺寸(ft)	卸货港	重量等级	箱 量
23	20	CNYM8	3	5
24	40	CNYM8	1	4
25	40	CNYM8	2	3
26	40	CNYM8	3	1
27	40	CNRSH	1	4
28	40	CNRSH	2	3
29	40	CNRSH	3	2
30	40	CNFES	1	5
31	40	CNFES	2	3
32	40	CNFES	3	2

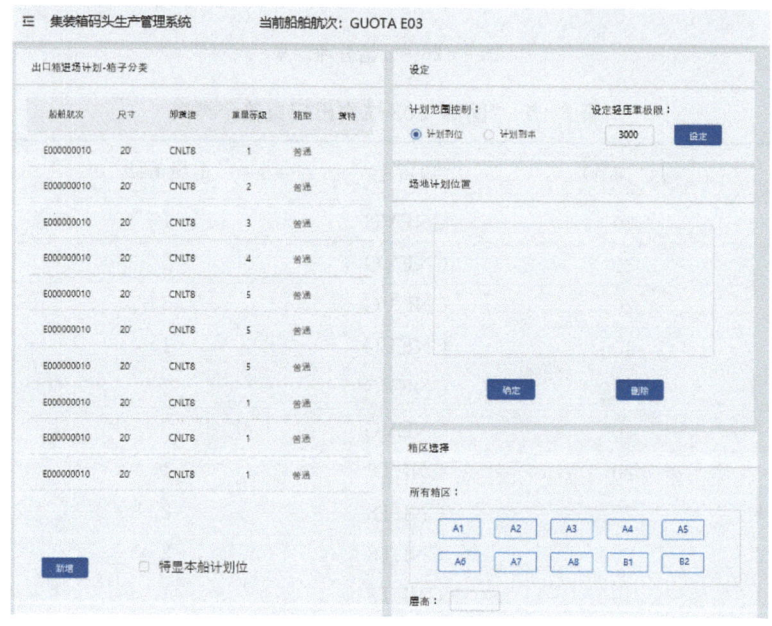

图 5-27 出口箱分类界面

2. 箱区计划

选择箱区时,首先应确定箱区的数量,"国泰"E03 航次的预计装船作业线数为 2 条,岸桥与场桥的配比通常为 1∶2,根据并行发箱原则,计划的箱区数量应为 4。其次应确定具体的箱区,并给计划的箱区分配箱量。确定具体箱区时,应尽量使泊位与箱区间的距离最小和箱区间箱量均衡,同时应满足泊位箱量匹配原则、箱区内装卸船时间不交叉原则。如图 5-28 所示,"国泰"的预靠泊位与箱区 A1、B1、A2 和 B2 的距离较近,且这 4 个箱区中的空位数能够保证箱量均匀地分配,"国泰"的装船时间与这 4 个箱区中的其他船舶的装卸时间不交叉,因此为该船计划的箱区为 A1、B1、A2 和 B2。为了满足箱区间箱量差最小原则,20 ft 箱和 40 ft 箱应均匀地分配到各个箱区,"国泰"E03 航次共有 284 个 20 ft 箱,所以 A1、B1、A2 和 B2 应各分配 71 个 20 ft 箱,该航次共有 83 个

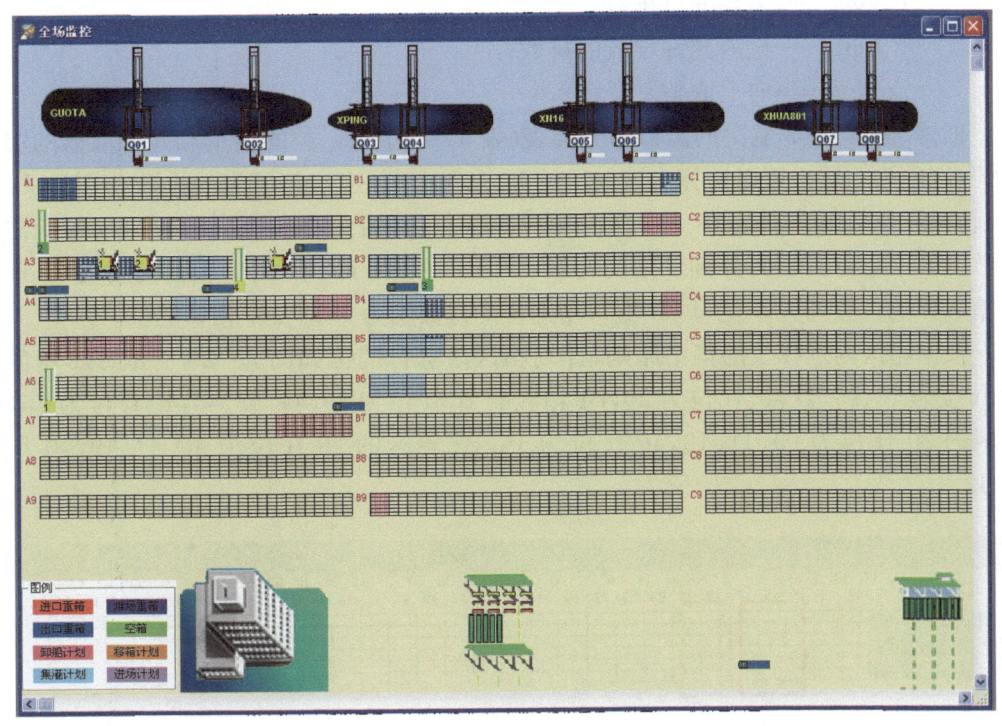

图 5-28 集装箱码头平面布局

40 ft 箱,所以 A1、B1、A2 和 B2 分配到的 40 ft 箱数量分别为 21、21、20 和 21。

3. 计划精度控制

计划精度控制包括两种方式,分别为按位计划和安排计划。计划精度控制的内容包括箱区内位的选择、卸货港在不同箱区的分布、箱组安排指定等,下面将在案例中分别对这些内容进行描述。

(1) 箱区内位选择

箱区内选择位时,首先应确定选择位的数量,由于本案例采用安排计划,即同一排中计划的是同一类出口箱。计算每一类出口箱所需的排数的公式为:

$$RNum = ceil\left(\frac{CTNNum}{Tier}\right)$$

式中 $RNum$——需要的排数;
$CTNNum$——同类出口箱的箱量;
$Tier$——允许堆放的层高;
$ceil$——向上取整。

出口箱需要的位数的计算公式为:

$$BayNum = ceil\left(\frac{RNum}{Row}\right)$$

式中 $BayNum$——需要的位数;

$RNum$——需要的总排数;

Row——位内允许堆放的排数;

$ceil$——向上取整。

根据"国泰"E03 航次的出口箱分类表(表 5-2)中每一类的箱量和允许堆放的层高(本案例中为 4 层),可以计算出该航次的 20 ft 与 40 ft 出口箱所需的排数分别为 74 和 23,转换成位数则分别是 13 和 4,由于 40 ft 箱占据 2 个相邻的位,因此 40 ft 箱所需的位数为 8 个小位。均匀分到计划的箱区 A1、B1、A2 和 B2 中,每个箱区需要为 20 ft 出口箱选择的位数均为 3,为 40 ft 出口箱选择的位数均为 1,即 2 个相邻的位。

根据箱区内选择位的集中原则,计划箱区内选择的位如图 5-29 所示,A1 箱区的 20 ft 位为 13、15、17,40 ft 位为 20,B1 箱区的 20 ft 位为 39、41、43、45,40 ft 位为 36,B1 箱区的 20 ft 位为 09、11、13,40 ft 位为 16,B2 箱区的 20 ft 位为 45、47、49,40 ft 位为 42。

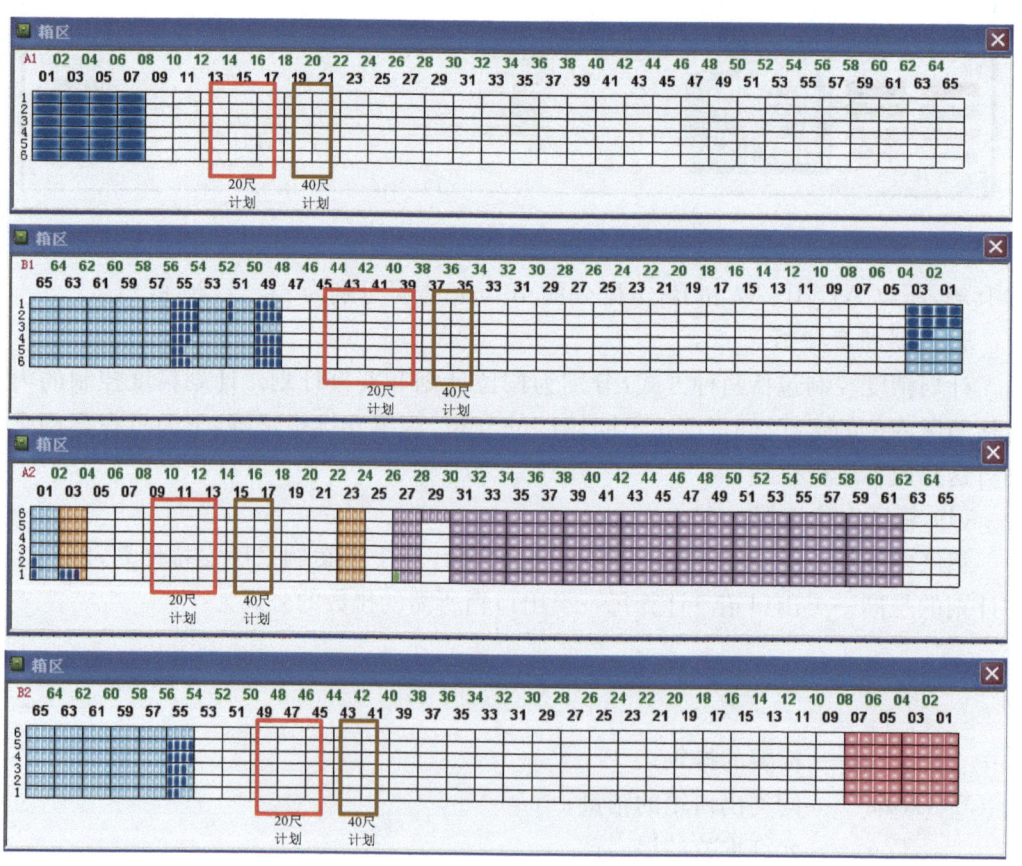

图 5-29 箱区内位选择

(2) 卸货港分布

箱区间卸货港分布应主要考虑并行发箱的原则。先根据出口箱分类表,计算各卸货港需要的排数,如果排数较少,则计划在一个箱区中,否则分散到多个箱区中。各卸货港需要的排数见表 5-6。

表 5-6　各卸货港所需的排数

卸　货　港	20 ft 所需排数	40 ft 所需排数
CNEVG	3	4
CNFES	0	4
CNLT8	3	3
CNRSH	0	3
CNSHA	61	6
CNYM8	7	3

根据各卸货港需要的排数,"国泰"E03 航次中卸货港 CNEVG 计划到箱区 A1、A2 中,卸货港 CNFES 计划到箱区 A1 中,卸货港 CNLT8 计划到箱区 A2 中,卸货港 CNRSH 计划到箱区 B1 中,卸货港 CNYM8 计划到箱区 B2 中,卸货港 CNSHA 计划到箱区 A1、A2、B1 和 B2 中。

(3) 箱组安排指定

箱组安排指定时,首先应对箱组进行排序,一般按照卸货港由远及近、尺寸大小 20 ft 和 40 ft、吨级由重及轻进行排序,并按该序列为箱组编号,其中卸货港越远、吨级越大,其编号越小。"国泰"E03 航次的船舶卸货港由近及远港序见表 5-7,各箱组排序见表 5-8。

表 5-7　"国泰"E03 航次卸货港港序

卸货港	港　序	卸货港	港　序
CNSHA	1	CNLT8	4
CNEVG	2	CNRSH	5
CNFES	3	CNYM8	6

表 5-8　"国泰"E03 航次出口箱箱组排序

序　列	类　别	尺寸(ft)	卸货港	重量等级
1	23	20	CNYM8	3
2	22	20	CNYM8	2
3	21	20	CNYM8	1
4	26	40	CNYM8	3
5	25	40	CNYM8	2
6	24	40	CNYM8	1
7	29	40	CNRSH	3
8	28	40	CNRSH	2
9	27	40	CNRSH	1

(续表)

序 列	类 别	尺寸(ft)	卸货港	重量等级
10	9	20	CNLT8	3
11	8	20	CNLT8	2
12	7	20	CNLT8	1
13	12	40	CNLT8	3
14	11	40	CNLT8	2
15	10	40	CNLT8	1
16	32	40	CNFES	3
17	31	40	CNFES	2
18	30	40	CNFES	1
19	3	20	CNEVG	3
20	2	20	CNEVG	2
21	1	20	CNEVG	1
22	6	40	CNEVG	3
23	5	40	CNEVG	2
24	4	40	CNEVG	1
25	17	20	CNSHA	5
26	16	20	CNSHA	4
27	15	20	CNSHA	3
28	14	20	CNSHA	2
29	13	20	CNSHA	1
30	20	40	CNSHA	3
31	19	40	CNSHA	2
32	18	40	CNSHA	1

对箱组排好序后,就需要将各箱组计划到具体的排中,此时主要考虑的因素为降低装船时大车来回移动距离,因此应根据同排同卸货港同吨级原则和远卸货港大吨级箱组靠近车道原则,将箱组计划到各排。

箱组计划到排时,应首先计算箱组所需的排数,如表5-6中的箱组1,其所需的排数为2,该箱组所属卸货港计划的箱区为B2,而B2箱区为"国泰"E03航次20 ft箱计划的位是45、47和49,因此箱组1计划的排为45位第1、2排,计划位置称为"B2456"和"B2455",如图5-30所示。

计划好后的箱区位剖面结构,如图5-31所示。

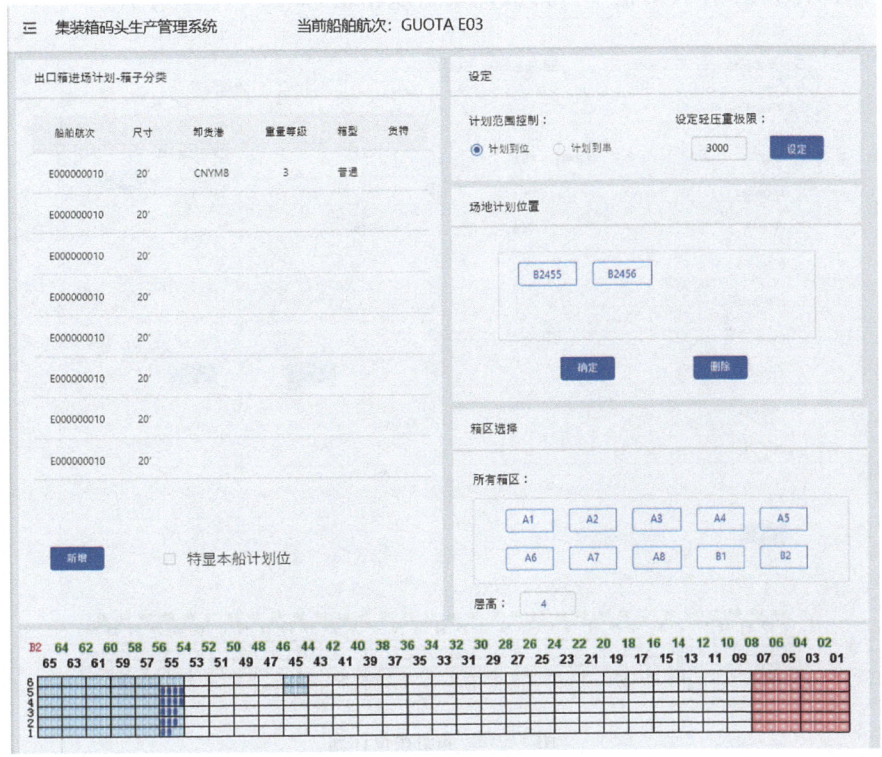

图5-30 箱组安排计划

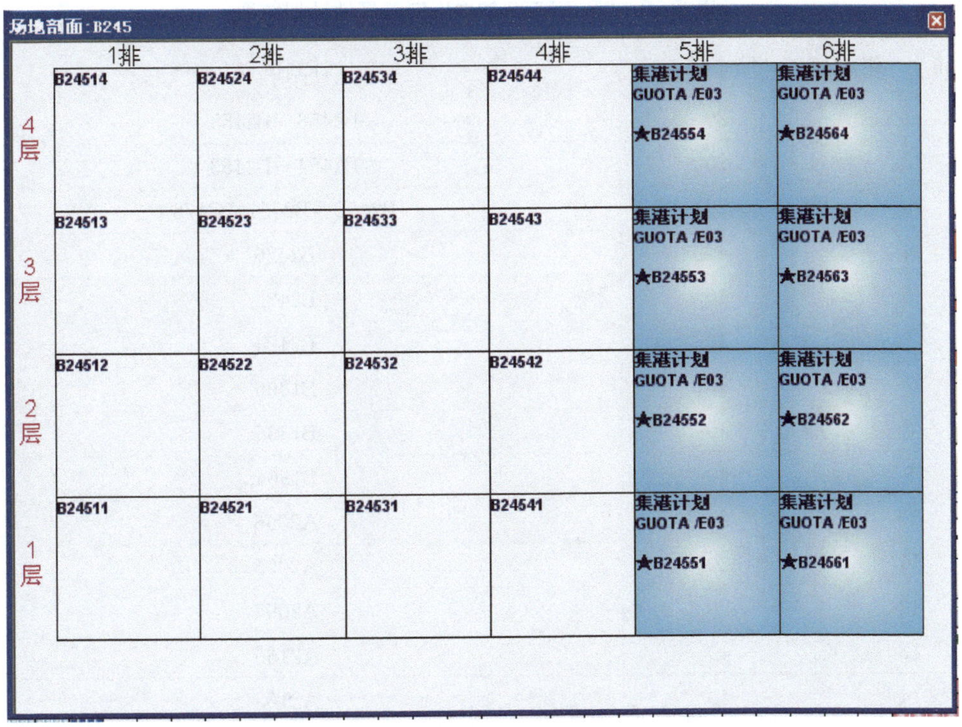

图5-31 箱组计划位剖面图

如果采用计划到位,则整个位都被计划给该箱组,如图5-32所示。

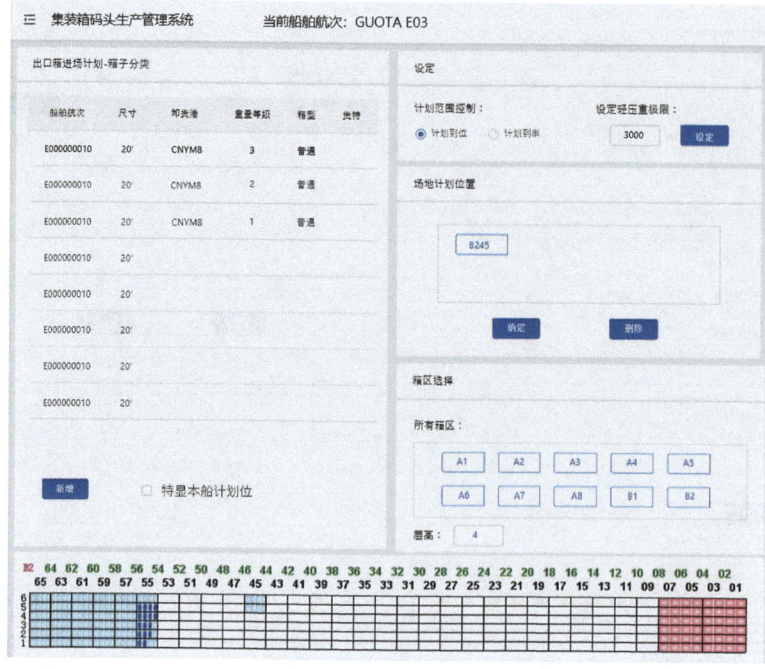

图5-32 箱组按位计划

"国泰"E03航次所有箱组安排计划的结果见表5-9。

表5-9 "国泰"E03航次出口箱场地计划结果

箱 组	尺寸(ft)	计划位置
1	20	B2456～B2455
2	20	B2454～B2453
3	20	B2452～B2451,B2476
4	40	B2426
5	40	B2425
6	40	B2424
7	40	B1366
8	40	B1365
9	40	B1364
10	20	A2096
11	20	A2095
12	20	A2094
13	40	A2166
14	40	A2165
15	40	A2164

(续表)

箱组	尺寸(ft)	计划位置
16	40	A1206
17	40	A1205
18	40	A1204～A1203
19	20	A1136
20	20	A1135
21	20	A1134
22	40	A1202
23	40	A1201,A2163
24	40	A2162
25	20	A1133～A1132
26	20	A1131,A1156～A1151,A1176
27	20	A1175～A1171,A2093～A2091,A2116～A2112
28	20	A2111,A2136～A2131,B1396～B1391,B1416～B1413
29	20	B1412～B1411,B1436～B1431,B1456～B1455,B2475～B2471,B2496～B2491
30	40	B1363～B1362
31	40	B1361,B2423
32	40	A2163～A2162

5.6.5 出口箱进场选位

在制定完出口箱场地计划后,接下来就是箱子实际进场,为了使箱子进场后顺畅地找到自己所在的位置,进场前要在闸口进行进场选位。目前,许多先进的集装箱码头已经使用了RFID自动识别车辆及箱子信息,但对于有些码头仍需要闸口理货员输入相关信息。

将箱子按照不同的分类做了进场计划,目的就是当在这里选择了"自动选位"以后,系统会按照指定的规律存放。对于有RFID的集装箱码头选中"读卡"复选框,车辆进场时就会自动读取信息。这里主要介绍人工作业方法,分为车辆选择和出口箱资料录入两个步骤。

1. 车辆选择

在自动选位模块中,首先根据数据库中的车辆信息进行车辆选择,如果碰到第一次来的车辆,就要在"车辆选择"中输入该车辆相关信息,然后系统会自动提示是否进行车辆录入,录入后,操作方法和上述一样。车辆选择如图5-33所示,集卡"津03568"运送"国泰"E03航次的出口箱进场,该集卡属于首次进场,所以手工将该车录入。

2. 出口箱资料录入

出口箱资料的录入有两种不同的方式。第一种方法是:选好车辆后,直接输入箱号,"出口箱进场资料"窗口会自动新增一条空记录,操作员选择该箱所属航次,系统会根据前面已经录入的出口舱单情况,自动生成相应的信息。对于个别缺省信息,则按手头资料进行输入。如图5-34所示,集卡"津03568"运送的出口箱箱号为"BHCU3039777",将箱

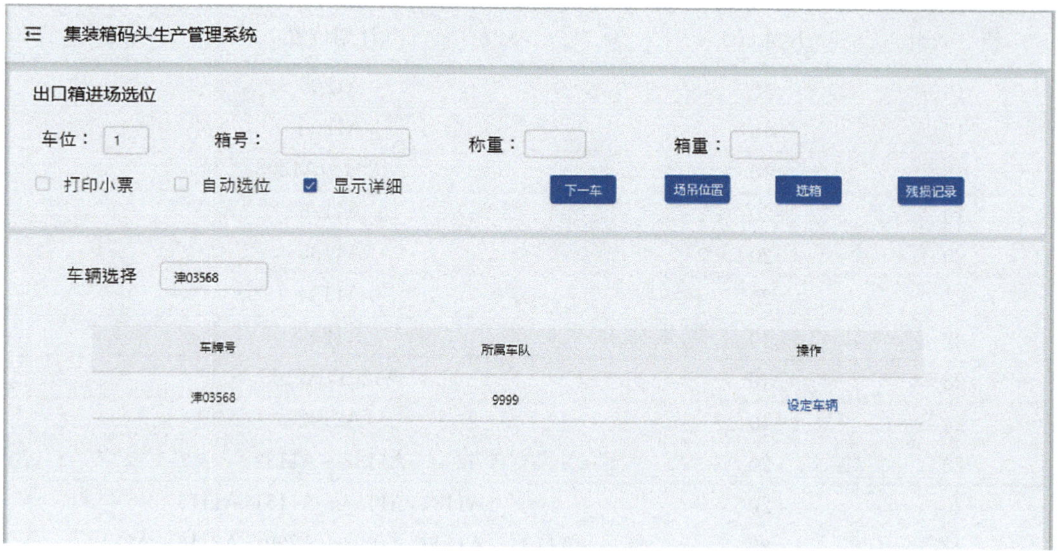

图 5-33　车辆选择界面

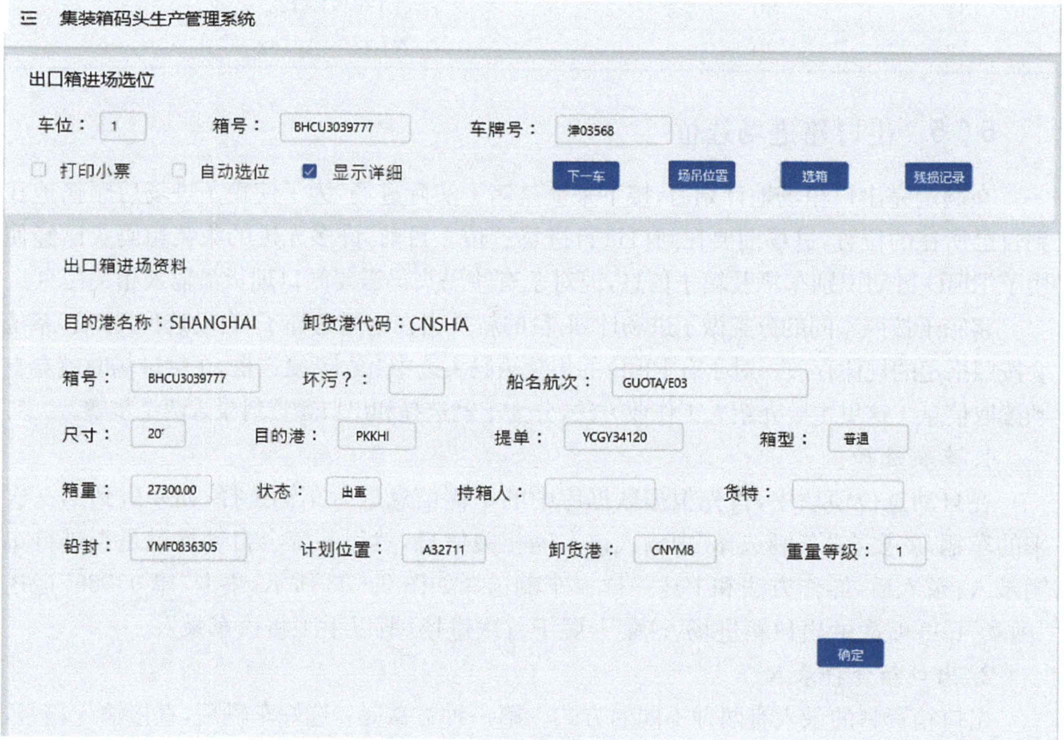

图 5-34　出口箱进场资料录入

号输入后,自动产生该箱的详细资料,包括航次、尺寸、目的港、提单、箱型、箱重、状态、卸货港等信息。

3. 进场选位

进场选位需要根据出口箱所属的箱组和该箱组计划的排来选择合理的位置。本案例采用安排计划,因此选位时应遵循安排计划选位的原则。出口箱"BHCU3039777"的属性为"尺寸:20,卸货港:CNYM8,重量级:3",根据出口箱箱组排序表,该箱所属箱组排序为1,其计划的位置为B2456~B2455,因此该箱选到的位置为B24561,即B2箱区、45位、第6排、第1层,选位界面如图5-35所示。

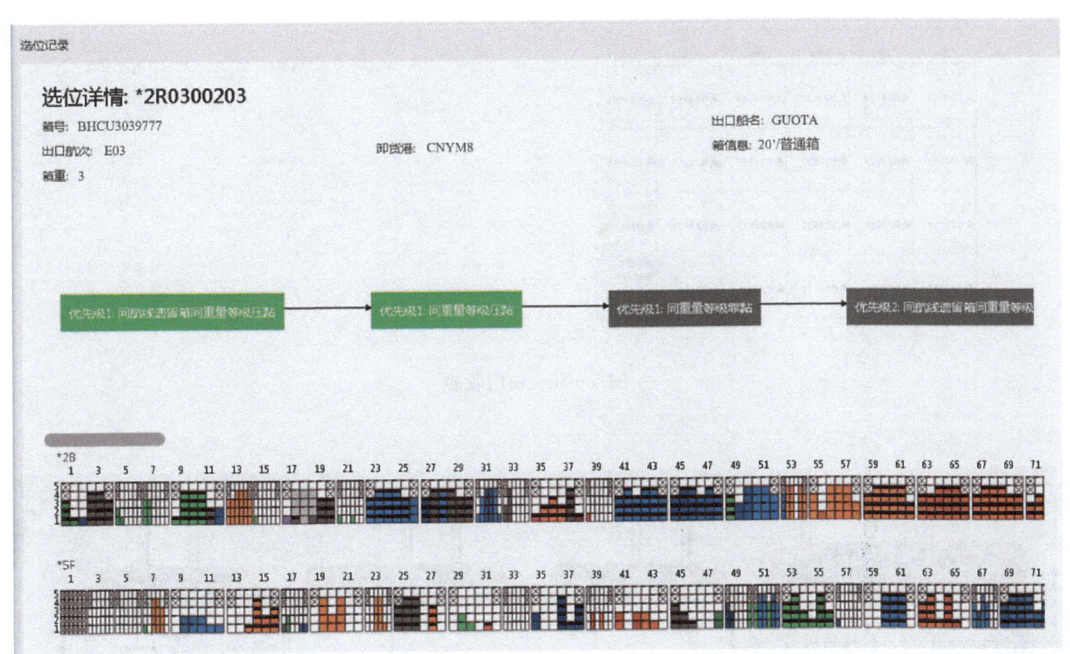

图5-35 出口箱选位

5.6.6 口门收箱

当箱子在闸口经过进场选位后,就进入系统自动选位指定的堆场,如果场控人员已经给该堆场安排场桥,则口门收箱作业可继续进行。口门收箱的作用是将出口箱的实际堆存位置保存到数据库中,同时反映到出场闸口,以便空车出场时车辆放行和计算外集卡在场时间。口门收箱时,司机应选择收箱任务,同时也可调整箱子的堆存位置,集卡"津03568"运送的出口箱"BHCU3039777"口门收箱界面如图5-36所示。

当口门收箱完成后,场地信息中就会出现该箱的已实际在场的信息,如图5-37所示。

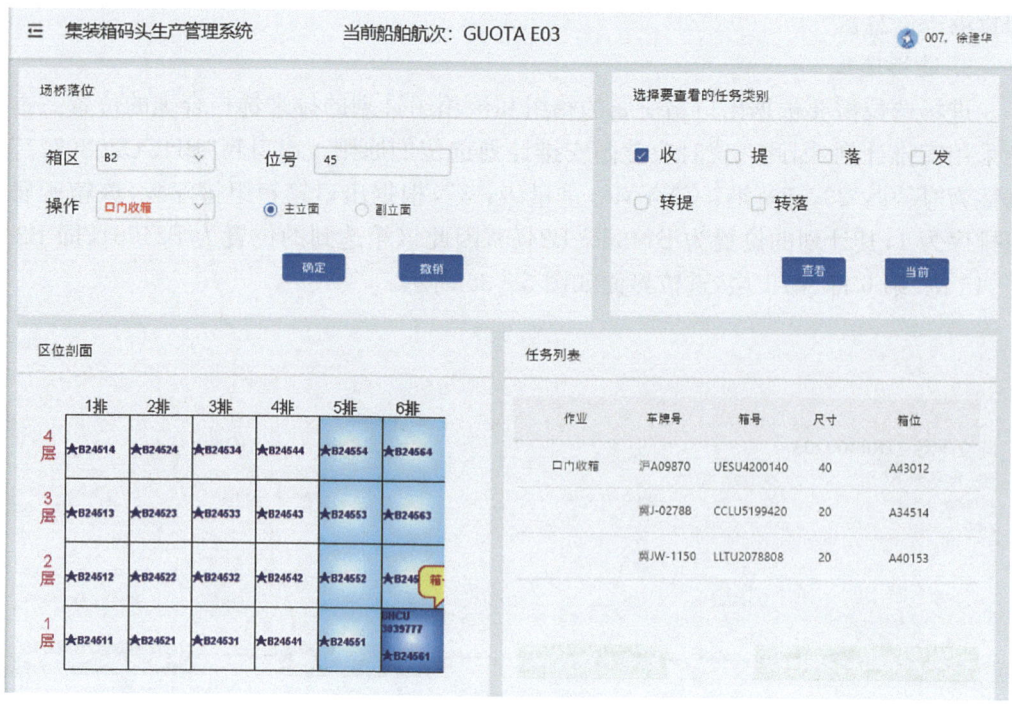

图 5-36 口门收箱

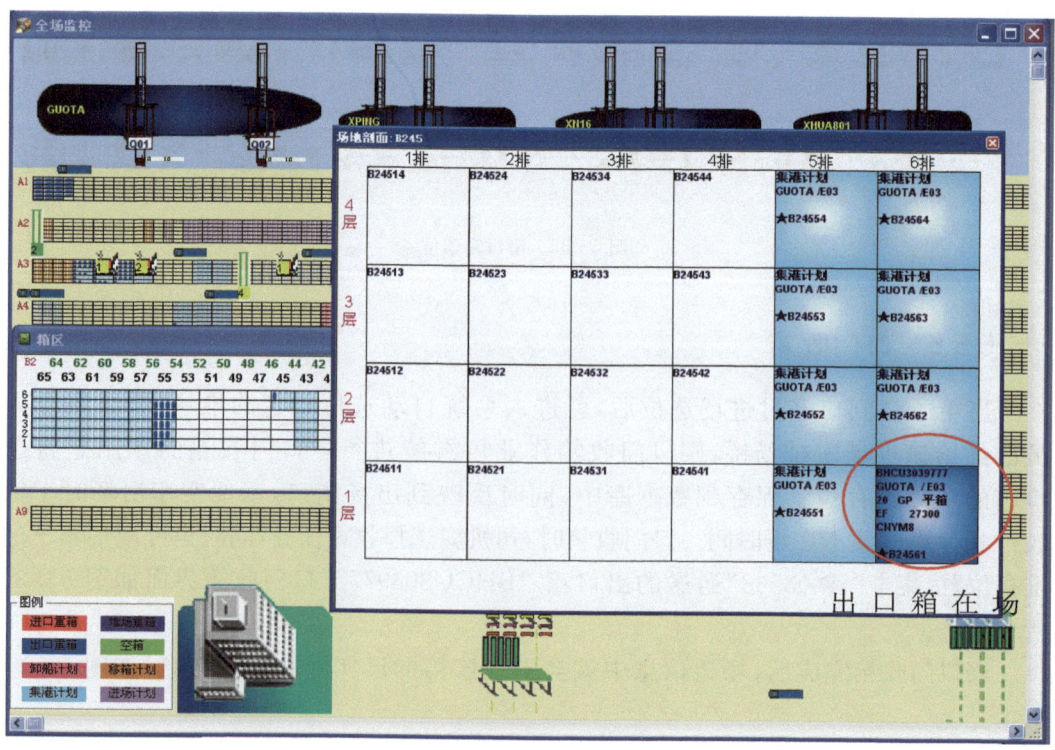

图 5-37 出口箱实际在场信息

5.7 智能收箱系统

5.7.1 智能收箱的定义及特征

智能收箱,是在传统收箱方法的基础上依据配载和进箱的双向历史数据构建概率图模型,来表征、推理、学习及预测出口箱进箱状态,继而由计算机动态地为进入堆场的出口箱分配场地位置,并且动态地在后台计算分港分吨、场地计划方案的收箱方式。其"无计划"的特性使得收箱选位决策更具实时动态性,能够大幅提高场地资源利用率,能够对作业工艺模式进行细分,根据不同航次不同装船工艺模式制定有针对性的收箱规则,以此来优化集装箱堆存状态、提升各作业环节生产效率。

智能收箱系统具有以下主要特征:
① 无须人工进行箱组划分,即分港分吨;
② 无须人工编制出口箱场地计划;
③ 动态选位、动态调整计划;
④ 以历史进箱数据和历史配载结果作为参考依据,通过免场地策划的实时动态规则筛进行决策。

5.7.2 与传统模式的对比分析

智能收箱以指导生产作业、提高码头作业效率为主要目标,而合理利用历史数据和配载需求是实现这一目标的关键因素,从而实现以数据驱动为导向。与现阶段绝大多数集装箱码头所采用的传统选位决策模式——两阶段模式相比,由于传统模式是先由计划员制定场地策划,再由计算机决策具体箱位,因而传统模式的不足之处在于:
① 场地策划质量取决于计划员的水平;
② 场地策划仅靠人工经验参考一小部分历史数据,无法从大量的历史进箱数据中提炼出更细化的规律来辅助决策;
③ 计划员制定策划时不考虑该航次的历史配载计划,并进行有针对性(考虑船舶结果,各箱组箱量,不同的装卸工艺)的场地策划;
④ 静态计划需要计划员根据实际情况不断补充场地策划,可能会产生失位箱的情况。

5.7.3 智能收箱的意义

5.7.3.1 应用意义

集装箱在码头堆场堆存状态会直接影响到码头"装卸集提"四大作业环节的效率,如何为集装箱选定合适的位置是提升码头作业效率最为核心的问题。因此,实现集装箱码头出口箱智能选位是传统人工码头智能化转型过程中最为关键的技术环节。

目前集装箱码头选位智能化程度尚处于初级阶段,绝大多数的选位系统仅仅是减少了员工工作强度,对码头生产作业效率的提高微乎其微。下一代集装箱码头智能选位系统应当以指导生产作业,提高码头作业效率为主要目标,而合理利用历史数据和配载需求是实现这一目标的关键因素。实现以数据驱动为导向的下一代集装箱码头智能选位系统的意义在于:

(1) 提炼历史数据价值,指导选位作业决策

在数据爆炸的时代里,下一代集装箱码头智能选位系统可充分利用码头多年积累的历史数据,通过分析提炼海量历史数据挖掘其潜在的客观规律作为先验知识,为智能选位决策提供更为可靠细致的参考依据。

(2) 以配载为目的的拉动式收箱策略

与智能配载系统相结合,以配载计划对场地堆存的需求为依据,拉动智能选位系统进行决策,为配载计划和装船发箱服务。出口箱智能选位的最终目的是为了配合配载计划和实际发箱作业。因此,配载需求对智能选位决策的指导意义重大。

(3) 动态计划模式,提高场地资源利用率

下一代集装箱码头智能选位系统一大优势在于无须人工制定场地策划,所有的选位决策都在集装箱闸口进场的瞬间由系统动态决定。这些决策均由历史数据作为参考,能够在没有场地策划支撑的前提下更精细化的计算其选位规则,同时也避免了场地策划预先占用场地资源这一现象,从而提高场地资源利用率。

(4) 细分工艺模式

根据不同航次不同装船工艺模式制定有针对性的选位规则。近年来超大型船舶的不断涌现为码头生产作业带来了更多的挑战,为了更好地为超大型船舶服务,码头运营方也提出了许多新的装卸工艺方案,如边装边卸、舱内逆序配载和清箱集中堆存等。而这些新的装卸工艺都对集装箱堆存提出了新要求。通过细分作业工艺模式,实现可配置化的选位规则筛使得选位结果更符合实际装船需求,间接提高装船作业效率。

(5) 减轻员工工作强度

智能选位的另一大优势便是免去了人工场地策划、分港分吨、补充失位箱等工作、这些工作受限于人工经验和员工工作状态,通过智能计算的方式将人工经验固化,由计算机自动接管相关工作。码头员工能够从琐碎繁复的工作中解放出来,有更充裕的时间去发现问题,总结规律,进一步提出优化系统的方案,帮助智能系统选位结果更进一步。

由此可见,下一代集装箱码头智能选位系统是实现传统集装箱码头智能化转型的关键技术之一,对码头生产作业效率的提升,智能化水平的体现等意义重大。

5.7.3.2 社会效益

① 智能收箱的研究有利于促进智能化和工业化融合;

② 有助于加速国内传统集装箱码头智能化转型的脚步,运用前沿的人工智能技术来优化集装箱码头出口箱学位决策问题,持续优化码头整体堆存状态,从而提升码头整体作业效率,大幅降低人工成本和码头运营成本,突出智能化、可靠性、稳定性、设备利用率、吞吐能力、运营成本等众多优势;

③ 有助于促进国家高端制造业的产业升级;

④ 有助于提高大型海港码头的业务开拓能力和市场竞争力。

5.7.4 发展现状及案例介绍

5.7.4.1 发展现状

当今大多数集装箱码头选位决策主要采用两种模式:两阶段模式和无计划模式。两种选位决策模式的特点见表5-10。

表5-10 两种选位决策模式对比

序 号	方法描述	码头采用比例	何时决策	决策主体
方法一	二阶段模式	大多数	进场前策划 进闸口选位	一阶段:人工策划 二阶段:计算机决策
方法二	无计划模式	少数	进闸口时	计算机决策

其中两阶段为绝大多数集装箱码头所采用的模式。该模式先有计划员制定场地策划,再由计算机决策具体箱位。

无计划模式目前仅少数码头采用,如上海明东集装箱码头(外高桥五期)。该模式下无须计划员制定场地策划,选位决策直接在集装箱闸口进场时有计算机实时决定。该模式的优势在于实时动态决策,其选位结果不受人工经验影响。

综合来看,无计划模式是未来出口箱智能选位的必然趋势,而智能收箱则旨在无计划选位的基础之上通过采用数据驱动、配载拉动等方式实现下一代智能选位系统,克服现有模式所存在的弊端,同时可以更进一步改善选位结果质量,从而优化码头集装箱堆存状态,提升码头作业效率。

5.7.4.2 案例介绍

国内一些码头正走在智能化改革的前沿,例如宁波大榭招商国际码头使用了具有自动配载功能的 TOS 系统,积极推动智能收箱系统的研发工作,于 2018 年 9 月在招商国际码头正式上线,至 2019 年 1 月智能收箱使用率已占到整个码头收箱总量的 78%,累计智能收箱 110 余航次,翻箱率和设备移机等指标均较大程度降低。下面是招商国际智能收箱系统的主要功能。

1. 规则引擎功能

选位计算的各种规则及规则之间的优先级关系可通过规则引擎自定义(图 5-38)实现特定航线的个性化收箱规则管理。

2. 智能选位功能

系统综合考虑设备因素、堆存状态因素、箱属性等动态地为闸口出等待进场的出口箱选择合理的场地位置,如图 5-39 所示。

3. 动态计划功能

智能选位系统与传统的基于场地策划的选位模式类似,也要对场地资源的使用有一个整体的短期计划,只不过智能选位模式下是由计算机根据进箱情况和历史数据自动预测各卸货港进箱数量并自动进行场地计划,计划的粗细程度也是由计算机自主把控,如图 5-40 所示。

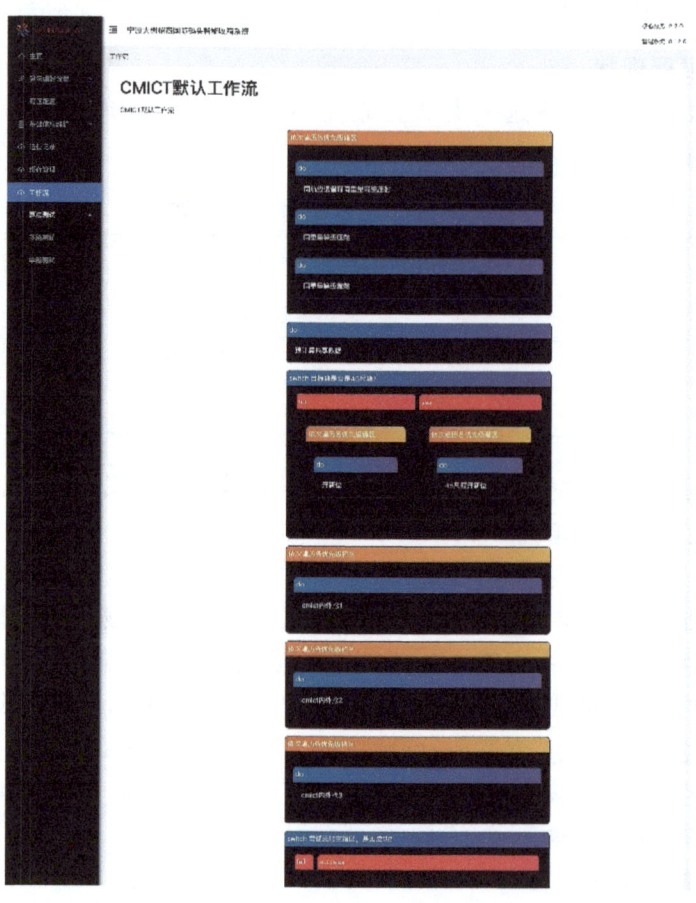

图 5-38 规则引擎自定义

图 5-39 闸口触发智能选位

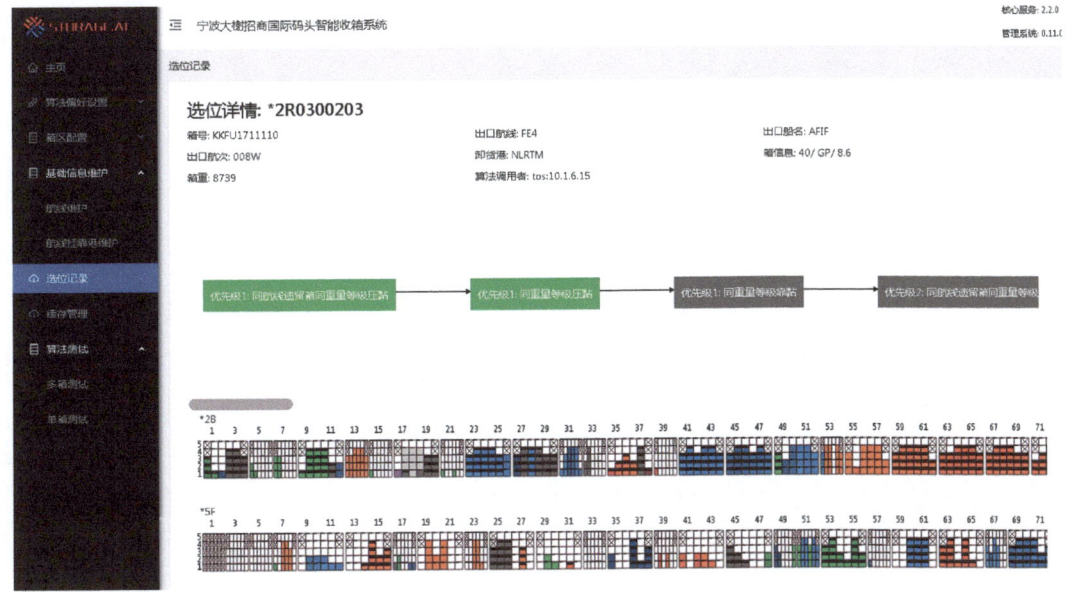

图 5-40　系统动态计划功能

4. 实时监控功能

系统采用 Dashboard 大屏监控收箱作业的各种动态及堆场内各箱区内的繁忙程度，如图 5-41 所示。

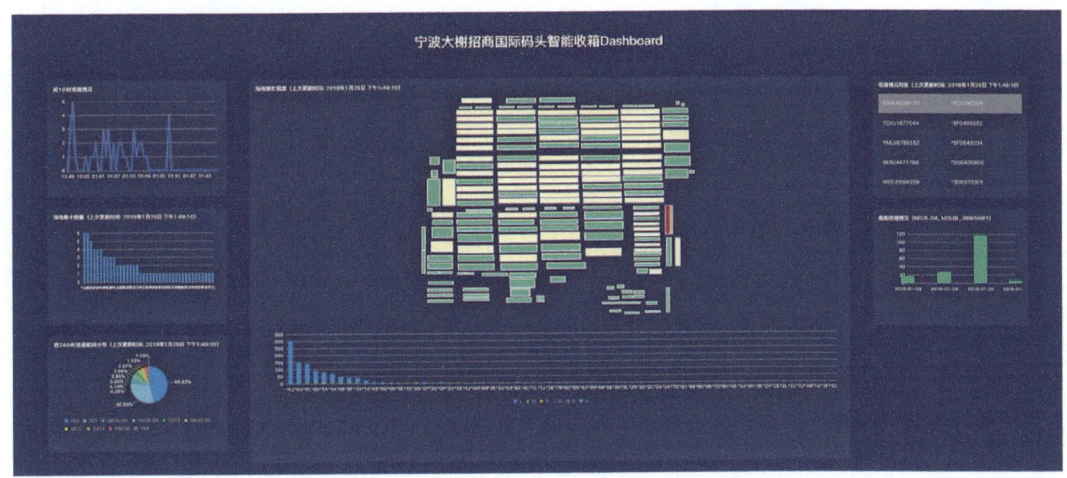

图 5-41　dashboard 大屏监控

5. 自主学习功能

系统会在后台自动抽取配载等历史数据，一方面提高箱量估算的准确性，另一方面学习并调整算法相关参数。

第6章

集装箱码头装船业务管理

装船业务流程概述
装船作业的信息收集与数据准备
出口箱配载
装船作业的机械调度
出口箱场地发箱指令发送
装船实际作业
装船作业综合案例
智能配载系统
智能船控系统

6.1 装船业务流程概述

装船业务是出口业务的第二阶段(第一阶段为集港),该阶段的主要任务是将已经集港的出口箱进行复核、放行确认、配载和最终的实际装船。

如图6-1所示,整个出口流程从集港到装船是一个由疏到集的过程,其与进口业务是相反的过程。与卸船业务流程相似,装船作业也需要经过信息收集处理、资源计划与调度、实际的装船作业三个环节。出口箱经过集港进入港区堆场后,装船作业的准备和控制工作一般要经过图6-2所示步骤。

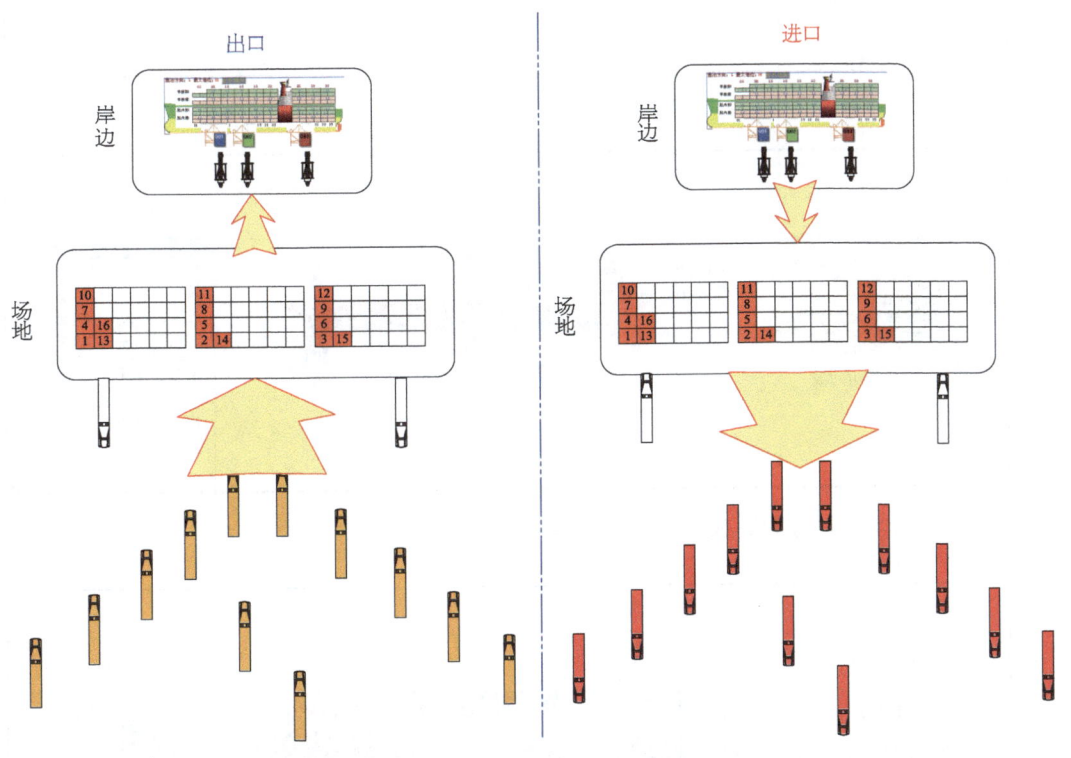

图6-1 进出口业务集疏示意图

图6-2所示为装船流程分解的示意图。在信息收集与处理阶段主要有两方面的准备工作,首先是将集港箱信息与出口舱单中箱信息进行比对,从而复核已经进场的箱子信息,保证后续作业的有效性和连续性;与此同时,海关对出口箱进行放关处理,港方得到海关部门的场站收据后,需要在系统中对相应的集装箱进行放关处理。经过信息复核和海关放行的箱子才可以配载,配载在码头也称"实配",它相当于一个计划,主要任务是把场地上需要装船的集装箱与相应船上的指定船箱位进行一一对应,即要计划每个箱子将来要装到船上什么位置。配载结束之后才可以得出完整的箱量分布图,船舶控制员也就可以据此来进行具体的作业线调度(即桥吊调度)了,同时也会兼顾考虑场地机械对箱区的覆盖情况和集卡的配置情况。在安排好桥吊、场桥、集卡等作业机械之后就可以开始装船了。为了控制发箱的次序和节奏,船控人员首先要给当前作业贝

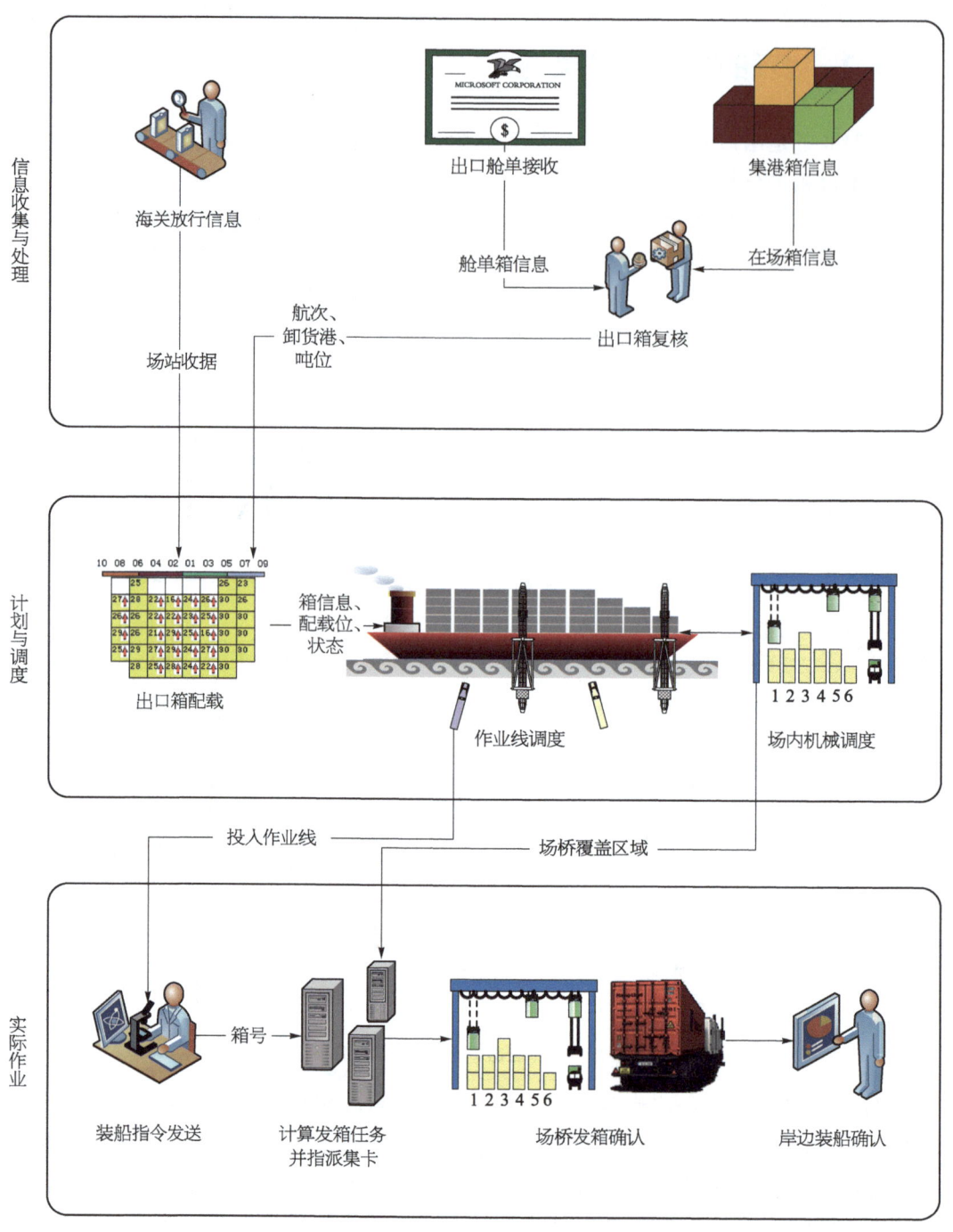

图6-2 装船流程分解示意图

内的集装箱进行指令序号的编排,也就是要决定哪些箱子先发出来,次序如何安排;此后,有了发箱序号的箱子会依次被服务器选中并生成发箱任务,同时分配指定的空集卡来接箱;集卡司机收到任务后便会开往指定箱区的某个位等待场桥的发箱;场桥一经发箱确认后,集卡司机便会收到装船任务并开往任务中指定的桥吊;桥吊司机将集卡上的箱子装入配载位置后,理货人员需要通过无线手持机将该箱子的装船状态提交给服务器，由此也就完成了单个箱子的装船作业。

6.2 装船作业的信息收集与数据准备

6.2.1 出口箱信息复核

1. 出口箱复核的对象

信息复核是指对来源不同的信息进行校对。出口箱信息复核的对象有两个方面：集港的在场箱信息和出口舱单的箱信息。

① 集港箱的信息来源——不同港口集港的在场箱信息来源可能不同，但主要有两种方式。第一种是来自承运人在闸口外的预录信息，很多规模较大的海港码头采取这种信息预录的方式；也有些港口是直接使用出口舱单作为预录信息的，由于港方拿到较为完整的出口舱单时间比较晚，所以这些码头往往只能提前 2～3 d 进行集港作业，而且在重车进闸口时，如果对应集港箱的舱单信息还没有到，那么需要闸口理货员根据装箱清单手工录入该箱子的信息，在这种方式下，集港的在场箱信息则来自舱单信息或闸口理货员的手工录入。

② 出口舱单的信息来源——出口舱单是来自船公司的订舱单，它是随着舱位出售的过程而产生的。因此，对于码头来说，拿到全船完整的出口舱单会比较晚。

2. 出口箱复核的意义

将不同信息来源的箱信息进行核对，最终目的是要提高出口箱信息的准确度，避免因为信息错误而造成巨大的财产损失。举反例来说，假如一个箱子是要运到美国去的，但是预录时卸货港信息不小心选择了新加坡，而其实该箱子的卸货港应该是美国，这样的话箱子一样可以进港，如果不进行出口箱信息复核就很难检查出这个误操作，那么该箱在配载过程和装船过程中都会被认为是新加坡的箱子，这样的后果轻则要翻舱，重则可能导致箱子在新加坡港错卸。

3. 复核的主要内容

出口箱复核的主要内容是卸货港、尺寸、箱型、货特、状态、提单号等，其中最为重要的校核内容就是卸货港。除此以外，还要查看箱信息是否存在溢缺，如箱子已经集港，但是在出口舱单里没有该箱子的信息，那就是集港箱溢箱，需要及时联系船公司予以确认。

4. 复核的主要方式

复核的主要方式有手工复核和自动复核两种。手工复核又可分为单箱复核和成批复核两种，如图 6-3 所示。如果是单箱复核，可以按箱号复核或按场箱位复核，即输入箱号或场箱位后，在系统里会显示出相应的箱信息，然后由人工与纸质信息进行核对。手工成批复核主要是校核卸货港，输入要复核的卸货港，然后按照纸质单证把属于该卸货港的箱子依次键入系统，系统会分别比对相应箱子的卸货港信息。

图 6-3 中右下角处有自动复核功能，点击后可进入如图 6-4 所示的出口箱自动校核模块。

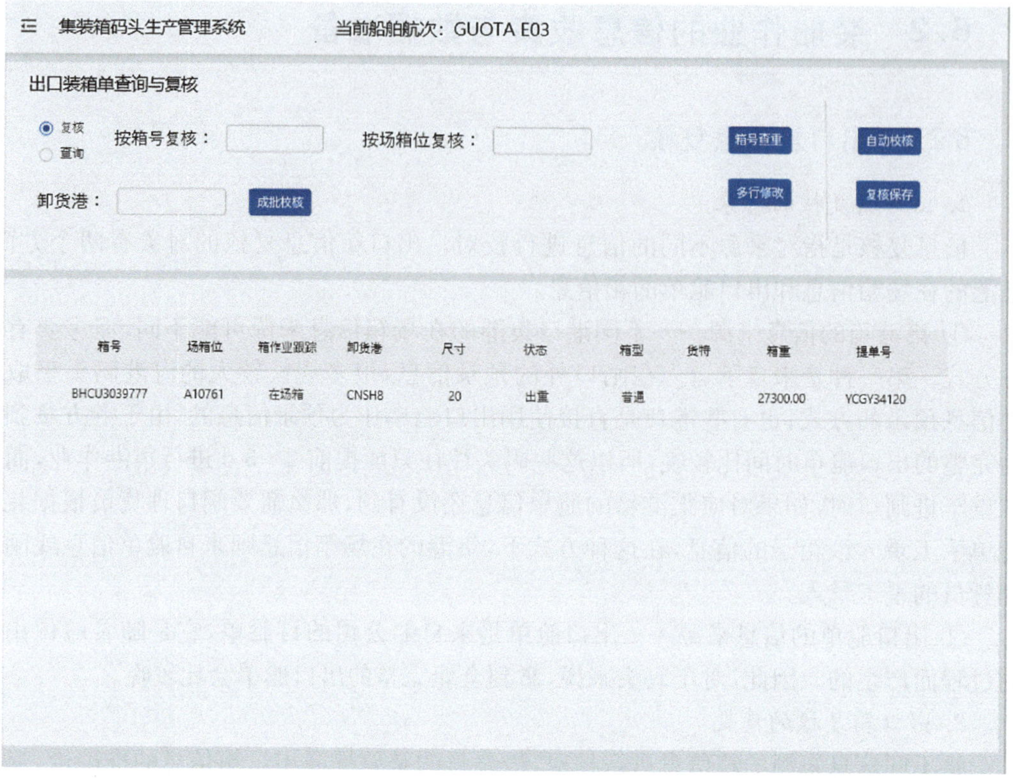

图 6-3 出口箱信息手工复核

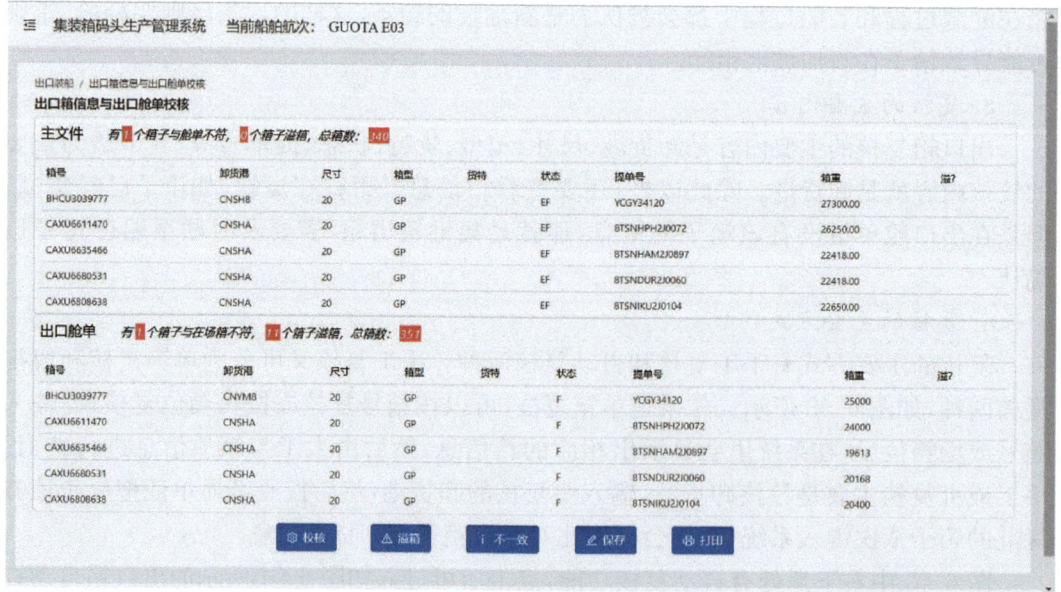

图 6-4 出口箱信息自动复核

如图 6-4 中所示，出口箱信息的自动校核信息分为两组显示，上部的"主文件"即代表已经集港的在场箱信息，下面的"出口舱单"则是该船的出口舱单箱信息，单击"校核"后系统即会自动地匹配上下两组箱子并且对每个箱子的卸货港等信息进行自动对比，如有不一致的箱子，相应的不一致信息会以蓝色背景显示。

6.2.2 场站收据与出口箱海关放行

6.2.2.1 场站收据的内容与作用

1. 场站收据的定义

场站收据是由承运人发出的证明已收到托运货物并开始对货物负责的凭证。与传统件杂货运输使用的托运单证比较，场站收据是一份综合性单证，它把货物托运单（订舱单）、装货单（关单）、大副收据、理货单、配舱回单、运费通知等单证汇成一份。这对于提高集装箱货物托运效率有很大意义。

场站收据一般是在托运人口头或书面订舱，与船公司或船代达成货物运输的协议，船代确认订舱后由船代交托运人或货代填制，在承运人委托码头堆场、集装箱货运站或内陆货站收到整箱货或者拼箱货后签发生效，托运人或其代理人可凭场站收据向船代换取已装船或待装船提单。

2. 场站收据的 10、7、12 联单

场站收据是集装箱运输专用的出口单证，其组成格式在许多资料上说法不一。不同的港、站使用的也有所不同。其联数有 10 联、12 联、7 联不等。这里以 10 联格式为例说明场站收据的组成情况，见表 6-1。

表 6-1 场站收据 10 联单

10 联单各单	流向与作用	颜 色	7 联单页码
第 1 联	货方留底		
第 2 联	集装箱货物托运单（船代留底）	白 色	(1)
第 3、4 联	运费通知(1)和(2)	白 色	
第 5 联	装货单—场站收据副本（关单）	白 色	(2)
第 6 联	场站收据副本—大副联	粉红色	(3)
第 7 联	场站收据（正本）	淡黄色	(4)
第 8 联	货代留底	白 色	(6)
第 9、10 联	配舱回单(1)和(2)	白 色	(7)

标准格式为 12 联的场站收据第 11、12 联供仓库收货、点数及桩角牌使用。标准格式为 7 联的场站收据无第 1、3、4、10 联，但增加集装箱理货留底联（第 5 联），以上每联后面括号中的数字说明该格式中各联的序号（下同）。

3. 场站收据的作用

① 船公司或船代确认订舱并在场站收据上加盖有报关资格的单证章后场站收据交

给托运人或其代理人,意味着运输合同开始执行;

② 是出口货物报关的凭证之一;

③ 是承运人已收到托运货物并开始对货物负责的证明;

④ 是换取航运提单或联运提单的凭证;

⑤ 是船公司、港口组织装卸、理货、配载的资料;

⑥ 是运费结算的依据;

⑦ 如信用证中有规定,可作为向银行结汇的单证。

4. 场站收据流转过程及程序

在集装箱货物出口托运过程中,场站收据要在多个机构和部门之间流转。在流转过程中涉及的有托运人、货代、船代、海关、堆场、理货公司、船长或大副等。下面分别说明 10 联格式和 7 联格式的各单作用。

① 托运人(或货代)填制后,留下货方留底联(第 1 联),将 2~10 联(1~7 联)送船代(订舱签单)编号。

② 船代编号后,留下 2~4 联(第 1 联),并在第 5 联(第 2 联)上加盖确认订舱及报关章后将第 5~10 联(2~7 联)退给货代,货代留下第 8 联(第 6 联)并把第 9、10 联(第 7 联)送给托运人做配舱回单。

③ 第 5~7 联(第 2~5 联)供报关使用。

④ 海关审核认可后,在第 5 联(第 2 联)装货单上加盖放行章并把这些联退给报办人、货代或托运人。

⑤ 货代负责将箱号、封志号件数等填入第 5~7 联(第 2~5 联),并将集装箱货物与这些联在堆场规定时间一并送堆场。

⑥ 场站业务员在集装箱进场、验收完毕后,在第 5~7 联(第 2~5 联)上填入实收箱数、进场完毕日期并签收和加盖场站公章。第 5 联(第 2 联)由场站留底,第 6 联(第 3、5 联),即大副联由场站业务员在装船前 24 h 分批送外轮理货员,最后一批不得迟于开装前 4 h。理货员在装船时将该联(第 3 联)交大副,并将经双方签字的第 7 联(第 4 联)即场站收据正本返回货代。

5. 场站收据主要信息构成

根据场站收据各联的流转程序,第 5~7 联是供报关使用的,如果海关对其放行,则需在第 5 联的装货单上加盖海关放行章,因此场站收据是码头确认出口箱放行并且可以进行后续配载作业的最主要依据。在码头的生产系统内,场站作业人员需要将已经加盖海关放行章的场站收据录入生产系统,以便出口业务操作员进行海关放行确认。

场站收据的主要内容可分为两层:一层对票,二层对箱。第一层的一票货,简单来说就对应着一份运输协议,所以第一层的主要内容有收据编号、发货人、收货人、通知人、船名航次、装货港、卸货港、收货地点、交货地点等。第二层则是针对承载运输该票货物的集装箱信息,主要包括箱号(核心)、铅封号、唛头、箱数(指包装箱)或件数、重量、体积。

图 6-5 所示即为场站收据的放行信息录入模块,场站收据原件的信息不需要全部输入生产系统,但是影响后续放行判断的信息必须准确及时录入,包括:第一层最主要

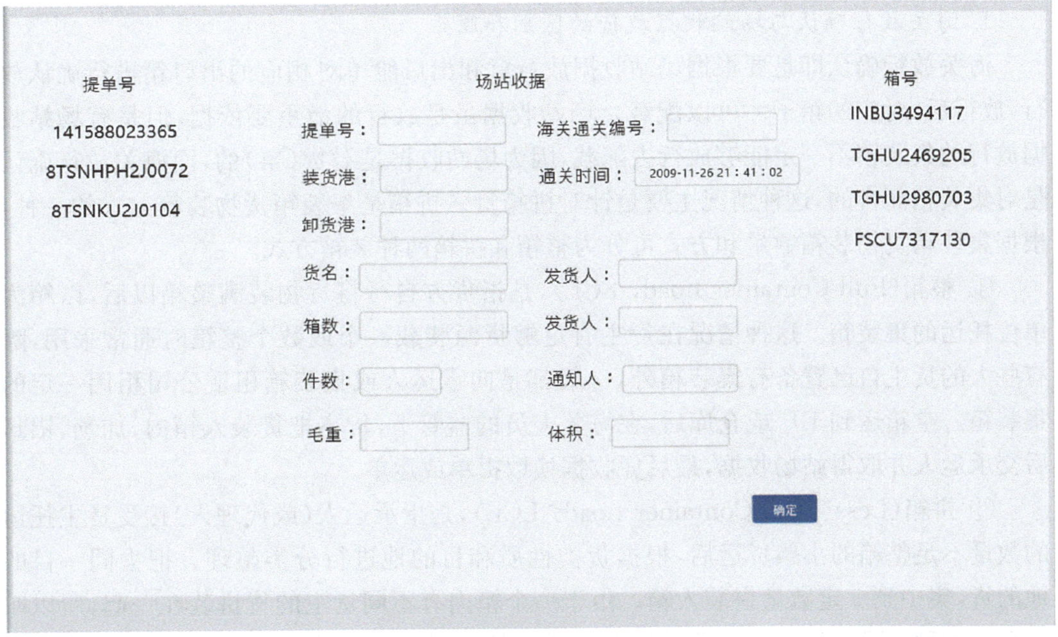

图 6-5 场站收据放行录入

的是提单号、海关通关编号、通关时间,第二层最主要的是箱号。其中提单号和箱号是放行计算的主要参数。

6. 无纸化通关

中国政府在依据场站收据纸质放行的基础上稳步推进海关电子放行模式,即无纸化通关系统。

无纸化通关是利用中国电子口岸及现代海关业务系信息化系统功能,改变海关验核进出口企业递交书面报关单及随附单证办理通关手续的做法,直接对企业联网申报的进出口货物报关单电子数据进行无纸审核、验放处理的通关模式。

海关通关作业无纸化改革试点工作自 2012 年 8 月 1 日启动以来,各项工作有序推进,系统运行较为平稳,社会各界反响积极。为进一步提高通关效率,提升监管效能,扩大改革成效,海关总署决定在前期通关作业无纸化改革试点的基础上,在全国海关深化通关作业无纸化改革试点工作。2013 年 4 月 23 日,上海出入境检验检疫局与上海海关共同宣布在上海口岸通关单无纸化试点。试点范围涉及法律规定检验的所有出口商品及部分企业的进口法检商品。此举将进一步简化进出口申报手续,提高上海口岸通关效率。

通关作业无纸化的目标是单证审核依据由传统的纸质单证为主向电子数据为主转变,实现通关全程无纸化。以往企业报关前须到检验检疫部门业务现场申领纸质通关单后才能向海关报关。实现通关单无纸化以后,申领纸质通关单这一环节节省了,法检商品的进出口通关作业环节简化,企业往返通关现场的次数减少,通关效率进一步提高,企业通关成本随之降低。

6.2.2.2 出口箱海关放行

1. 海关放行确认与场站收据放行的区别和联系

海关放行确认即是要根据场站收据放行章和出口舱单对相应的出口箱进行确认放行,放行后,对应的箱子才可以配载。场站收据虽是放行的最重要依据,但是有场站收据放行的集装箱不一定能够放行去配载,因为场站收据是对货(票)的,而海关放行确认是对集装箱而言的,这种情况主要是针对拼箱货。拼箱是集装箱货物装箱方式的一种,根据集装箱货物装箱数量和方式可分为整箱和拼箱两种装箱方式。

① 整箱(Full Container Load,FCL),是指货方自行将货物装满整箱以后,以箱为单位托运的集装箱。这种情况在货主有足够货源装载一个或数个整箱时通常采用,除有些大的货主自己置备有集装箱外,一般都是向承运人或集装箱租赁公司租用一定的集装箱。空箱运到工厂或仓库后,在海关人员的监管下,货主把货装入箱内、加锁、铝封后交承运人并取得站场收据,最后凭收据换取提单或运单。

② 拼箱(Less Than Container Load,LCL),是指承运人(或代理人)接受货主托运的数量不足整箱的小票货运后,根据货类性质和目的地进行分类整理。把去同一目的地的货,集中到一定数量拼装入箱。由于一个箱内有不同货主的货拼装在一起,所以叫拼箱。这种情况在货主托运数量不足装满整箱时采用。拼箱货的分类、整理、集中、装箱(拆箱)、交货等工作均在承运人码头集装箱货运站或内陆集装箱转运站进行。对于码头从业人员来说,一个集装箱内装载不同提单的货物时,称为拼箱。

根据规定,对于拼箱货要一票一单以箱为单位签"场站收据",然而拼箱货中任意一票货物没有放关都将导致整个集装箱不得装船。例如,某个集装箱内有5个货主的货物,即5票货,那么对应的场站收据应该有5份,每份场站收据的第一层信息是各票的信息,而第二层都是该集装箱的信息及在该箱内装载的货物信息。5份场站收据中如果4份已经加盖了放行章,而尚有1份未放行,则该集装箱仍然不能进行海关放行确认,也就不能够配载、装船。

2. 海关放行确认

如图6-6所示,为保证出口箱配载及时顺利进行,等到出口舱单收到后便可以逐

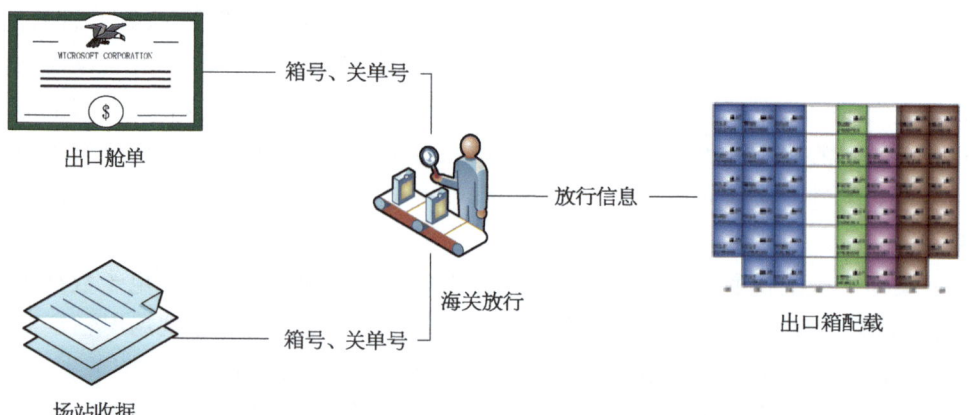

图6-6 海关放行确认的信息来源示意图

个对已经收到场站收据放关联的集装箱进行放行判断。

图 6-7 所示为海关放行确认的功能模块,随着场站收据的不断录入,操作员可以不断刷新出系统建议放行的出口箱。

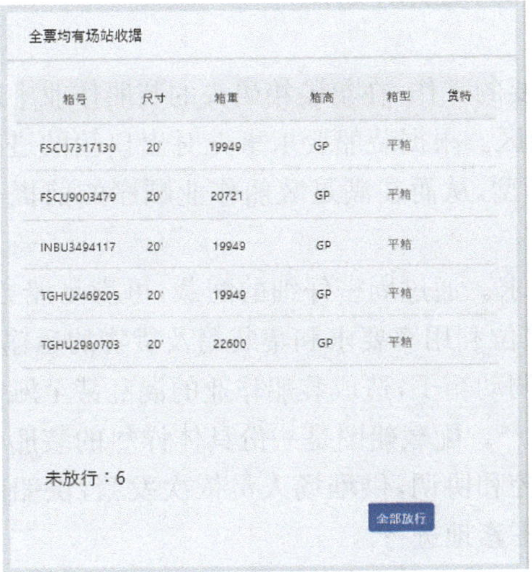

图 6-7 海关放行确认

在图 6-7 所示的出口箱列表中,系统建议放行的箱子有两类,第一类是已经收到场站收据放行章的整箱,第二类则是对应的箱号在出口舱单中所有的关单号(所有票)均已收到场站收据放行章的出口拼箱。

6.3 出口箱配载

随着计算机技术、网络技术的不断发展,企业信息化在各领域的实施日益深入。现代化的集装箱运输速度快、效率高,目前各集装箱码头都已经采用船舶配载管理系统,实现了集装箱的高速运转,大大提高了企业的经济效益。

集装箱码头配载工作是整个码头作业系统中的重要一环,配载工作质量的高低,直接影响码头装卸作业的效率和集装箱班轮的船期,也影响港口企业的声誉。同时配载工作技术含量较高,在同样的船舶、箱量、堆场等条件下,不同技术能力和业务素质的配载人员,其工作质量也有较大的差异。由于配载的数据量较大,需要考虑的因素较多。目前,我国集装箱码头配载人员大多还是靠经验作业。

6.3.1 配载的含义与作用

1. 配载的含义

配载是指把预定装载于既定船舶的集装箱,按船舶的运输要求和码头的作业要求而制定的具体装载计划。

配载必须满足船舶的运输要求,即船舶的船行安全、集装箱及其货物的运输质量和船舶营运的经济效益,同时也要兼顾集装码头装卸工艺和操作方式,使码头能合理、有序、有效地组织生产。

配载必须清晰明确、科学合理,每一个集装箱都与船舶的船箱位一一对应,每一个集装箱都要符合船舶规范,整个配载要力求科学合理,使其具有很强的操作性,从而保证连续高效的装船作业和满足船期要求。

2. 配载的作用

配载是一项十分重要的工作,在集装箱码头的装船作业中起着很大的作用。

① 合理安排堆场箱区。根据装船要求事先对出口箱的进场作业合理安排,如分卸港、分吨级、分尺寸、分箱型,从而在满足装船作业顺序的前提下,尽可能地提高堆场利用率。

② 满足船舶运输要求。通过周密仔细的配载,可满足船方的稳定、吃水差、负荷强度等航行安全要求,船箱位利用率要求和集装箱及货物的运输质量要求,避免不符合船方运输要求而临时频繁调动箱子,造成装船作业的混乱甚至瘫痪。

③ 有效组织码头生产。配载船图是一份具体详尽的装船作业计划,可供控制室对装船作业进行有效的监控和协调,供堆场人员依次发箱,供船舶指挥员按顺序装船,从而使整个装船作业有条不紊地进行。

④ 装船作业原始资料。装船结束后,港口与外理根据配载船图核对无误后,即可作为装船作业签证的原始凭证,同时也是码头吞吐量实绩的统计资料。

6.3.2 影响配载质量的主要因素

船舶配载是一个极其复杂的计划过程,有很多因素会对配载结果产生影响,主要影响因素如下:

(1) 配载员专业素养

配载员对规则的掌握、配载技巧、工作经验等个人条件是影响配载结果的一个重要因素。

(2) 码头场地收箱情况不同

码头堆场利用率会随着海运形式、码头航线调整而变化,不同的码头收箱情况对配载也有较大影响。

(3) 配载时间的充裕程度

一般情况下工作的质量与完成工作的限定时间成正比,配载时间的充裕与否也会影响配载质量,随着船舶大型化及截单时间的推迟,留给配载员实配的时间也越来越紧张。

(4) 集装箱码头生产的不确定性

天气变化、作业设备故障、船公司及口岸部门临时的生产要求、船舶及集装箱的意外事件等突发情况均会对配载计划产生影响。

(5) 船舶载运情况

船舶的载运情况会随着季节及年份而变化,世界的经济形势、航运的淡旺季会造成船舶载运集装箱数量上下起伏,不同的载箱量对适航参数的要求也不尽相同。

提高配载结果的质量及稳定性已经成为加强集装箱码头精细化生产管理的一个重

要举措,由此智能化配载系统就应运而生。智能化配载系统能够不断收集完善各类船型的配载规则,不会受到配载人员调动、状态差异等因素影响,保证输出结果的稳定优质;一般配载员的配载速度是 300 自然箱/h,而智能化配载由计算机完成,一条装载 1 000 自然箱的船舶,需要的时间仅仅在 10 min 左右,配载速度大大提高;智能化配载系统还能在遇到突发事件时,实时调整配载结果,弱化突发事件给码头生产带来的诸多影响。

6.3.3 配载作业一般原则

现役的集装箱船舶种类多种多样,载箱量下至 100 TEU 的改装船,上至 18 000 TEU 的超大型船舶。不同种类的集装箱船舶其配载原则存在着一定的差异及特殊的需求,表 6-2 以宁波大榭招商码头为例列举了各种常见船型对应的配载计划作业原则。

表 6-2 船型的配载原则分类

序号	类型	载箱量	甲板特点	舱内特点	是否手抛锁	所占比例
1	小型船舶	2 000 TEU 以下	重下轻上	重下轻上	是	10%
2	稳性较差的中型船舶	2 000～4 500 TEU	第 1 层放置较重的集装箱,考虑绑扎强度,海陆侧及 4 层以上需要较轻的集装箱	重下轻上	否	15%
3	重量负荷较大的中型船舶	2 000～4 500 TEU	严格重下轻上,考虑每根槽的重量负荷	考虑每根槽重量负荷的情况下将所有重箱放舱内,重下轻上	否	15%
4	普通船舶	7 000～9 000 TEU	重下轻上	重下轻上	否	50%
5	超大型船舶	12 000 TEU 及以上	第 1、2 层放置最重集装箱,需要考虑绑扎强度,海陆侧及 5 层以上需要较轻的集装箱	重上轻下	否	10%

船方需要考虑船舶的稳性(Stability)、剪力(Shearing Force)、扭矩(Torsion)、堆积负荷(Stack Weight)及绑扎强度(Lashing Force)等船舶性能指标。码头方需要考虑在船舶作业过程中合理的作业路数与作业顺序、机械的调度流畅、控制场内翻箱、降低场内及船上作业难度及控制作业成本等。从一定程度上来讲两者考虑的问题是有冲突的。码头配载人员需要从实际船型出发来权衡两者利益,保证最终的船舶装载计划既能满足各种船舶适航指标又能降低码头生产成本、提高作业效率。

6.3.3.1 船方原则

船舶精确的稳性、剪力、扭矩、堆积负荷及绑扎强度是船公司预配中心及船上大副的主要参考指标。码头配载不需要精确计算这部分数据,但是需要在实配过程中了解其原理,合理规划本港出口集装箱在船上的分布,保证作业后船舶依然满足适航指标。大致原则如下。

(1) 重量分布

集装箱船航行于汪洋大海之中,必须保证其安全性,而稳性原则是衡量其安全的一个重要的指标。所谓稳性,是指船舶受外力(如锋利、浪涌)作用而发生倾斜,当外力消失后自动回复到原来平衡位置的能力。集装箱船由于甲板装有大量的集装箱,其甲板箱容量占全船箱容量之比通常大于 30%。现代集装箱船尤其是大型船的比例更高,几乎为一半。例如,1 700 TEU 的"冰河"轮,甲板箱容量 828 TEU,甲板箱容量占全船箱容量比例达 48.8%;5 250 TEU 的"鲁河"轮,甲板箱容量 2 460 TEU,其比例达 46.8%。由于集装箱船甲板装有大量集装箱,使其重心上升,会造成稳性下降,配载人员在配载作业中必须充分考虑这一因素,满足集装箱的稳性要求。

在配载过程中需要注意以下几点:

① 中间重两头轻。船头贝至船身 1/4 左右及船舶生活舱之后的贝需要配载较轻的集装箱,船的中部配载较重的集装箱。

② 海陆侧轻中间重。单贝实配时,将最重的箱配载至中间的槽,越往海陆侧越轻。

③ 保证贝内纵向重量分部合理性。多数情况下,需保证较重的箱沉底,较轻的箱子上浮,以此来保证船舶的稳性要求,提高 GM 值。并不是所有船舶都需要重下轻上配载,对于载箱量大于 12 000 TEU 的超大型船舶,舱内配载时需要倒配,即重上轻下配载,这是由于超大型船舶的稳性过大,需要降低 GM 值,以减轻船舶晃动。

(2) 堆积负荷(stack weight)

为避免船舶的刚性结构被破坏,集装箱船舶各个贝均设有每根槽的最大负荷重量。中东线、印巴线等航线的船舶所载运的集装箱一般载重非常大,这时候就需要在实配时注意每条槽的负荷重量,以避免超重。

(3) 绑扎强度(lashing force)

绑扎强度(lashing force)是为了减少或防止航行过程中由于海浪、大风等外力晃动船体从而导致货物意外掉落或损失而进行加固打绑扎的力,故而每条船的甲板必须保证具有合理的绑扎强度。

在实配中需要将甲板第一甚至第二层放置较重的集装箱,一般会选择箱重 25 t 左右的箱子。甲板第三层以上选择 15 t 以下的箱子,层数越高选择的箱子越轻,并且越往两侧集装箱越轻。如图 6-8 所示,甲板第一层放置的集装箱重量明显大于其他层的集装箱,并且同层重量朝两边逐渐减轻。

8	10	11	12	12	11	10	8
13	14	14	15	15	14	14	13
15	15	16	18	18	16	15	15
20	22	25	30	30	25	22	20

图 6-8 甲板重量分布图

（4）避免配载不当造成沿线挂港作业困难

配载时除考虑本港装卸外，还应考虑沿线挂靠港作业的要求，特别是始发港更应注意。一般来说，更尽量避免以下的情况。

① 避免中途港倒箱。通常集装箱船沿线有较多挂港，远洋航线船更是如此。为此，配载时要有全航线整体观点，按集装箱船挂靠港顺序配箱，前港要为后港提供方便，起始港要为全线打好基础，特别要力戒后港箱压前港箱，以免中途港倒箱，降低装卸速度，增加费用，造成损失。

② 避免同卸港箱子过分集中。由于集装箱桥吊的结构特点，两台不能并在一起作业，至少应相隔4个小贝（20 ft 箱宽度）才能装卸。当某一卸港的箱量较大，超过一个舱容量而必须分舱时，一般不可在两个相邻舱中配置，而应至少间隔一个大贝配载，这样两台装卸桥才能同时作业，避免形成重点舱，保证装卸效率和船期。

③ 避免一边倒配箱。所谓一边倒配箱，是指将某港或数港的箱子同时配于船的左侧或右侧。一边倒配箱无论对装船或是卸船，妨碍都很大。特别是在中途港卸船时，会造成船舶在短时间内出现横倾，造成装卸作业困难，影响装卸速度。因此，配载时要力求避免一边倒配箱，而是将同港或数港的箱子对称地配于船舶左右两侧。

（5）满足特种箱的配载要求

特种箱由于结构特点、尺寸特点或重量特点，对配载均有一定的特殊要求，如冷藏箱必须配于舱内或舱面的最上层等。此外，对选港箱应保证该箱子在所有的选港中均能顺利卸船。配载人员必须掌握各类特种箱对配载的特殊要求，以免配载不当造成作业困难或损失。

6.3.3.2 码头方原则

对于码头来说，最主要的考虑因素是如何合理使用设备资源、保证岸桥作业的流畅不间断、充分利用设备资源及降低设备能耗。所以实配时，在满足一定船舶适航参数的前提下，必须充分考虑码头的各项作业原则。

1. 控制出口箱场内翻箱

出口箱场内翻箱是指由于收箱不合理，未能及时放行，临时改港、退关及不合理的配载装船计划等原因导致在装船过程中场桥为了先提取堆存在下层的集装而必须翻倒一定数量堆存在目标箱之上的其他集装箱的动作，这是个额外的动作。理想的场内集装箱作业顺序如图6-9a中58位01列所示，而图6-9b中01列的取箱顺序在提取目标集装箱时则会产生三个额外场内翻箱。

不必要的场内翻箱会浪费设备的处理能力，严重的还会影响岸桥作业的连续性，降低整船作业效率。场内翻箱还会提高场桥的作业能耗，甚至还会提高单船作业的设备配置及人员配置。

提前整理箱区可一定程度上提高配载质量：

放行结束后至船舶靠泊前，船公司会根据实际放行情况对出运货物进行调整，即对部分集装箱进行改港、退关、加载操作。这样就会造成该船集装箱在堆场内的堆存情况变得杂乱无序。如图6-9c所示，01列有一个集装箱被改港至HKHKG（香港），被夹在了三个USYYG（洛杉矶）的箱子之间，由于一般配载时会将同一堆场位内的同港口集装

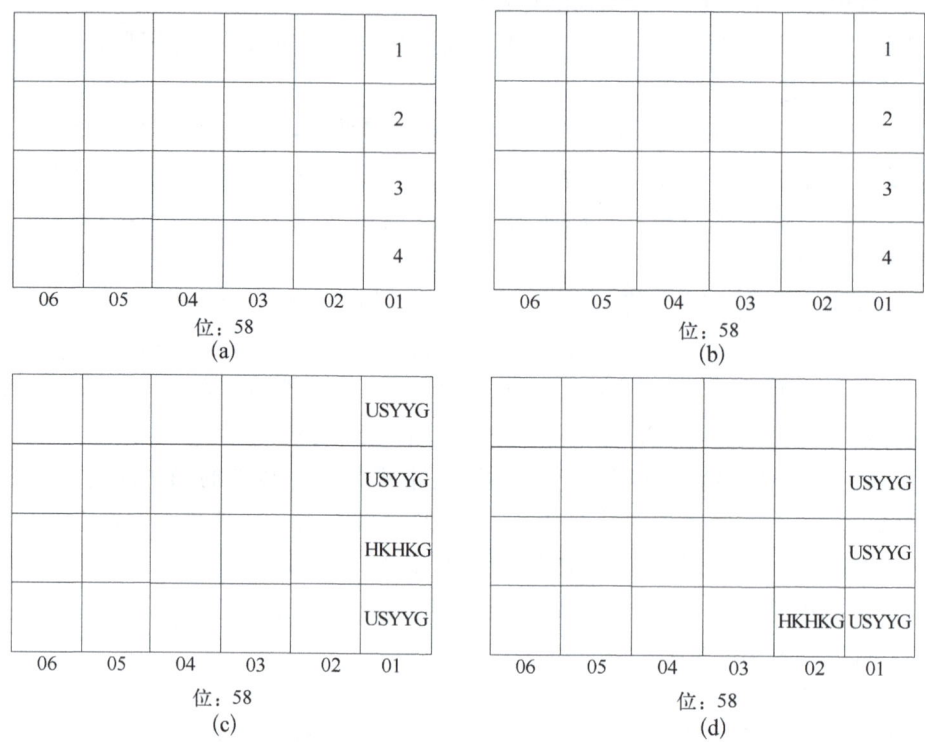

图 6-9 龙门吊场地作业顺序示意图

箱配在同一船上贝,并且在装船作业时无法预先确定 HKHKG 和 SGSGP 集装箱的转船顺序,由此有较大概率产生额外场内翻箱;又如 C 箱未能及时放行(与被退关同理),该箱会被滞留码头堆场不能出运,故堆存在其下的两个集装箱装船时势必需要先翻倒该箱。

堆场利用率过高引起的堆箱场位稀缺、堆场计划员的工作失误、计划外的大量进箱等情况都会导致出口箱堆存过于集中,从而使装船时箱区拥堵,甚至无法顺利发箱降低作业效率,甚至还会造成船舶作业停工。

为了减少或者杜绝此类情况的发生,配载人员需在船舶靠泊前 6~12 h 检查船舶的出口箱堆存情况,发现场地异常,要求堆场计划进行整理,将未放行及改港的集装箱单独堆放,整理后的场位如图 6-9d 所示,事前付出一定的移箱成本,就能有效降低装船作业时的翻箱数量,提高整船作业效率。

2. 堆场发箱顺序

出口重箱一般堆存在龙门吊场位,出口空箱一般堆存在堆高机场位,两种场位由于作业工艺不同在配载时候也略有不同。

(1) 堆高机场位

堆高机不能跨箱作业,所以必须严格由车道外侧列位逐层逐列朝车道内侧列位作业,如图 6-10 所示,堆高机场位的集装箱的作业顺序必须从外到内依序进行。如果需要先提取堆存在里面的集装箱则必须将其外侧的所有箱子翻倒到其他场位,才能提取目标箱。一般堆高机场位的堆箱量较大,一个场位的堆箱量能达到上百个,如果处理不当会造成不必要的翻箱，在配载时候必须考虑周全。

① 整取原则。堆高机场位配载时最理想的是将整位的集装箱配在船舶的一个作业路。

② 外档先发原则。船公司的预配往往不能与码头堆场相匹配，会出现某一位的集装箱必须分拆开来配载至船舶的两个甚至多个作业路，这种情况下配载人员需仔细观察船舶的分路计划，预估船舶的大致作业顺序，将堆高机场位中外档的箱子配至先作业的路，内档的箱子配置后作业的路。

21	17	13	9	5	1
22	18	14	10	6	2
23	19	15	11	7	3
24	20	16	12	8	4

堆高机场位

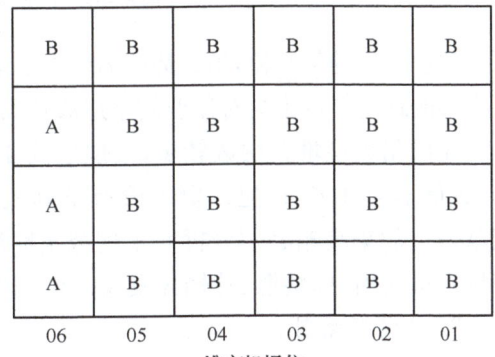

图 6-10 堆高机场地作业顺序示意图

③ 少量先发原则。无法完全确定作业顺序时候，需将堆高机场位外档的箱子分配给预配数量少的作业路，以使可能发生的翻箱量降到最低。现需要在某一堆高机场地取 3 个 A 港的箱子，图 6-11 所示的两种取箱方式，如果在装船时需要对外侧集装箱进行翻箱，则图 6-11a 需要翻倒的集装箱数量为 3 个，而图 6-11b 需要翻倒的集装箱数量多达 21 个，方式一明显优于方式二。

B	B	B	B	B	A
B	B	B	B	B	A
B	B	B	B	B	A
B	B	B	B	B	B
06	05	04	03	02	01

堆高机场位

(a) 方式一

B	B	B	B	B	B
A	B	B	B	B	B
A	B	B	B	B	B
A	B	B	B	B	B
06	05	04	03	02	01

堆高机场位

(b) 方式二

图 6-11 堆高机场地翻箱作业工艺

(2) 龙门吊场位

龙门吊可以在高处垂直起吊、跨箱作业，取箱时非常灵活，在配箱时只需要注意作业工艺，降低翻箱数量。

从作业工艺角度来说，龙门吊在作业时需要避免插箱作业，减少跨高作业，缩短吊具运行轨迹(缩短单箱作业时间)。图 6-12a 表示的是插箱作业。目标箱两侧堆存层数较高，增加目标箱的作业难度，在作业时可能会擦碰两侧集装箱，导致两侧集装箱损坏或掉落，作业司机碰到此种情况无形中会采用降低作业速度的方式以保证安全。图 6-12b 表示的是跨高作业。龙门吊在提箱作业时出于安全考虑，吊具每次作业均需保证超过 2 层高箱的高度，即超过 5.8 m，但是不合理的发箱顺序会造成目标箱在发箱时，车道侧依然堆

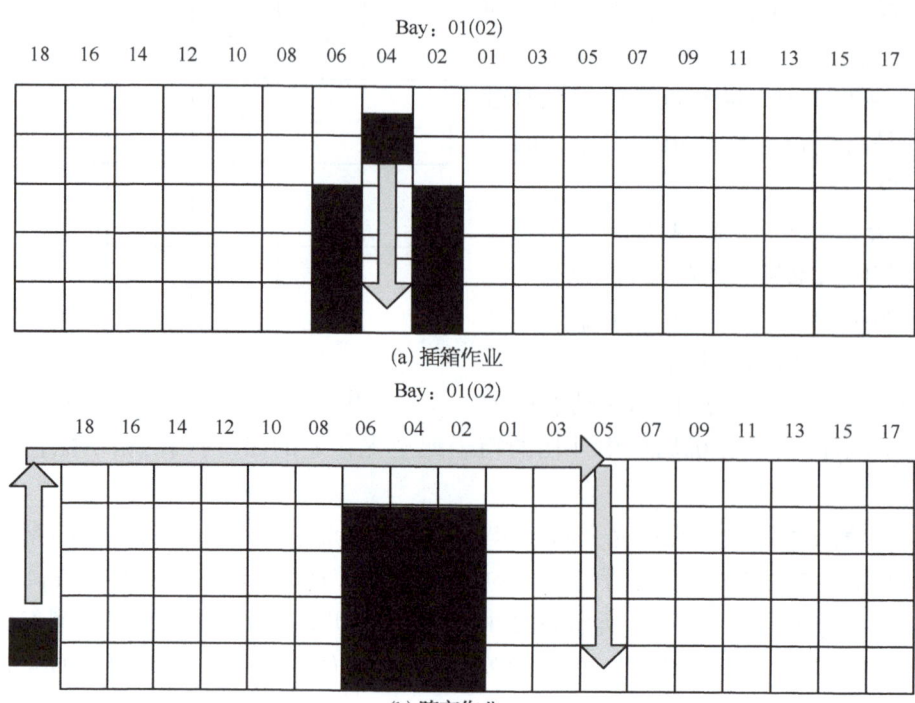

图 6-12 集装箱船舶舱面作业工艺

存了超过 2 层的集装箱,吊具势必需要上下运行更多的距离来保证不会造成擦碰,大量的不必要的跨高作业也会对作业效率造成负面影响,以上两种情况是必须避免的。

龙门吊场位堆存层数较少,一般层高 4~5 层,并且能够跨箱作业,所以即使产生翻箱,数量不会过多,其配载要求没有堆高机场位那么严格,但是必须遵循一定的规则。当某一位的集装箱必须分拆开来配载至船舶的两个甚至多个作业路时,遵循的原则、类似堆高机场地,即整取、外档先发及量少先发原则。

3. 路发箱原则

每个作业路一般由 1 台岸桥,1.5~2 台场桥及 5~7 台拖车组成,岸桥的唯一性决定了其在每一路作业中举足轻重的地位,岸桥的任何停顿都会造成每一路作业的停顿,因为此确保岸桥作业的连续性、高效性是确保船舶作业效率的关键。

为了保证岸桥作业连续性、高效性,配载人员会尽量保证多路发箱,即配载时保证船舶一个贝对应多个堆场发箱点。一般对应的发箱点为 2~3 个,这个数量不宜过多也不宜过少。对应的发箱点过多会使场地设备频繁移动,造成设备紧张、降低作业效率、提高作业成本;过少,则会降低作业灵活性。码头作业情况复杂,龙门吊故障、ETG 排架故障、电力输送故障、拖车故障等突发情况时有发生,如果一个贝只对应一个发箱点,发箱点遇到突发事件时就不可避免地会影响岸桥作业,从而影响正路作业进度,多个发箱点能大大提高发箱的稳定性。

4. 点箱区优先发箱

理想的堆场收箱模式是将船舶的出口箱平均堆存在几个收箱区,但是由于各种各样原因,实际收箱时很难做到,不可避免会产生堆存不均匀,甚至会出现某个或几个区中堆存数量较大,堆存的集装箱占整船出口箱较高比例的情况,如果在实配中不加注意,则会出现作业越来越慢,最后造成发箱场位拥堵、设备冲突。遇到这种情况有两种处理方法:

① 提前进行场地移箱,适当降低重点箱区堆存箱量,但这会产生不必要的移箱成本,一般情况下不会采用此方式;

② 实配中同等条件下优先从该箱区取箱,有意识地逐步降低其在整船出口箱的比例。

5. 夹位优先原则

每个箱区内收箱同样会存在不均衡性,几个位连续堆存同类集装箱时就产生了被夹位,被夹位的局限性产生于场桥的作业工艺限制,一般龙门吊的作业间距是 8 个小箱位,正面吊的作业间距是 18 个小箱位,作业间距中的位不能同时作业,被夹位会降低配载灵活度,其危害性随着实配剩余数量的下降而提升。图 6-13 为一个龙门吊场地,图中 10、15、18、21、26 几个位视作被夹位,实配中这部分箱的优先性远高于图中 44 位及 56 位的箱子。贝夹位中的箱子选箱时,遵循先中间后两边的原则,如图中所示,15、18 及 21 位的集装箱被取完后其两边的位就被拆分成两个独立出箱点,被夹位也就不存在了,越早将被夹位打散配载的自由度也就越大。

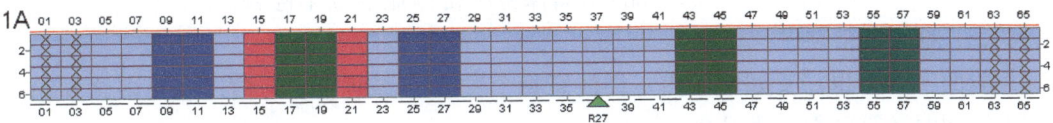

图 6-13 堆场被夹贝示意图

6. 桥移机控制

配载时要考虑尽量使堆场机械减少翻箱,要使小车和大车行走路线最短,而提高堆场作业效率和装船作业效率,其中最重要的是不要使大车来回移动。

如果场桥在发箱过程中经常在贝与贝之间移动,则会大大降低作业效率,浪费能量资源。图 6-14 所示为某个贝上的两种不同的配载方式,可以配载的箱子分别堆存在 M 贝和 N 贝上。

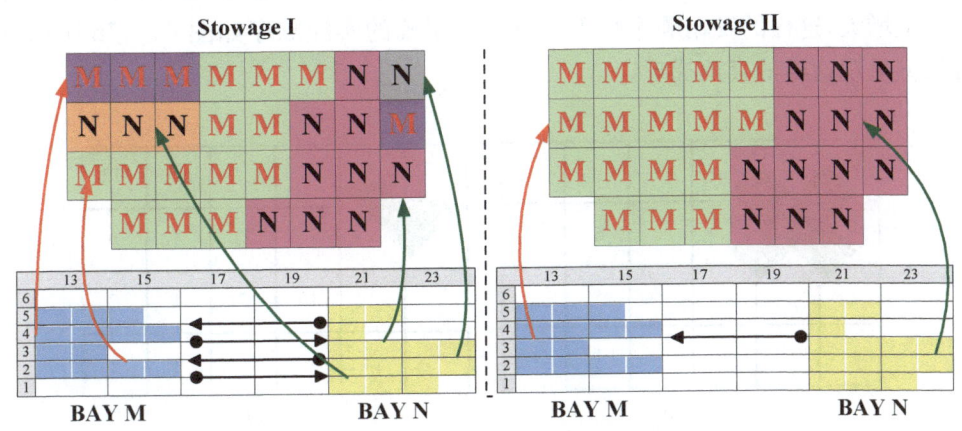

图 6-14 配载对场地机械作业的影响

在装船发箱时,配载Ⅰ导致的取箱过程会使场桥在两个贝上交叉进行,过程是:N→M→N→M→N;而配载Ⅱ对应的取箱过程只是N→M,即第N贝的箱子都发完再移到第M贝上继续发箱。

7. 舱贝内作业顺序

合理性的船上的作业顺序能降低岸桥作业司机的作业难度,增加作业流畅性,消除事故隐患。所以配载人员在实配中及实配后优化发箱顺序,制定一个合理的作业顺序也很关键。

(1) 舱内发箱顺序

舱内的作业相对简单,一般船舶舱内设有导槽,集装箱进入导槽后可以沿着导槽垂直放入目标位置,岸桥司机作业难度低。舱内实配时配载人员只需要满足多路发箱要求,不能按层发箱,需要按槽发箱。如图6-15所示(图中不同颜色表示不同的出箱点),需注意每个发箱点占据独立的槽,这样即使某一发箱点出现异常情况也能使得另一个出箱点的箱子能顺利装船,从而保持岸桥作业连续不停顿。

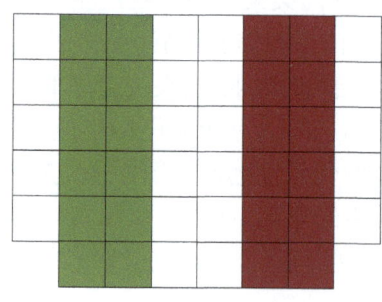

图6-15 舱内独立发箱规则示意图

(2) 舱面发箱顺序

舱面实配时也需要如同舱内一样注意每个发箱点占据独立的槽以满足多路发箱的需求。同时还需注意以下几点:

① 从海侧到陆侧。船舶的舱面护栏一般有1~2层箱高,为保证岸桥司机在作业中不会碰撞船舶护栏,在码头作业规定中会要求司机在甲板作业中将每个集装箱提至2层高箱的高度。图6-16所示的实配顺序是不恰当的,由于顺序为7和8的集装箱比顺序为9的集装箱先装船,所以岸桥在作业9号箱时需要提至3层箱以上才能保证作业安全。

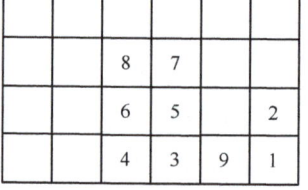

图6-16 跨高作业

② 注意层差。舱面槽位与相邻槽层差过大时会大幅增加作业中集装箱翻倒、擦碰掉落的可能性,图6-17a中作业序号为3的箱因为单列层高过大,而导致其因为碰撞掉落的风险增大,这样的发箱顺序是不允许的。正确的实配顺序如图6-17b所示,尽量保证垛型呈现这样的直角梯形。

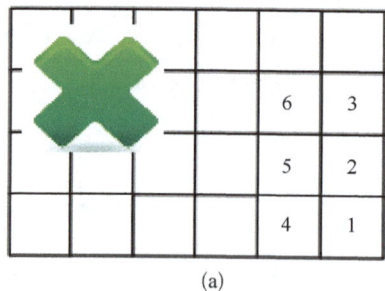
(a)

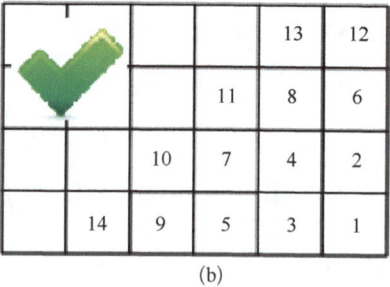
(b)

图6-17 舱面阶梯堆放顺序图

③ 避免插箱。插箱作业同样会增加作业中的擦碰风险，需要规避。

（3）手抛锁结构装船顺序

船舶是手抛锁结构的情况，集装箱顶锁均需人工安装，为了避免让工人不停攀爬集装箱，此类结构的船舶需要按层配载，如图 6-18 所示。

船方原则与码头方原则有一定的对立性，一个优秀的配载人员需要权衡两者的利弊。船方原则是基础，只有满足适航条件才能进行码头的后续作业，所以如何在保证码头利益最大化的条件下满足船方原则，就是码头配载人员主要解决的问题。

34	33	32	31	30	29
28	27	26	25	24	23
22	21	20	19	18	17
16	15	14	13	12	11
10	9	8	7	6	5
	4	3	2	1	

图 6-18 手抛锁建议作业顺序图

6.3.4 配载作业流程

1. 收集并核对配载单证资料

如前所述配载的单证资料，包括船舶资料和集装箱资料两大部分，这是配载作业的原始依据，必须尽量收集齐全。在收齐配载资料开始配载作业前，还应对这些资料进行校对，以免单证资料不符而造成配载不当或失误，校对的单证资料主要有：

（1）确认装货单与装箱单是否相符合

只有加盖"海关放行章"装货单上所列箱号的集装箱才能配载并装运出口，否则就构成走私违法。因此，校对装货单与装箱单是否一致，是码头配载人员必须把好的关口。目前我国集装箱码头的这项校单工作多由船代来做，但作为把关人员的配载人员来说，复核一遍以避免失误也是十分重要的。

（2）实收出口箱资料的汇总校核

集装箱码头通常在船舶开行前 24 h 截止进场。对已经进场并通过报关的集装箱，配载人员要进行汇总和校核，包括出口箱的总箱量、20 ft 箱量、40 ft 箱量、特种箱箱量及分类、危险品箱箱量、沿线挂港及卸箱情况，通常可按卸港顺序分别汇总校对卸港的数量、尺寸、箱型和特种箱、危险品箱情况。

（3）掌握出口箱在堆场的场箱位情况

配载作业要求在满足船舶运输要求的前提下，兼顾码头作业要求。为符合装船要求和装船次序，通常码头进箱时要按"四分开"的原则堆存出口箱，即不同卸货港分开堆放、不同尺寸分开堆放、不同吨位分开堆放、普通箱和特种箱分开堆放，然而由于堆场面积的限制和进箱次序的不可预见性，使得"四分开"不可能很彻底，这就要求配载人员对出口箱的实际场箱位心中有数，避免配载不当造成堆场的频繁翻箱找箱，妨碍正常的装船作业次序和作业效率。

2. 制作配载船图

制作配载船图是配载人员的重要作业内容，它是前方指挥员指挥装船作业的依据，也是控制室指挥船边生产的依据。在掌握齐全资料后，根据配载的基本原则要求，就可着手进行配置。事实上，同样的配载资料，不同的配载人员编制的配载船图不相同，这就体现了不同配载人员的基本功底和业务能力。配载船图分为封面和船箱位图两部分,也就是出口箱的船图总貌和分贝图。

出口箱配载要在满足船方运输要求的前提下,在船方和港方之间统筹兼顾,达到最佳平衡。此外,由于特种箱配置有特殊要求,不具普通箱在船箱位上的互换性,因此配载人员应掌握先配特种箱、后配普通箱的次序,而且特种箱一旦配载完成后,一般不要再行改动。出口箱船图总貌的箱位格子内,一般只标注卸港代码和特种箱标记。此外,配载完成后,还应将所配箱子按卸港顺序列成一个统计表,以便核对配载是否正确。

出口箱分贝图实际上是封面船图各个贝位的"放大",全船有多少个贝位,就应有多少个分贝图,由于船箱位图被"放大",其箱位格子包含的信息更多,包括卸港和卸港代码、集装箱箱号和持有人、箱重和箱型特种箱标记等,有的集装箱码头为便于堆场发箱,还将该箱子的堆场箱位进行标注。

3. 配载图的审核

出口箱配载完成后,配载人员应进行仔细地审核,复核一遍配载图是否满足配载的基本要求,是否有配载的不当或失误,以事先纠正,避免装卸作业的被动和不应有的损失。审核的主要内容有:

① 全船的集装箱数量、尺寸、箱型是否与出口箱资料相符合;每一卸港集装箱的数量、尺寸、箱型是否与出口资料相符;是否有短装、溢装和错装。

② 每一列集装箱堆积负荷量是否超过船舶允许规范。

③ 危险品箱、冷藏箱等特种箱的配位是否适当;超高、超宽特种箱的配位是否适当;是否符合特种箱的配载要求和船舶规范要求;危险品准单是否齐全。

④ 各卸港的箱位安排是否合理;特别注意是否有压港、一边倒的配箱、同港箱过分集中等情况。

4. 配载图的签发

经审核无误后,配载员应在封面船图上签名并签署配载日期,以明确责任,并将配载图送船方大副审阅,大副同意并在配载图上签字确认后,方可发送船边、堆场、中控、处理等各部门,以便作为装船作业的依据和区分责任的法律文件。

5. 退关箱复关的处理

由于船方或货方的原因,每一航次均会出现不同程度的退关箱,配载人员应及时统计和校对退关箱的数量、箱号、箱型、提单号、关封号等资料及退关的原因,报送相关部门。对已复关的箱子,配载人员要认真仔细处理,切不可疏忽大意而造成漏配事故。

6.3.5 配载所需的资料

为了科学合理地做好配载工作,必须尽可能掌握详尽的配载资料,这些资料主要如下。

1. 船舶资料

(1) 箱位容量

船舶的箱位容量是指船舶最大的载箱数量,通常用 TEU 表示,箱位容量可表示集装箱船舶的大小,同时也是配载必须了解的极限数据,在掌握箱位容量的同时,还必须掌握与箱位容量有关的资料。

① 20 ft 箱的最大容量。这是指集装箱船能装载 20 ft 箱的最大数量,在一般情况下 20 ft 箱的最大容量与集装箱船的箱位容量相同。但在一些集装箱船上的某些箱位是专门为 40 ft 箱设计的,一般情况下是不能装 20 ft 箱的。如果计划装运本航次集装箱船的集装箱中,20 ft 箱数量超过该船 20 ft 箱最大箱容量,必须联系代理,退掉多出的 20 ft 箱,改配 40 ft 箱。

② 40 ft 箱的最大容量。这是指集装箱船能装载 40 ft 箱的最大数量。这一数量并不是船舶箱容量的一半,由于船舶结构影响,有些箱位(如船舶舱内)只能装 20 ft 箱。此外,有些集装箱船将某些舱内的箱格固定为 20 ft 箱,或将甲板上留出绑扎通道,因此这些箱位只能装 20 ft 箱而不能装 40 ft 箱。同样,配载人员也必须掌握所配集装箱中的 40 ft 箱数量不能超过船舶 40 ft 箱的最大容量。

③ 箱位分布。集装箱船的箱位容量中,甲板上最多能装多少 TEU(包括其中 20 ft 箱和 40 ft 箱能装在的数量),舱内最多能装多少 TEU(同样考虑 20 ft 箱和 40 ft 箱的最大装载数量),这也是配载人员必须掌握的,以满足船舶在箱位分布上的要求,提高箱位利用率和合理配载。

④ 20 ft 箱与 40 ft 箱的兼容。通常 40 ft 箱位可装载 2 个 20 ft 箱,但由于船舶结构原因,一些集装箱船会出现两者不兼容,即一个 40 ft 箱位不能装载 2 个 20 ft 箱的情况,甲板设置的绑扎通道、舱内无 20 ft 箱加强底座结构等,这一资料配载人员尤其要注意,切不能只要有一个 40 ft 箱位就可配载 2 个 20 ft 箱,以免装船作业无法顺利进行。

⑤ 冷藏箱区的分布。集装箱通常均设有一些冷藏箱区,并配有电源插座。配载人员要掌握船舶冷藏箱区的分布位置,以保证装船后能对冷藏箱位正常供电。冷藏箱区通常设置在甲板上,也有一些集装箱船除甲板以外,舱内也设置冷藏箱区。

⑥ 危险品箱装载限制。危险品箱配载时,除要遵循国际违规的隔离要求,配载人员还应了解船舶在结构上不允许装载危险品箱的船箱位,避免超越船舶限制而翻桩、倒桩。

(2) 堆积符合强度

堆积符合强度是指集装箱船舶的舱底、甲板和舱盖上的集装箱底座所允许堆积的集装箱最大重量,它又分为 20 ft 箱和 40 ft 箱两种。配载时必须注意无论舱内还是舱面,每一列的集装箱总重不能超过船舶规定的堆积负荷强度,尤其在重箱较多或配置超重箱时更应注意,以防因损伤船体结构而被船方拒载。

(3) 船长、船宽和吃水

配载资料中的船长是指船舶两柱间长(Length Between Perpendiculars,LBP),即从艏柱前缘至艉柱后缘之间的水平距离,是计算船舶吃水差的必须数据。船宽通常是指型宽,即船舶两舷之间的最大水平距离,是计算船舶摇摆周期及确定初稳性高度范围的必须数据。吃水是指满载吃水,即该船舶在额定载重量下的平均吃水,是配载必须掌握的极限吃水。在集装箱码头配载作业中通常必须掌握两柱间长。

(4) 船舱盖和船吊

船舱盖的类型、数量对配载和装卸船作业影响较大,特别对折叠式舱盖和平移式舱盖,配载人员要详尽掌握,以免所配载的箱子造成压港、翻桩等损失。平移式舱口盖是利用顶升油缸将舱口盖板顶起至水平导轨上,然后利用齿轮齿条或链轮链条将舱口盖平移到舱口一边,达到开舱目的。折叠式是利用液压缸将两块折叠式的舱口盖板顶起,竖在舱口的一边,从而达到开舱目的。有的中小型集装箱船配有船吊,配载人员也应了解其位置,尽可能避免或减少对装船作业的影响。

(5) 空船重量和常数

空船重量是指新船出厂或上坞修理后的船舶重量,不包括任何装载于船上的燃油、水、货物、船员等的重量。常数是指油舱内的油垢、水舱内的水沟、集装箱绑扎工具等重量,因为这部分重量既不计入载运重量,也不计入空船重量,且一定时期内较恒定,故称为常数。这两个数据是计算稳性和吃水差的必需数据。

(6) 稳性计算书和吃水差计算书

集装箱船舶建成出厂后,其尺寸、形状、结构已经确定,可据此事先计算出船舶在不同吃水情况下的各项数据,并制成表格,以方便、正确地计算配载后的稳性和吃水差。

2. 集装箱资料

(1) 装箱单

装箱单是记载箱内货物详细情况的单证,包括货名、重量、包装、件数等,同时装箱单还提供了配载人员必需的信息,如箱号、关封号、提单号、箱尺寸、箱型、想总重、船名、航次、卸货港、目的港等。装箱单实行一箱一单制。

(2) 装货单

装货单是"场站收据"十联单的第五联,主要做出口报关之用。配载人员必须验明装货单,只有经海关加盖"海关放行章"的装货单上所列出的箱号,其箱子才可配载装运出口。装货单实行一票一单制。

(3) 预配清单

预配清单时船代根据订舱确认后制作的本航次托运集装箱的一览表,包括提单号、货名、件数、重量、箱尺寸、箱型、卸货港等资料,可供配载人员作配载参考资料。

(4) 特种箱清单

冷藏箱、开顶箱、框架箱、平台箱、罐状箱等特种箱型,对配载有特殊要求,配载人员通过特种箱清单,可事先了解这些特种箱的情况,为配载做好充分考虑和准备。

(5) 危险品箱清单和危险品准备单

危险品箱清单向配载人员提供该航次共有多少个危险品箱及箱型、尺寸,并提供箱内危险货物的名称、重量、国际危规等级等资料。配载人员据此可掌握这些危险品箱的配载要求及直装要求。

危险品准装单即港监签发的"集装箱装运危险货物证明书",在集装箱码头凡要进行危险品装船作业,必须事先获得危险品准装单,否则不予配载和装船。

(6) 进场出口箱资料

集装箱码头在截至出口箱进场后,通常要制作一份进场出口箱一览表或将进场出口箱资料直接通过电脑屏幕显示,如箱子总数、普通箱数量、特种箱数量、箱重、箱型、尺寸、卸货港及每一只箱子在堆场的场箱位等。对配载人员来说,通过掌握进场集装箱各种信息资料,可以兼顾船方装载要求和码头作业要求,从而编制科学合理的配载船图。

6.3.6 船舶配载的一般步骤

6.3.6.1 "预配"与"配载"的区别和联系

预配与配载虽在字面意义上相似,但实际上是有很大区别的两种配船计划。"预配"并不是出自码头的,而是船公司发给码头的,是配载员最重要的配载依据;码头的"配载"实际上是"实配",是真正的配载,然而其制作过程需要满足"预配"中定义的放箱约束。通俗地来讲,预配限定的是某一组箱子应该放置在哪些区域;配载限定的是某个箱子应该放置在那个船箱位上。图 6-19 所示即为"国泰"某航次第 13 贝上的预配信息。

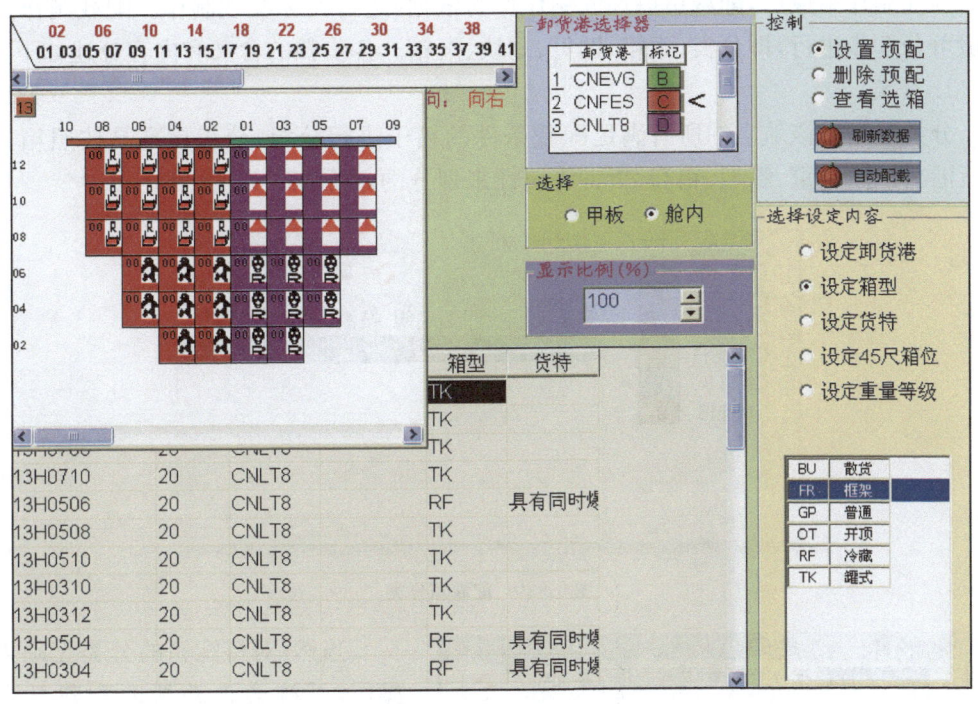

图 6-19 预配船图

如图 6-19 所示,在预配船图模块中可以定义船上某个堆存区域可以装载哪个卸货港的箱子,在此基础上还可以设定所需箱子的箱型、是否超限箱、是否危险品、是否可放 45 ft 等特殊属性。

预配船图有纸质版、EDI 传输版或者可以在配载系统中制定,根据船公司或船代的不同情况需要对预配船图进行妥善处理。

1. 对船代提供预配船图的处理

工作质量良好的船代,在码头配载前会提供一份预配船图,目的是要求码头兼顾整条航线挂靠港的装卸要求,对船代已提供预配船图的航次特别是作业时间紧、挂港多、箱量大的航次,可以取消电脑预配作业,直接按船代预配原则要求进行配载。此外,由于预配船图是船代根据订舱资料制作,与码头实际进场的集装箱往往会有出入,有时是较大的出入,因此,按预配船图制作配船图时,配载人员不宜一味照办,而应在遵循船代预配船图原则基础上,综合考虑码头实际进场箱情况,与船代配载员进行商讨,否则将可能造成码头装船作业的困难和被动,延误船期。

2. 对船代不提供预配船图的处理

船代提供预配船图的目的是要兼顾整条航线的装卸,在一些航线短挂港少、箱量小的近洋船或支线船,船代往往不提供预配船图,特别是一港货的航线更是如此。在这种情况下,配载作业相对较为简单,也不必在电脑系统中制作预配船图。但对一些航线长,挂港多,箱量大的航次,船公司又未能及时送到预配船图,有必要由码头根据航线和箱量情况制作预配图,确定大致的配载原则和方案,有利于制定科学合理的配载船图。

6.3.6.2 配载制作过程

预配制作结束后,配载员以预配制作作为依据,进行实际配载制作。配载制作过程一般可分5步进行,即分类、索箱、选贝、划块、配箱。各步骤的含义和内容分述如下。

1. 分类

分类是指对该航次的所有满足配载条件的箱子进行分组,分组标准是按照箱子的卸货港、尺寸、空重、箱型、箱高、货特等属性来划分的,如图6-20所示。

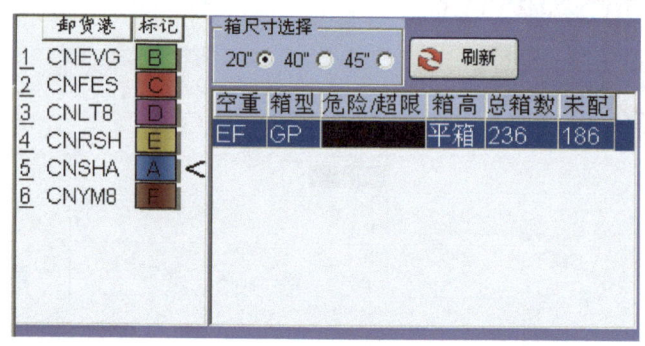

图6-20 配载箱分类

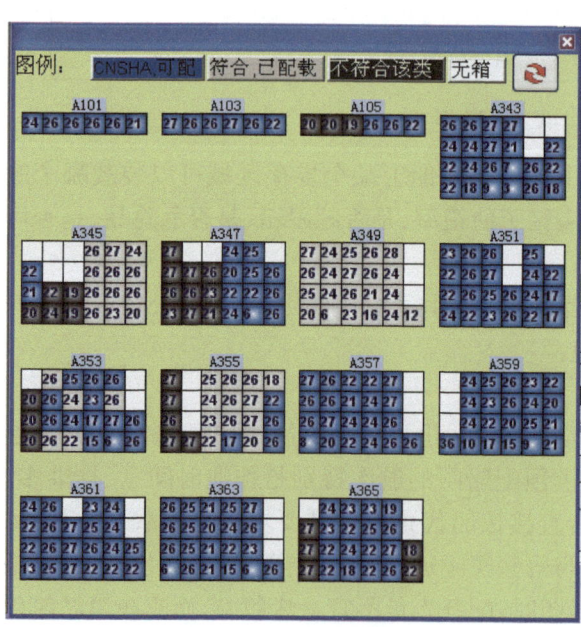

图6-21 待配箱堆存分布

当然,对待配箱的分类无须人工操作,系统会自动帮助配载员进行划分。

2. 索箱

索,指的是检索,即是要配载员选择某类箱子,然后检索出该类箱子在场地里面的堆存位置(图6-21),并且要查看和分析箱子分布在几个箱区及在箱区内的集中程度等场地状态信息,从而辅助配载员构思配载方案。

图6-21所示即为CNSHA、20 ft箱的索箱结果。

3. 选贝

选贝是指为刚刚索箱的这组集

装箱选择想要配载的船舶贝位。选贝前要查看预配船图,确定该类箱子可以配载的各个贝位,进而查看各贝的箱位容量,再配合场地里箱子的堆存情况,选择其中一个贝作为配载目标。

图 6-22 所示则是选择了 23 贝舱内进行配载。

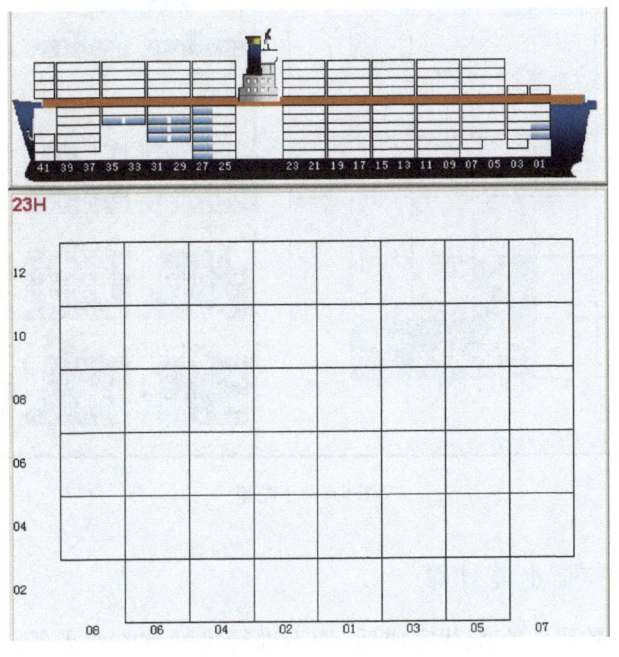

图 6-22 配载选贝

4. 划块

划块是指在已选贝内划出一个目标配载区域,如图 6-23 所示。选贝后并不一定要对整贝进行统一配载,很有可能需要将整贝分割成两块或更多,这主要是跟舱盖板有关。如果 23 贝有两块平移式舱盖分别压在左右两侧,那么作业过程中先要将右边舱盖滑至左边然后对 01、03、05、07 列作业,然后再将两块舱盖均滑至右边对左舱作业,因此,23 舱在作业过程中分两块进行,那么配载时就要按照两块来考虑配箱,否则就会导致场地翻箱。

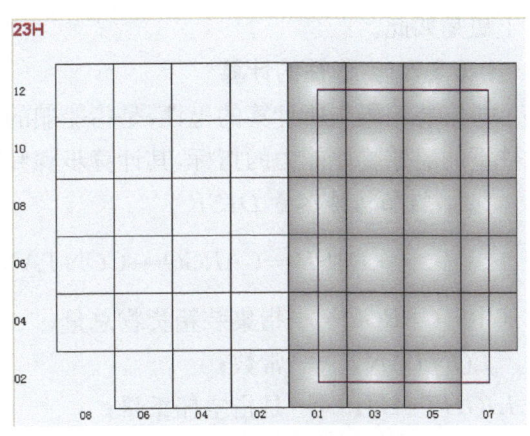

图 6-23 划块选择配载区域

5. 配箱

配箱即是要把场地里各个区位上的某些箱子按照一定的顺序(配载顺序)配载到刚刚"划块"作业所圈定的船箱位上。这里的配载顺序将会对将来装船时的场地作业产生绝对影响,也是主导发箱顺序的主要因素,因此稍不留心就可能会造成装船发箱时的翻箱作业。

图 6-24 所示的配箱结果，右边场地内的箱子配到左边船舱内时系统会自动计算箱子配上去的顺序和位置，一般按照"里赶"原则，即由海侧到岸侧，由下至上，因此这与船舶的靠泊方向也是有关的。

图 6-24 配箱

6.3.7 稳性和吃水差计算

目前我国大多数码头在配载完成后，均不进行稳性和吃水差等计算，能否满足船舶稳性和吃水差要求全凭经验估计，这样可能会导致工作上的被动。事实上，稳性和吃水差的计算对于配载人员来说，不仅十分必要，也很容易做到，在计算机配载系统的辅助下更是如此。

6.3.7.1 稳性的计算

集装箱码头所计算的稳性，是指船舶的初稳性高度 GM 值，它是衡量船舶小倾角条件下的船舶复原能力的指标，其计算步骤和计算公式如下：

1. 船舶总排水量 $DISP$

$$DISP = CARGO + CONTANT + LIGHTSHIP + TANK$$

式中　$CARGO$——指集装箱货物总量；
　　　$CONTANT$——常数；
　　　$LIGHTSHIP$——是指空船重量；
　　　$TANK$——指液体舱液体总量。

2. 各项重量的垂向力矩之和 $\sum(V-MT)$

$$\sum(V-MT) = CARGO \cdot VCG1 + CONTANT \cdot VCG2 + LIGHTSHIP \cdot VCG3 + TANK \cdot VCG4$$

式中　$VCG1 \sim VCG4$——各项重量的重心向高度（垂向坐标）。

3. 船舶重心高度 KG

$$KG = \sum(V-MT)/DISP$$

计算船舶初稳性高度 GM

$$GM = KM - KG$$

式中 KM——船舶的稳心高度,可由 DISP 在稳性吃水差计算书中直接查取。

4. 经自由液体修整后的初稳性高度 G_0M

$$G_0M = GM - GG_0$$

式中,$GG_0 = FSM/DISP$,其中 FSM 为船舶液体舱自由液面力矩之和,对 GM 值有减小作用,由船方提供数据。

6.3.7.2 吃水差的计算

吃水差主要计算三个指标数据:

1. 吃水差 TRIM

$$TRIM = DISP \cdot (LCG - LCB)/MTC$$

式中:

① LCB 为船舶浮心纵向坐标,MTC 为每米吃水纵倾力矩,如果是每厘米吃水纵倾力矩,则乘以 100 转为每米吃水纵倾力矩。这两项数据均可以由 DISP 在稳性吃水差计算书中直接查询。

② LCG 为船舶重心纵向坐标,需计算得出

$LCG = \sum(L-MT)/DISP$,其中 $\sum(V-MT)$ 为船舶各项重量的纵向力矩之和。

2. 艏吃水 F.DRAFT

$$F.DRAFT = DRAFT + (LBP - LCF)/LBP \cdot TRIM$$

式中:

① DRAFT 为船舶平均吃水,LCG 为船舶浮心的纵向坐标,均可根据 DISP 从稳性吃水差计算书中直接查取。

② LBP 为船舶两柱间长,由船舶资料给出。

3. 艉吃水 A.DRAFT

$$A.DRAFT = DRAFT - LCF/LBP \cdot TRIM$$

6.4 装船作业的机械调度

与卸船作业一样,装船开工之前与装船过程中的各种装卸机械及运输机械的调度是至关重要的。由于卸船作业是整个进口业务中的第一步,而装船作业却是整个出口业务的最后一步,而且卸船的过程是由集到疏,装船的过程则是由疏到集,这使得每个

码头装船作业的效率往往都比卸船作业慢,而在装船过程中的机械调度工作需要考虑的因素往往也比卸船机械调度中要多。

6.4.1 装船作业中的桥吊调度

装船作业中的桥吊调度指的是为已经配载好的出口箱作业贝安排指定的桥吊。它与卸船作业贝的投入一起构成了作业线调度。作业线调度的主要内容、意义及主要原则等请见 3.3.2 节。

装船桥吊调度过程中需要注意以下几点:

(1) 查看箱量分布图,估算各个贝的装卸任务量

如图 6-25 所示,为尽量保证各桥吊能基本同时完成装卸船任务,箱量分布对于作业线均衡是至关重要的。调度员在统计各作业贝上任务量时一般会对需要装船的箱子数量乘以一个系数,如乘以系数 1.3。这样做的原因在于卸船的作业效率往往要比装船效率高,所以 1∶1.3 是个速度比,它是个经验值。

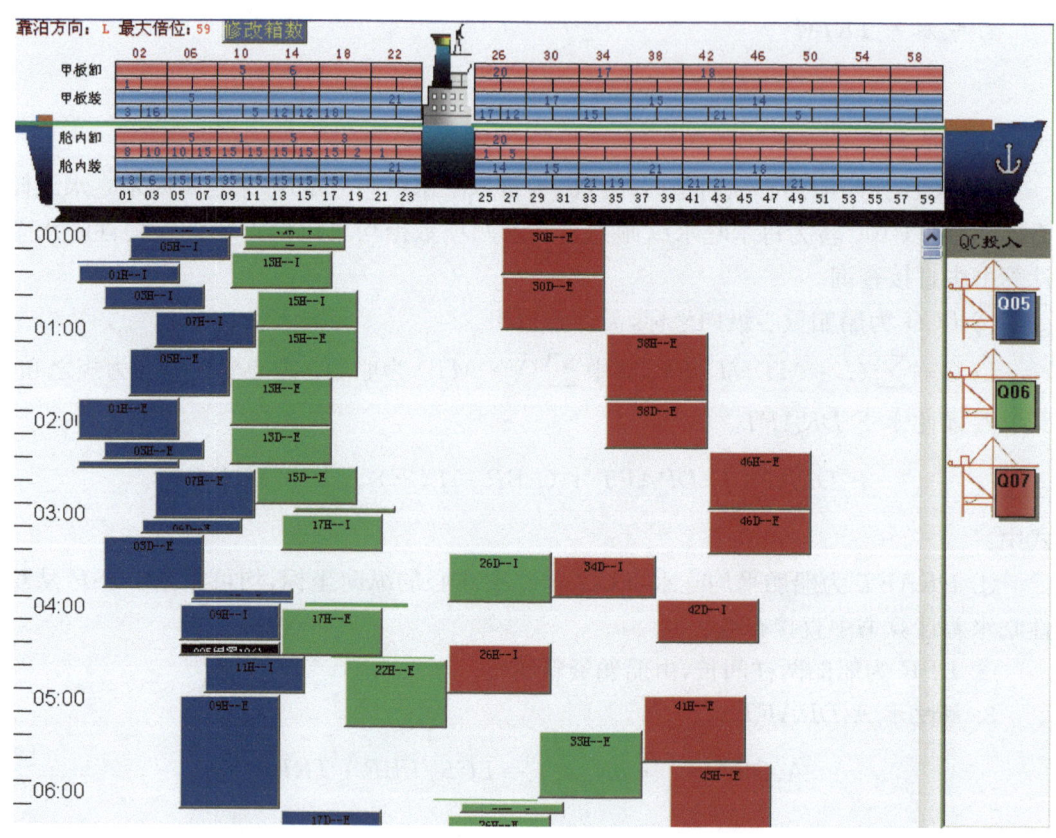

图 6-25　箱量分布图

(2) 决定先装哪一个贝

对于船上的每一个贝,都需要先卸甲板,再卸舱内,再装舱内,再装甲板。所以在投入装船作业贝之前,首先要核查是否该贝及该贝所属大贝上的箱子均已卸完。如图 6-20 所示,以 27 贝上 39 个需要装船的箱子为例,在投入该作业任务之前,必须先卸掉 26 贝甲板

上的 6 个 40 ft 箱、25 贝和 27 贝甲板上的 20 ft 箱,以及 26 贝舱内的 30 个 40 ft 箱。

(3) 检查是否可以正常发箱

如果进箱和配载过程都比较合理,一般来说每个装船作业贝都可以不分先后的正常发箱的。但是船控调度员同样需要检查该贝上的箱子是否存在"被压"的现象,即该贝上配载的箱子在场地里被压在下面,而它们上面的箱子被配载到了其他作业贝。这种情况是配载员应当尽量避免的,但有时由于疏忽或集港时进箱堆存状态不是很理想也会出现这种情况。在此情况下,船控则应当尽量先装不需要翻箱的作业贝。

6.4.2 装船作业中的集卡调度

所有需要装船的箱子必须经由集卡从堆场运输至岸边才可以装船,因此完成桥吊调度作业后必须为桥吊安排相应的集卡。图 6-26 所示则是为 Q05 分配(绑定)了 6 台集卡。

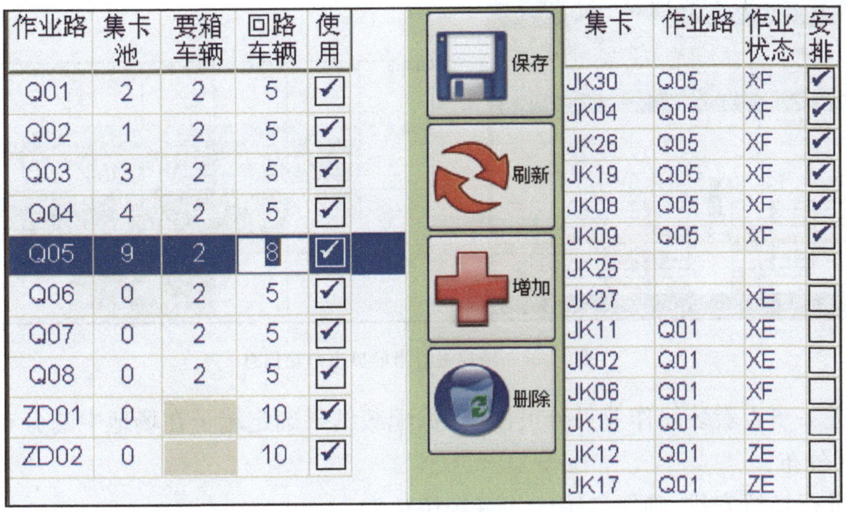

图 6-26 集卡调度

装船过程中的集卡调度同样包括作业路的设置、集卡池选择、要箱车辆及回路车辆数量的确定,其中作业路与集卡池的定义请见 3.3.3 节。要箱车辆与回路车辆与卸船过程是不同的。

(1) 要箱车辆

针对装船作业,要箱车辆是指某个作业路内场地里等待发箱的最少集卡数,当集卡数小于该要箱车辆设置时,系统会自动寻找合适的空闲集卡并指派其去场地拖箱。

(2) 回路车辆

回路车辆是指整个作业路里集卡的最大持有量,包括在场地等待发箱的集卡数和已经拖箱开往岸边的集卡数。当该作业回路里的集卡数超过回路车辆设置数值时,系统将不再安排其余集卡为该作业路发箱。

集卡调度的常见模式详见 3.3.3.2 节。

6.4.3 装船作业中的场桥调度

装船过程中,场桥是负责在场地内发箱的,这里的场桥调度则是指为不同船舶不同作业贝的发箱箱区或区域安排指定的场桥,以保证集卡进入该箱区后能有场桥负责给集卡发箱。

装船的场桥调度往往比卸船过程中的场桥调度难度更大,究其原因主要是装船的箱子在场地堆存时要分卸货港,分类较多,堆存的也相对较散;而卸船箱分类较少,不需要考虑卸货港,且箱子的船箱位与堆存位置不需要一一对应,因此场桥的使用也可以相对集中一些。

针对装船作业,场控调度员一般需要进行以下作业以保证场地机械的合理调配:

① 选择作业船舶,查看相应桥吊的当前装船作业贝,如图6-27所示。

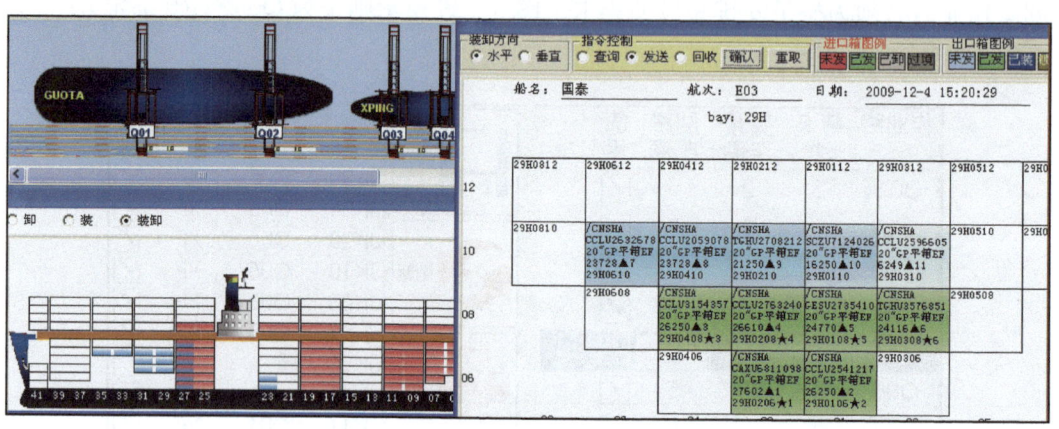

图6-27 场控查看当前贝出口箱信息

② 进一步查看装船作业贝分贝图,根据配载结果确定箱子在场地中的分布状态,主要是箱区分布。

③ 进行场桥安排,确保各箱区均有场桥负责。

6.5 出口箱场地发箱指令发送

发箱指令是由船控调度员编制的一组顺序号,它可以控制某个贝内的出口箱从场地内发往岸边装船的先后顺序,如图6-28所示。

1. 发箱指令发送的含义

图6-28中所示为"国泰"09贝舱内的待装集装箱,船控就是通过该分贝图发送指令的,发过指令的箱子呈绿色,并且右下角会产生一个五角星"★"和一个顺序号,该顺序号就代表在该作业贝内各箱子作业的先后顺序。箱子的指令发出后,如果该作业路内有空闲集卡并且要箱车辆和回路车辆都未超标,对应箱区里的场桥司机就能看到该箱子的发箱任务和系统为其指派的集卡号,同时集卡司机的TPS终端也能收到一条前往该箱区取箱的消息。

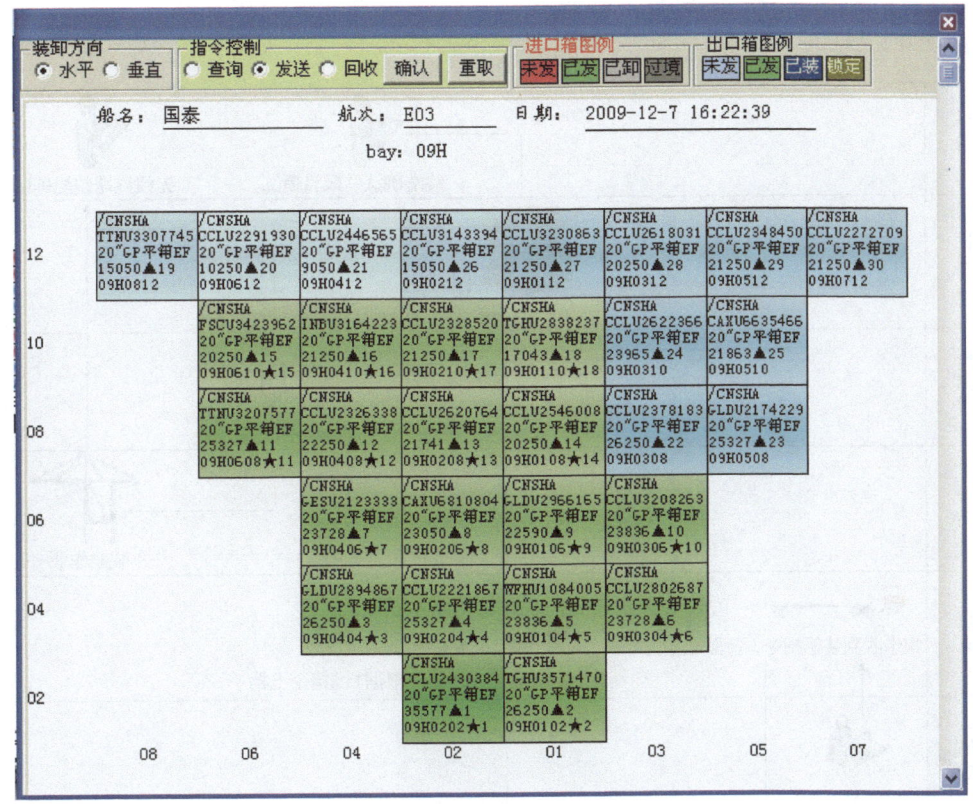

图 6-28　发箱指令发送

2. 配载顺序与发箱顺序的区别和联系

配载顺序是配载员在配载过程中产生的顺序号,它代表了配载员的发箱思路。而最终的发箱顺序需要船控调度员根据配载的情况、场内的情况及机械的情况等来决定。因此,配载顺序并不能代表最终的发箱顺序,而是船控制定发箱顺序时最重要的参考依据。

6.6　装船实际作业

6.6.1　装船现场作业流程

装船现场作业是指出口箱装船时涉及的码头机械、人员等多个岗位的各项作业,相对于装船系统作业而言作业环节更多,作业内容更为具体。为使整个作业流程顺利进行,各岗位必须保证作业质量,做好相互间的配合与协调工作。装船现场作业流程如图6-29所示。

如图6-29所示,出口箱装船时先由船控发送装船指令;然后集卡根据收到的指令到场地装载箱子并前往岸边根据 TPS 指令上档;集卡上档后待装箱需通过机械工装锁钮并经终端确认无误后提供船箱位;指挥手根据桥边提供的船箱位指挥桥吊司机控制

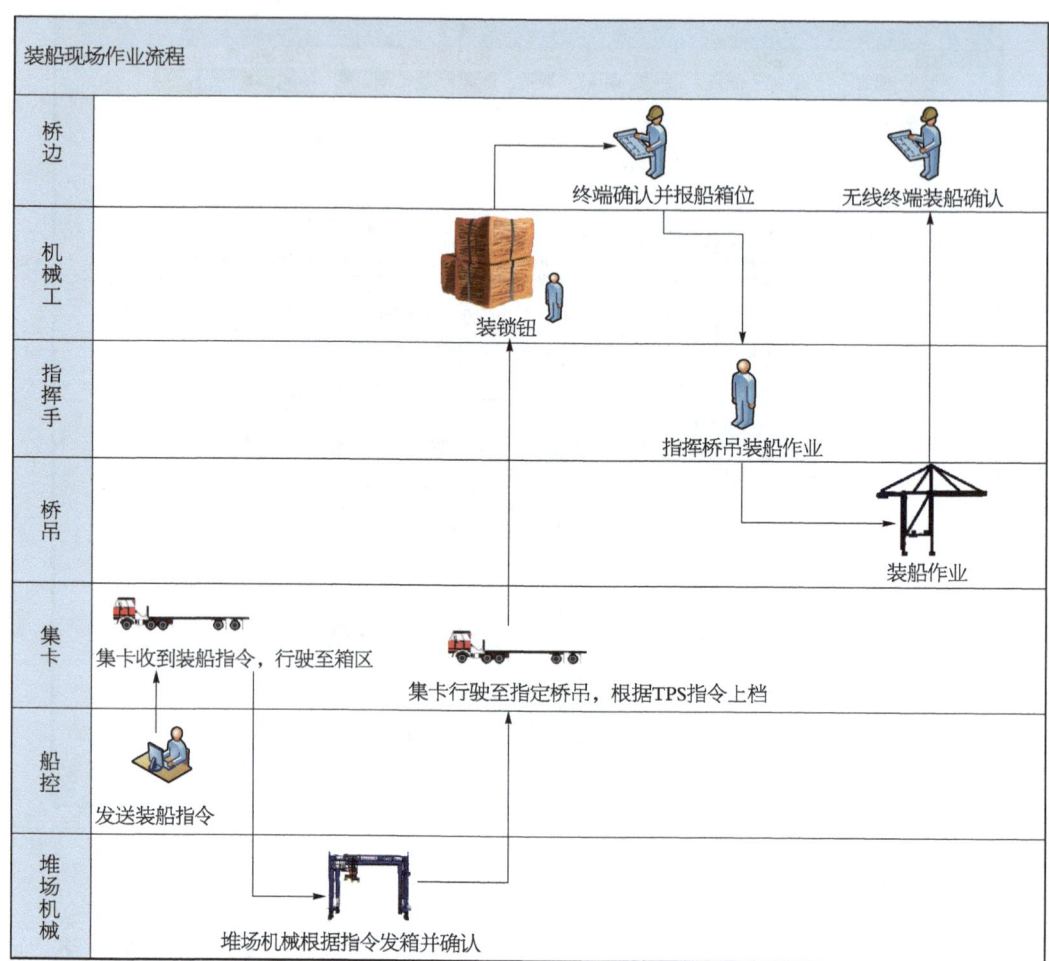

图 6-29 装船现场作业流程图

桥吊装船,最后桥边通过无线终端完成装船确认。

6.6.2 发箱任务生成

发箱任务是指服务器根据当前装船情况生成的包含一个确定的集卡号和场地箱位的作业任务。装船作业过程中,服务器实时对当前装船作业贝进行监控,根据搜索到的待装船箱位查找其对应的场箱位,同时搜索当前可用空闲集卡,确定一辆集卡并将查找到的场箱位所在箱子的发箱任务指定给该集卡。

6.6.3 场桥发箱确认

集卡收到服务器生成的发箱任务,前往堆场等待场桥司机发箱。

1. 发箱确认内容

场桥发箱确认的内容主要有集卡车号和待装箱箱位两部分。在集装箱码头,每一个在场箱都唯一对应一个场箱位,由于箱子在场时无法看到其箱号,因此实际场地作业时往往利用场箱位搜索并确认箱子。

场桥司机发箱时,首先确认当前集卡为发箱任务中对应集卡,图6-30所示为集卡信息确认示意图。然后根据发箱任务中对应的场箱位锁定场地中的实际位置并控制场桥将箱子装到集卡上。发箱箱位确认如图6-31所示。

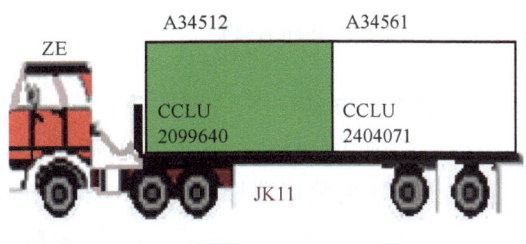

图6-30 集卡信息确认

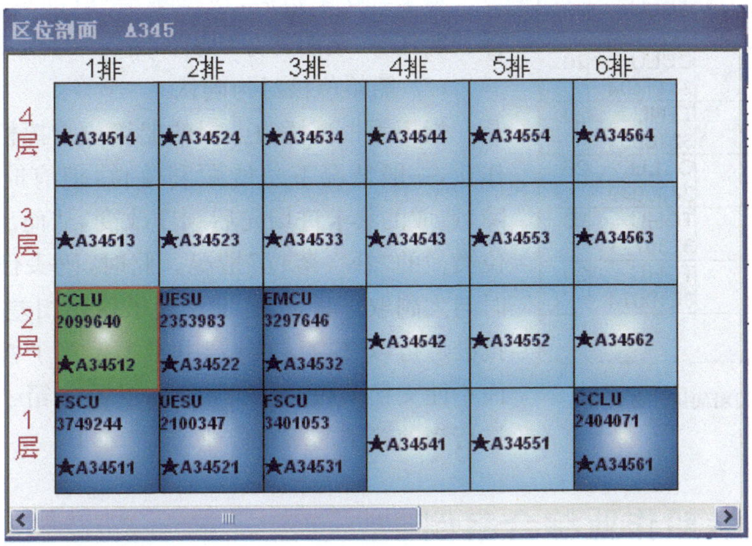

图6-31 集装箱箱位确认

2. 发箱确认意义

出口箱发箱确认对整个出口箱装船业务的有效、顺利进行起着十分重要的作用,具体可概括为以下几点。

(1) 可交换发箱任务,避免翻箱

由于受到道路拥挤或机械故障等因素的影响,装船作业时,集卡实际进场顺序与计划顺序可能出现不一致。设JKA和JKB分别对应图6-31中场箱位A34512和A34511,即JKA→A34512;JKB→A34511。实际进场时,JKB先于JKA到达场地,此时可先将A34512箱位上的箱子指定给JKB,通过发箱确认将实际任务修改为JKB→CCLU2099640(A34512对应箱子箱号)。等JKA进场时再将A34511箱位上的箱子指定给JKA,同理确认。若无发箱确认,为了保证信息的一致性和作业的顺利进行,则必须进行翻箱作业。

(2) 释放场地位置

已知场箱位与集装箱之间存在一一对应的关系,当某个箱子发箱确认时当前场地堆存位置同时被释放,场地当前堆存状态得到及时更改。

(3) 生成装船任务

装船任务是指包含集卡车号及对应箱号的一条记录。发箱确认时系统将集卡与其装载箱子箱号"绑定",即装船任务,桥边理货根据收到的装船指令准备装船作业。

6.6.4 桥吊装船确认

1. 装船确认内容

桥吊装船确认是指桥吊司机控制桥吊将装船箱从集卡落位到具体船箱位的过程，其内容主要包括集装箱箱号的确认、船箱位的确认及集卡车号的确认。

作业	车牌号	箱号	尺寸
装船	JK06	CCLU 2172783	20
		CCLU 2311404	20
	JK15	TTNU 3218951	20
		CCLU 2430949	20
	JK17	TGHU 3239721	20
		TGHU 3518074	20

图 6-32 装船确认任务列表

2. 装船确认步骤

（1）任务选择

集卡到达岸边后，根据集卡号（即集装箱箱号）选择装船任务，装船任务列表如图 6-32 所示。

（2）船箱位核对与确认

指挥手根据桥边上报的船箱位指挥桥吊执行装船作业，一般情况下总能顺利落位，但有时由于集卡故障，造成的集卡进场先后顺序改变，从而出现与场地落位类似的"悬空落位"情况。此时，码头作业人员需及时与大副取得联系，若上下箱子性质相差不大，经大副批准后可以交换落位；若由于上下箱子性质相差较大而不能交换落位，则必须等到下面的箱子装船后方可进行当前箱子的落位作业。

6.7 装船作业综合案例

本章主要对集装箱码头装船作业从信息收集与准备到所有箱子装船及相关统计报表打印的整个过程进行了介绍，本节将以"国泰"E03 航次为例，对集装箱装船业务整个流程进行说明，使读者能够更好地理解和把握本集装箱码头生产系统出口装船业务。

1. 出口箱信息复核

出口箱复核是出口装船业务中至关重要的环节之一，出口箱在完成集港作业，实际装船之前必须进行箱信息复核。对"国泰"E03 航次的出口箱进行复核，登录出口装箱单查询与复核模块后，选择"复核"，显示该航次复核不通过的箱信息，如图 6-33 所示，箱号为"BHCU3039777"的箱子存在信息不一致的情况。

此时，需通过"自动校核"按钮对该航次出口箱进行校核，如图 6-34 所示。该箱主文件与出口舱单中的卸货港不一致，导致复核未通过。经过核查后发现属于主文件输入错误，该箱子的卸货港确为"CNYM8"，因此在此处将主文件中卸货港校正并保存。同时，本航次出口舱单还存在 11 个溢箱，这可能是由于本航次还有出口箱尚未进场造成的，此处不影响复核工作。修改错误信息并保存后再进行复核，之前未通过的箱子现已通过复核，出口箱复核工作完成。

2. 场站收据与海关放行

出口箱信息复核无误后必须通过海关放行方可进行配载，而场站收据则是海关放行的依据。根据资料录入"国泰"E03 航次场站收据，如图 6-35 所示。

图 6-33　出口箱信息复核

图 6-34　出口箱信息校核

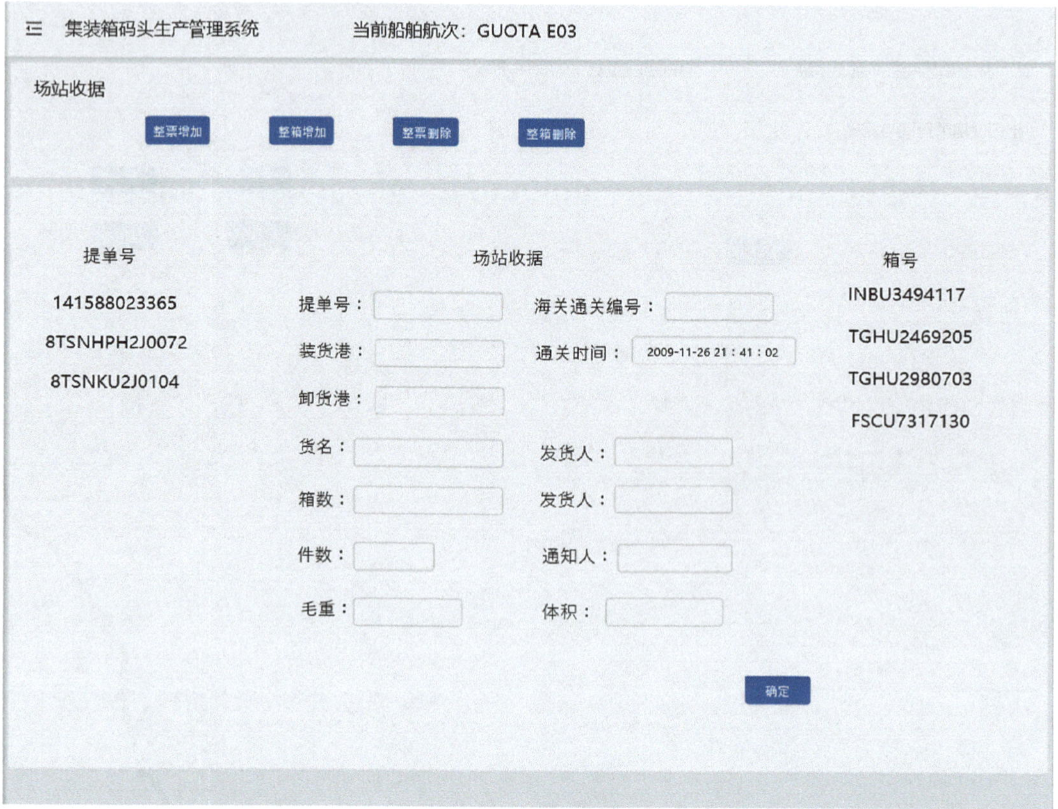

图 6-35 场站数据录入

单击"整票增加",在"提单号"编辑框中输入提单号"141588023501",然后单击"整箱增加"并在"箱号"编辑框中输入该提单对应集装箱箱号,由于该票提单包含多个集装箱,因此需要重复整箱增加,依次输入如图 6-35 所示的四个集装箱箱号,录入完毕后通过"保存"按钮保存记录。

当出口箱场站收据齐全后就可对其进行海关放行,如图 6-36 所示,在"全票均有场站收据的箱子"窗口中单击选中某个箱子,如"CCLU3030037",单击放行,该箱子通过海关放行,同时显示在"已放行"子窗口中。为了方便作业也可一次性对多个箱子进行放行,通过"Shift"加鼠标左键连续选择多个箱子或者"Ctrl"加鼠标左键间隔选择多个箱子,并执行放行操作即可。

3. 出口箱配载

在有了箱数据复核和海关放行等配载所需数据准备后就开始对该出口航次进行配载作业,如图 6-37 所示,以卸货港为"CNSHA"的 20 ft 箱为例,该类箱子在场地中分布在 A1 和 A3 箱区,且大部分箱子集中堆放在 A3 箱区,因此首先配载该箱区的箱子。

配载员参考船方预配图进行配载作业,具体步骤及注意事项如下:

① 贝剖面图显示。本例选择 22H 进行配载,单击船舶剖面图中 22H 所在位置,显示该贝剖面图。

集装箱码头生产管理系统   当前船舶航次：GUOTA E03

无场站收据

箱号	尺寸	提单号	箱高	箱型	货特
BHCU3039777	20'	CY34120	GP		平箱
CAXU6611470	20'	SNHPH2J0072	GP		平箱
CAXU6635466	20'	SNHAM2J0897	GP		平箱
CAXU6808638	20'	SNIKU2J0104	GP		平箱
CAXU6811098	20'	SNG0A2J1335	GP		平箱
CAXU6811420	20'	SNG0A2J1333	GP		平箱

未放行：331

全票均有场站收据

箱号	尺寸	箱重	箱高	箱型	货特
FSCU7317130	20'	19949	GP		平箱
FSCU9003479	20'	20721	GP		平箱
INBU3494117	20'	19949	GP		平箱
TGHU2469205	20'	19949	GP		平箱
TGHU2980703	20'	22600	GP		平箱

未放行：6

已放行

箱号	提单号	箱高	卸货港	尺寸	状态	箱型	货特	箱重	持箱人
CCLU3030037	8TSNHPH2J0072	平箱	CNSHA	20	EF		普通	27300.00	

已放行：1

图 6-36　海关放行

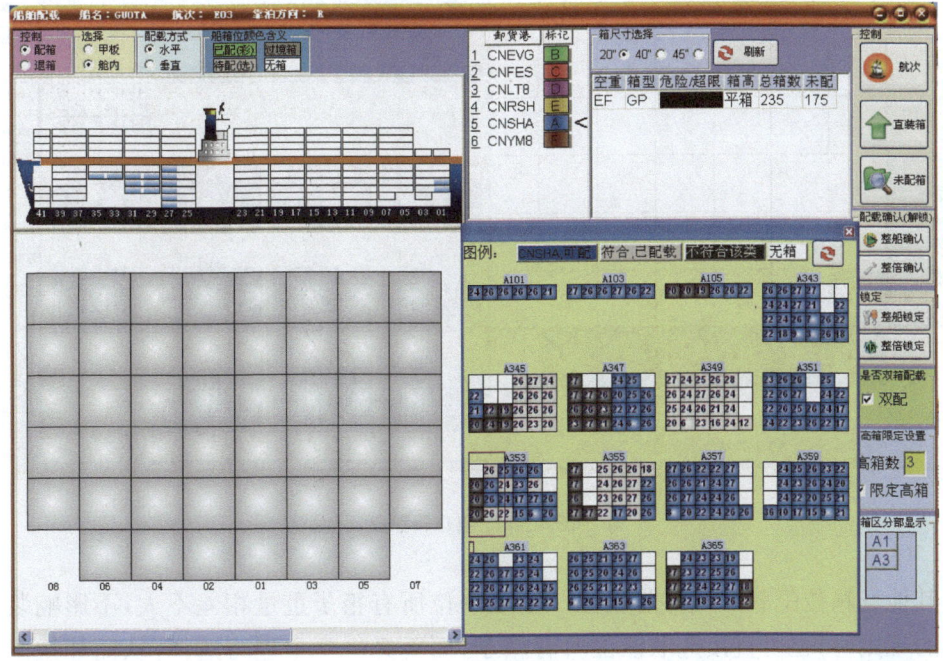

图 6-37　出口箱配载

② 选择待配箱位。选中"配箱"复选框,使该贝处于配箱状态。由于 A3 箱区待配箱数量较多,可用鼠标在剖面图上拖拉该贝所有船箱位,将其设置为待配状态,如图 6-37 所示。

③ 配箱,即在场地对应相位上选择可配载箱子。选择箱子时既要考虑装船时重不压轻的原则,又要避免场桥在不同位之间频繁重复移动。观察出口箱在 A3 箱区的分布特点,根据图 6-37 中出口箱在 A3 箱区不同位的重量分布较为均匀,可以按顺序从该箱区 43 位,即 A343 起配直至 A365。又根据 43 位箱子的重量及堆放特点,首先配重量在 20 t 以上的箱子。从上到下按重量递减的顺序选择箱子,系统自动以从左到右,从下到上的顺序将箱子配载到待配船箱位上,如图 6-38 中▲1~▲8 箱位所示;考虑到其他位箱子的重量,此处将箱重分别为 18、9、7、3 的五个箱子在贝左侧列往上堆放。在配载过程中,当出口箱中只有少数几个箱重较小的箱子时,往往在贝中特别设置一到两列用来堆放这些箱子。重新划取尚未配箱的待配船箱位,取消其待配状态,然后选择最左列三个箱位,根据重量递减原则依次选择 A343 剩下的五个箱子,配置结果如图 6-38 所示。

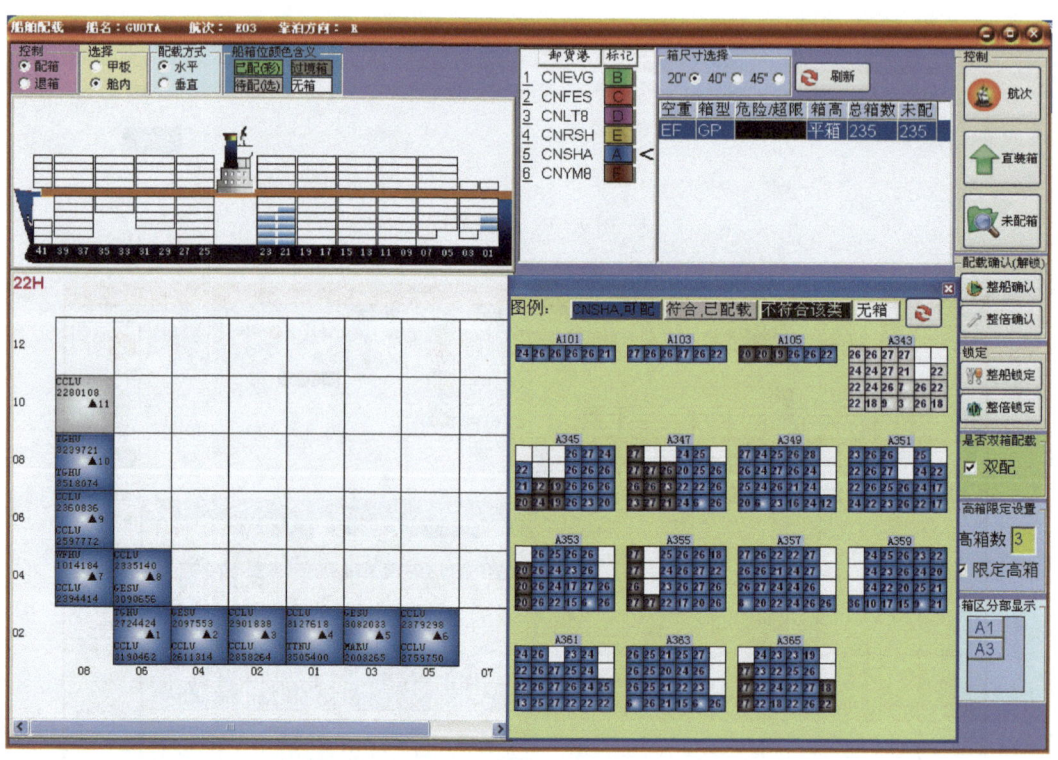

图 6-38　出口箱配载

其他场箱位配载方式与前相同。当某一位所有箱子重量相差不大,不影响装船轻压重的规则时,也可直接选取该位所有箱子,而不必一个个进行选择,从而加快配载效率。22H 配载完成后如图 6-39 所示。

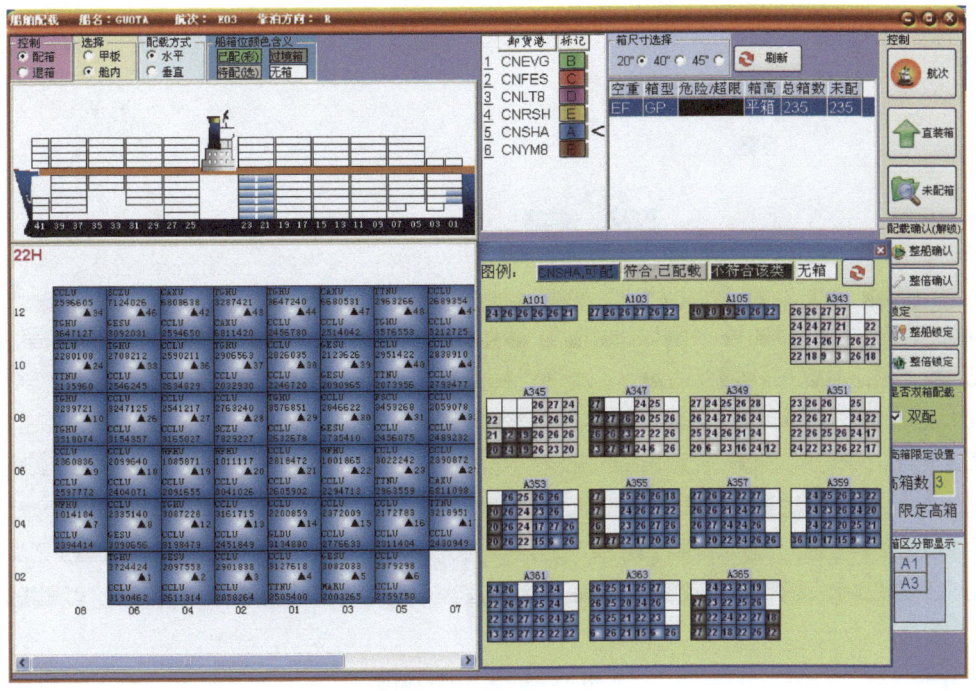

图 6-39 配载结果

4. 装船作业机械调度

出口装船作业机械调度与进口卸船相同,包括桥吊调度、集卡调度和场桥调度三部分,调度方法也相同。为"国泰"E03 航次 23H 调度机械,如图 6-40 和图 6-41 所示,

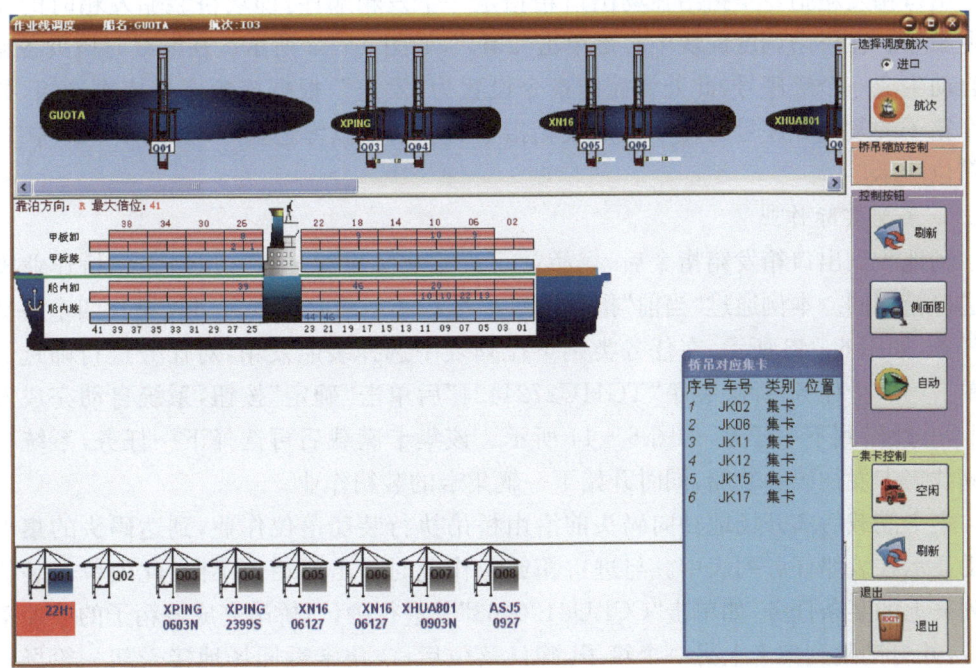

图 6-40 装船岸掉调度

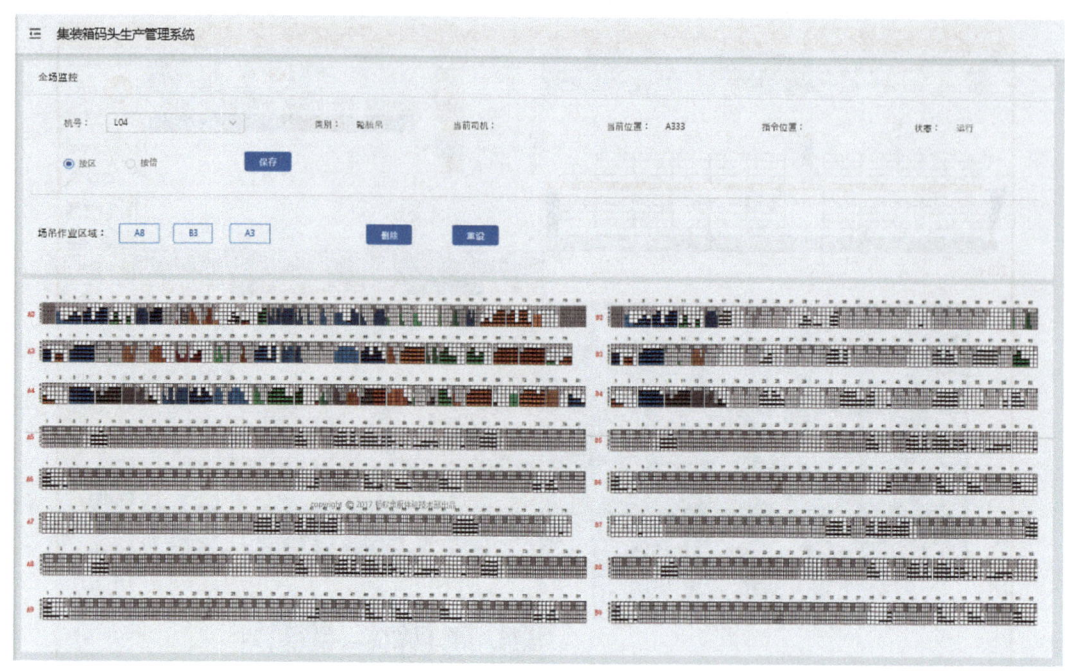

图 6-41 装船场桥调度

注：实际装船时一般需所有出口箱配载完成后方进行机械调度作业。

作业桥吊为 Q01，对应集卡为 JK02、JK06、JK11、JK12、JK15 和 JK17；场地作业机械为 L04。

5. 出口箱发箱指令

出口箱发箱指令是指给在场出口箱指定一个发箱顺序，即场桥装船发箱时的先后作业顺序。在桥吊调度模块中右键单击"23H"，如图 6-42 所示。在配载时该贝各箱位已自动生成一个顺序号，此处将控制指令设置为"发送"，根据该顺序号依次选箱，如第一个箱子的发箱顺序号为★1，完成发箱指令的船箱位以绿色显示，如图 6-42 中 1～9 号箱位所示。

6. 装船实际作业

场地收到出口箱发箱指令后，场桥就可开始实际发箱作业。出口箱场桥作业模块与进口箱相同。本例通过"当前"指令按钮查看 L02 当前有三个口门收箱和四个装船发箱任务，如图 6-43 所示，在任务类别下拉列表中选择装船发箱，对任务进行筛选。然后单击第一个任务，即集装箱"TGHU2724424"后单击"确定"按钮，系统自动完成发箱作业，并跳转到下一任务，如图 6-44 所示。该集卡满载后再选择下一任务，系统自动将满载集卡发往码头装船，同时开始下一辆集卡的装箱作业。

集卡满载后离开场地驶向码头前沿由桥吊执行装船落位作业，到达码头的集卡会自动显示在装船任务列表中。与进口箱卸船作业时单击船箱位不同，此处单击装船任务列表上的某条任务，如单击"CCLU3190463"并进行确认，桥吊完成该箱子的装船落位作业，并自动跳到集卡上另一个箱子，确认落位后，空集卡返回场地接受新一轮场桥发箱作业。单击下一任务，继续桥吊卸船作业，如图 6-45 所示。

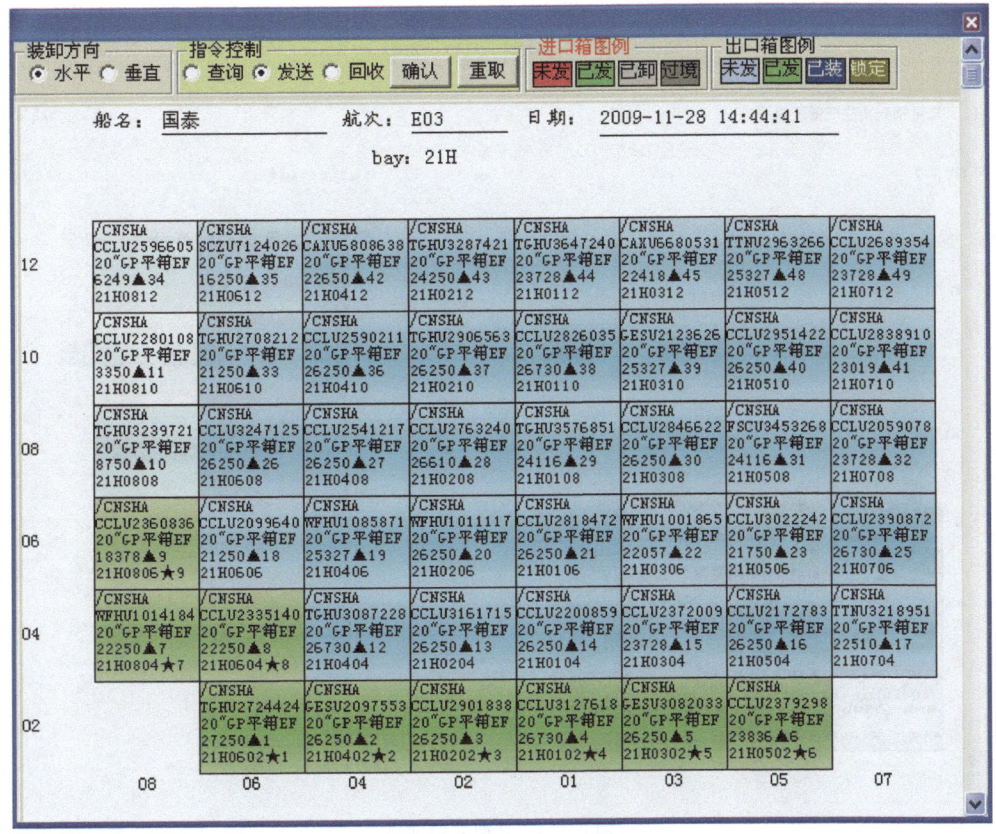

图 6-42 出口箱指令发送

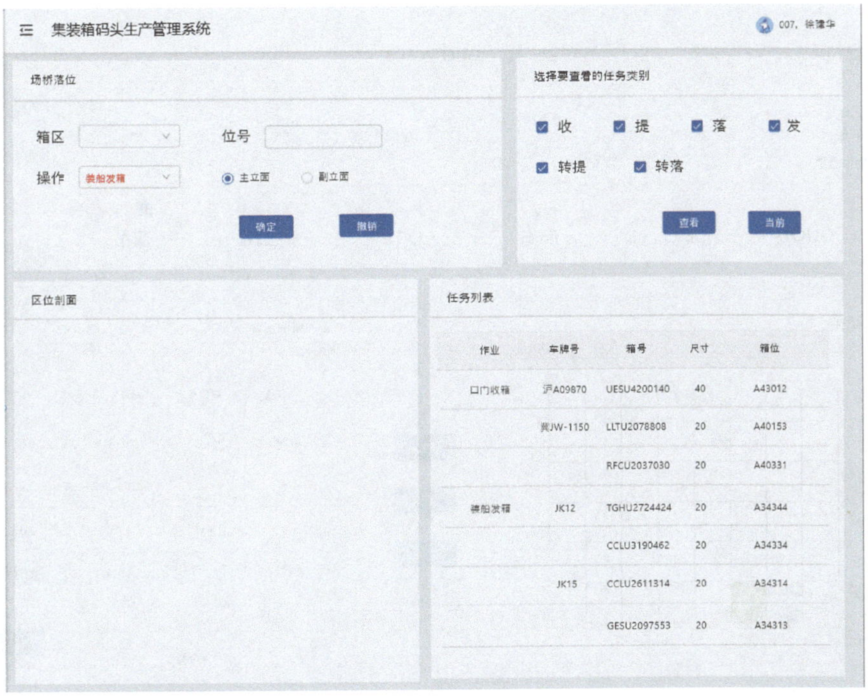

图 6-43 装船发箱

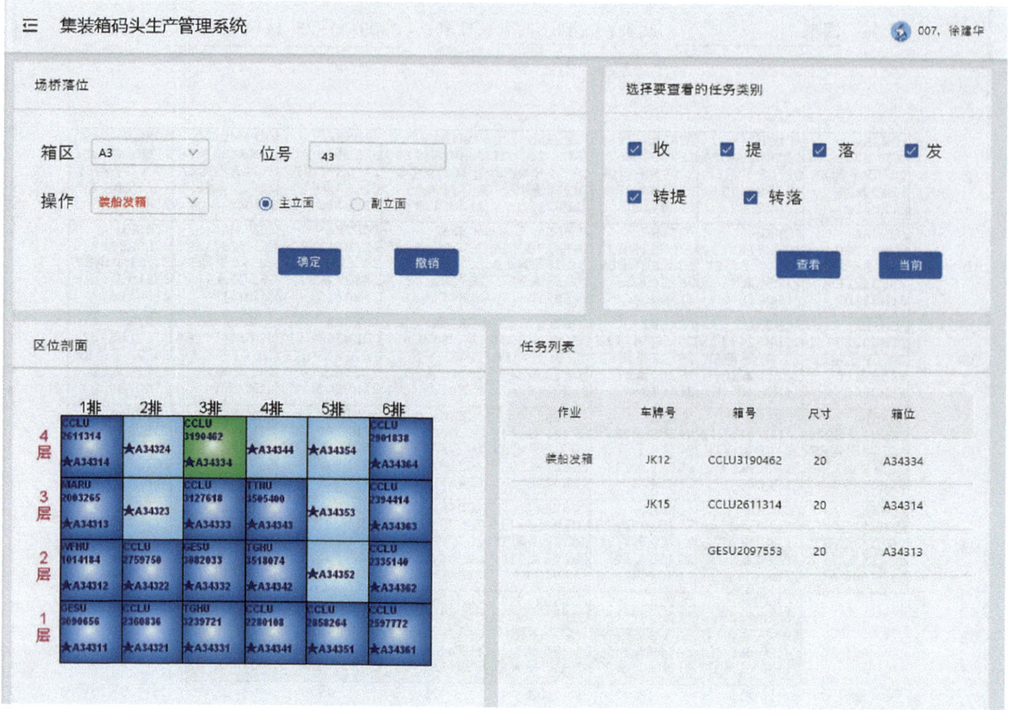

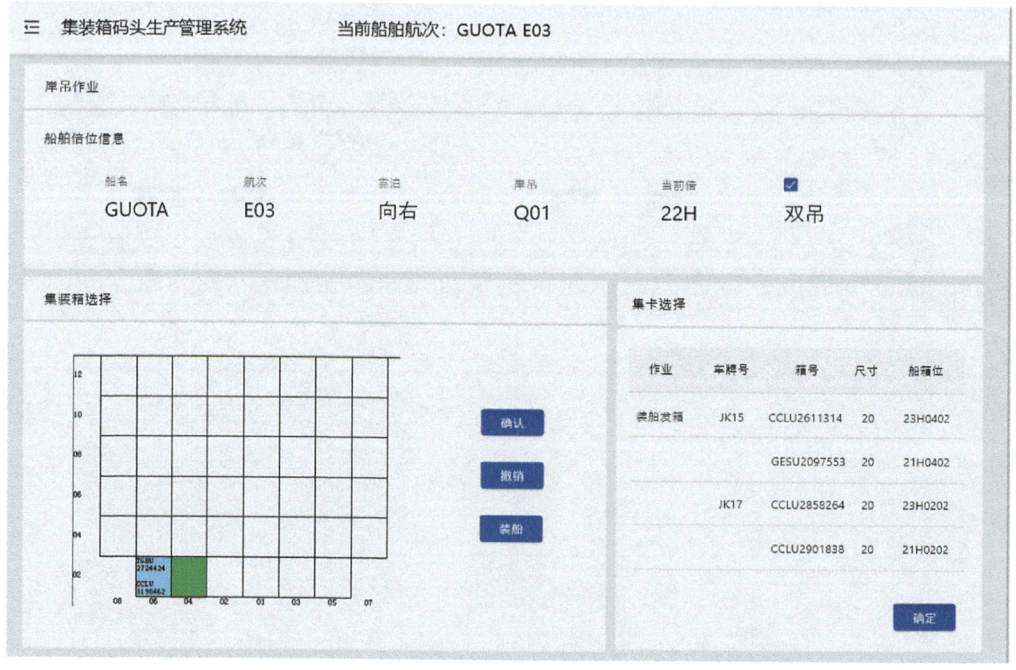

图 6-44 装船发箱过程

图 6-45 桥吊装船

通过场桥、桥吊和集卡的循环作业,完成已经接收发箱指令的集装箱的装船作业。

7. 直装箱业务

直装箱装船作业不需要经过集港,其资料直接在直装箱资料录入模块中进行。本航次有一个箱号为"CCLU6637836"的直装箱,在如图6-46所示界面中增加一条记录,按书面资料录入相关信息并保存。

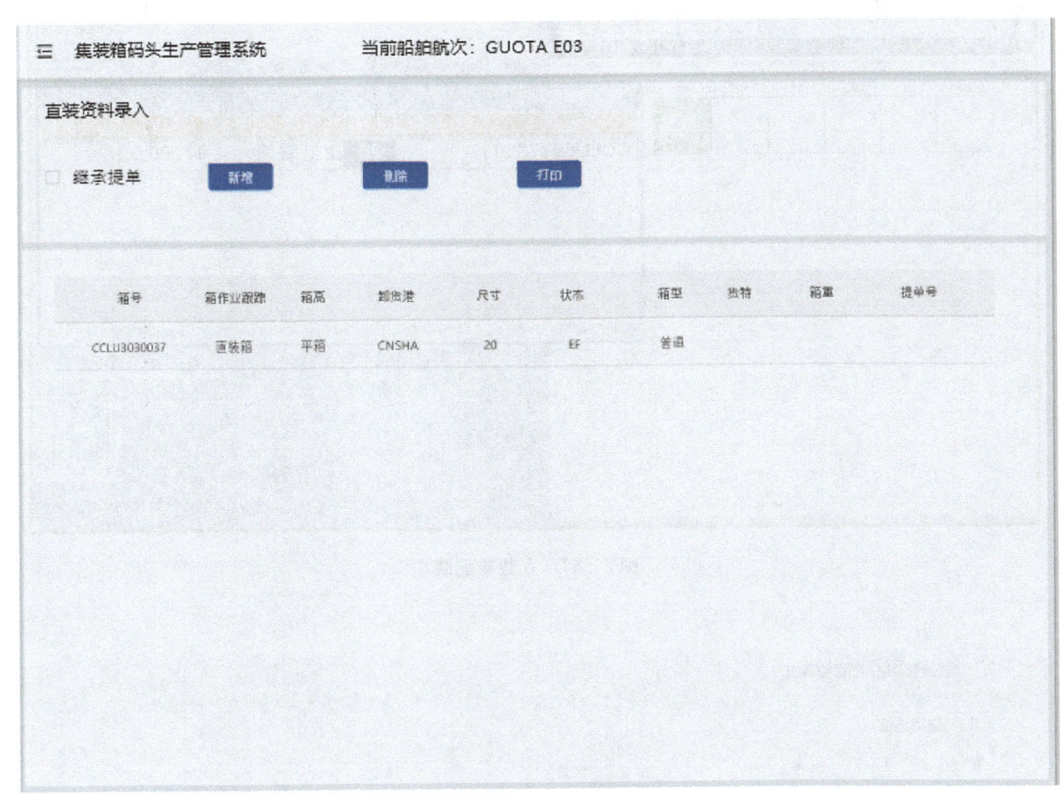

图6-46 直装箱资料录入

与非直装箱相同,直装箱资料录入后必须根据场站收据进行海关放行后方可配载,场站收据录入及海关放行方法同非直装箱。在船舶配载模块选择"直装箱",将该直装箱配载到01D06贝,如图6-47所示。

直装箱进入码头后直接运往岸边装船而不经过堆场,因此不需要为其安排场桥和集卡,直装箱桥吊调度与非直装箱相同,本列将直装箱装船任务指定给Q01。

完成作业线调度后,直装箱进场。直装箱进场作业在闸口进场模块中进行,主要有三个步骤。

① 选车。通过"下一车"下拉列表选择进场集卡,此处选为"冀B-34429"。

② 选箱。在"箱号"编辑框内输入"CCLU6637836"。

③ 进场确定。单击"出口箱进场资料",在如图6-48所示的直装箱资料子窗口中选择该条直装箱记录,确定直装箱进场。

直装箱进场后驶往岸边装船,桥吊装船作业过程与非直装箱相同,在桥吊作业模块中选车确认即可。

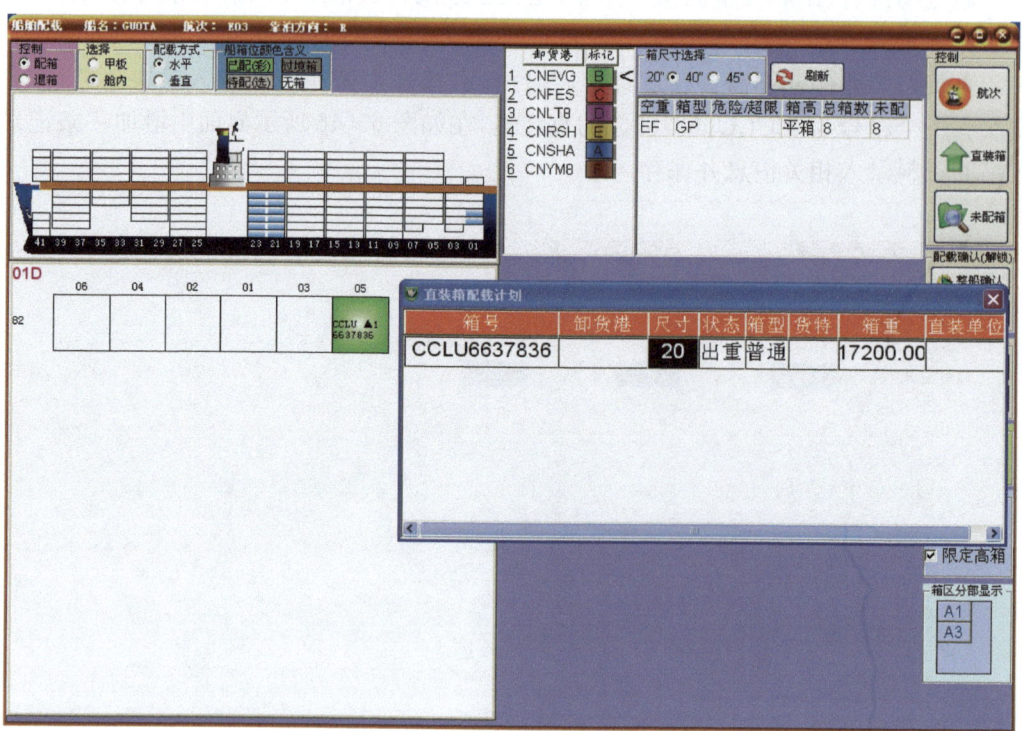

图 6-47 直装箱配载

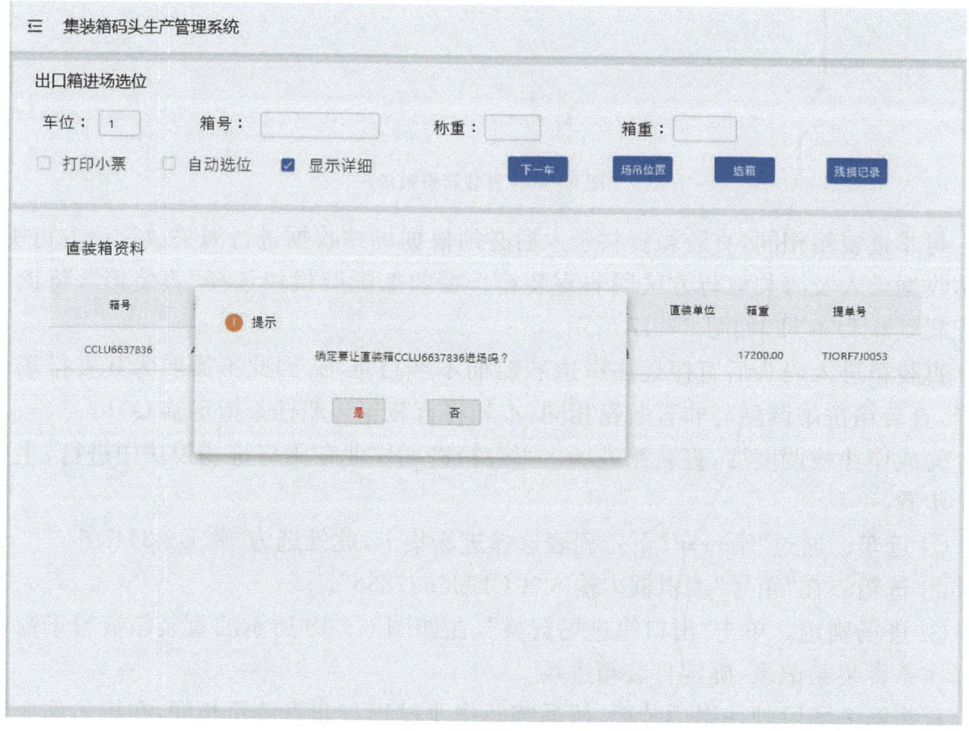

图 6-48 直装箱进场

8. 装船相关统计报表

与进口卸船类似,在出口装船时也有出口分贝图、出口船图总貌、装船摘要、出口单船小结等统计报表,作业人员可以随时对这些资料进行查看并打印,以装船摘要为例,如图6-49所示。

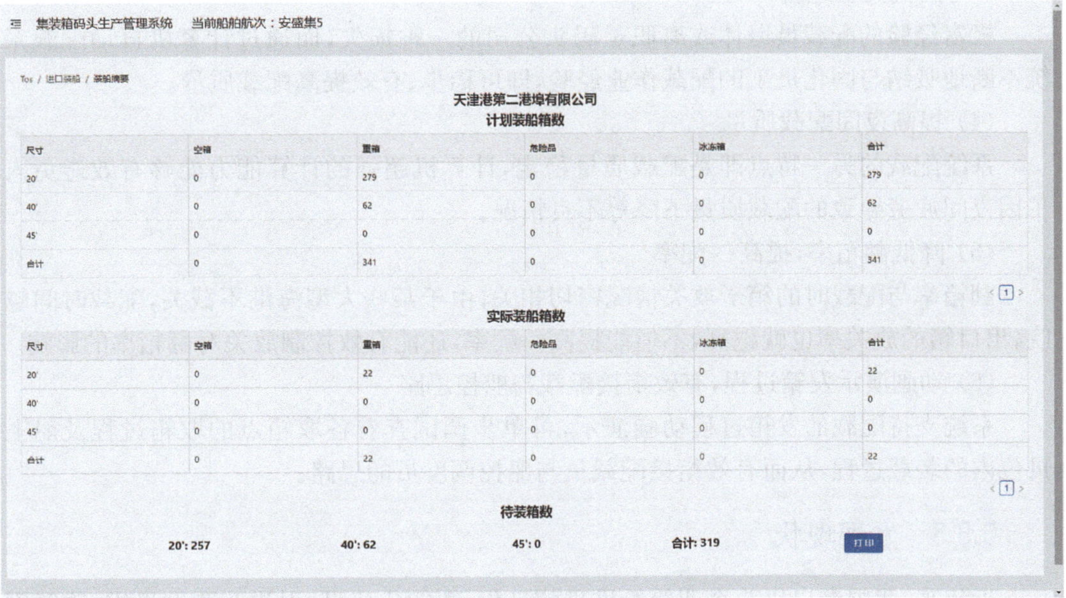

图6-49 装船摘要

本例中为该航次已完成22个20 ft箱的装船作业,因此装船摘要中实际装船箱数中显示22个20 ft重箱,待装箱数为257个20 ft箱及62个40 ft箱,如图4-49所示。

9. 出口航次关闭

当该航次所有装船作业完成后,码头应该及时关闭该航次,以禁止对该船舶的作业数据进行更改,并及时释放被占用的资源,对作业数据进行存档等。

6.8 智能配载系统

6.8.1 定义

智能配载指的是由人工智能算法模拟集装箱码头配载员的思路与方法,综合考虑设备情况、任务分布、堆存状态等因素,根据预配船图、船舶适航要求及码头作业要求,自动地把预定装载出口的集装箱配载到目标船箱位上的决策过程。

6.8.2 意义

(1) 大幅提高配载效率

自动配载的效率约是人工配载效率的8~10倍。以装船2 000自然箱为例,自动配载的速度平均为 15 min，人工配载则需要 2～3 h。

（2）降低劳动强度

针对超大型船舶，可大幅降低员工劳动强度，逐步使配载员从反复重复的操作者角色转化成为规则的制定者。

（3）固化员工经验

极富经验的配载员退休或离职是码头公司的一种损失，而通过计算机自动配载系统不断地吸纳与固化员工的配载作业经验，即可稳步、有效提高配载质量。

（4）提高夜间配载质量

系统配载的另一特点即是配载质量稳定，计算机超强的计算能力能够有效避免人工因夜间疲劳导致的配载质量下降等不良情况。

（5）降低翻箱率，提高一配率

翻箱率与配载时的箱子放关情况密切相关，由于某些大型海港不截关，配载时间越晚，出口箱的放关率也就越高，不但能提高一配率，还能有效控制放关对翻箱率的影响。

（6）动画演示发箱过程，有效衔接配载与船控思路

系统支持配载的发箱过程动画演示，可单步调试查看各取箱点的取箱过程及船上贝位内的装载过程，从而有效衔接配载员与船控调度员的思路。

6.8.3 发展现状

近年来，我国港口码头企业纷纷推进信息化、智能化建设，引进互联网思维、物联网技术、大数据技术、云计算技术、GIS、生产管理系统等先进技术手段，推进码头的自主装卸能力和"自我思考"能力。从发展至今，也相应取得了一定的成绩。在"智慧港口"背景下，港口装备日趋大型化、数字化、集成化，集装箱码头的信息化水平、自动化水平、智能化水平不断提高，因而对集装箱码头的运营管理模式提出了智能性、预测性、可控性的精益化管理要求。

集装箱码头的运营管理主要包括堆场管理、设施设备管理、船舶装卸作业管理、船期的管理等。其中船舶装卸作业管理直接影响码头生产运营效率，而集装箱船舶配载作业是船舶装卸作业的重要环节之一，是将出口箱以合理的顺序对应装载到船舶合适的船箱位上。因此，实现集装箱船舶配载作业的精益化管理成为码头降低成本和能耗、提高效率的重要途径，而实现集装箱船舶配载作业的精益化管理的有效技术手段是利用管理信息系统中的知识库实现集装箱船舶的智能配载。

集装箱船舶配载的智能化需求不仅仅是集装箱码头精益化管理的重要组成部分，还是集装箱码头的行业发展的必然要求。

纵观集装箱船舶配载历史，其发展主要可以分为人工配载，计算机辅助配载，智能配载三个阶段。2000 年以前的集装箱码头配载模式主要是人工卡纸配载，2000 年后出现了计算机辅助配载系统，近年来逐渐向智能配载方向发展。

（1）人工配载阶段

早期国际航运业的运输船舶多为小型船舶，国内集装箱运输业处于起步阶段，码头少、规模小，集装箱码头运营模式主要是人工记录集装箱堆存计划、船舶配载计划。其

中,"T卡管理"是典型的人工作业方案,该方案通常在墙壁上挂平面记录卡板,表示不同的堆场位置,而用每张记录集装箱尺寸、箱型、重量等重要参数的"T卡"来代表一个集装箱。

(2) 计算机辅助配载阶段

随着国际贸易的发展,集装箱运输占比迅速提升,集装箱码头单船载运箱量不断增加,原有的人工作业模式无法满足作业需求,各码头陆续开发管理信息系统以辅助作业,提升码头计划效率和柔性,之后逐渐发展为现在的码头操作管理系统(Terminal Operation System,TOS)。

(3) 智能配载阶段

近年来,世界兴建自动化码头,船舶大型化、结构复杂化,促使码头作业精细化、智能化。此外,传统码头为提高港口竞争力,甚至提出"零截关"以提升服务质量,吸引顾客;码头中型以上船舶数量增加、进出口总箱量增加,要求码头提升作业效率、低人工成本,激发了对智能配载的需求。

我国目前大部分港口船舶配载计划主要还是依靠人工手动加计算机辅助完成,随着"智慧港口"概念的提出及港口企业对于其自身的要求,依靠配载员个人经验进行人工配载的管理模式成为了当前集装箱船舶作业的一大瓶颈。虽然在实际过程中通过不断地实践掌握了很多相关经验,但人工配载容易受到其个人的经验影响很大,所以如何将配载经验与计算机进行结合,运用计算机快速、有效地制定出合理的配载方案有重要研究意义。

集装箱船舶配载作业是码头装船作业的重要环节,它衔接着前方岸桥和后方场桥的作业过程,直接影响码头生产运营效率。因此,实现运用计算机进行合理、高效的配载作业成为当前船舶大型化趋势下必不可少的重要途径,具有现实意义。

6.8.4 常见的集装箱码头船舶智能配载技术

近年来,世界兴建自动化码头,船舶大型化、结构复杂化,促使码头作业精细化、智能化。此外,传统码头为提高港口竞争力,甚至提出"零截关"以提升服务质量,吸引顾客;码头中型以上船舶数量增加、进出口总箱量增加,要求码头提升作业效率、降低人工成本,激发了对智能配载的需求。目前市面上常见的集装箱码头船舶配载技术主要分为以下四类。

(1) 基于人工规则的集装箱码头船舶智能配载技术

该类技术主要是将基本的配载规则提炼成规则库,在配载过程中调用人工提炼的规则库进行配载,其优势是在规则库范围内的配载工况能够较好并且快速求解。但是随着近年来船舶大型化的不断演进,其配载规则不仅已呈几何级增长,越来越多的配载技巧也难以用简单的人工规则进行刻画。因此,该类技术很难有进一步提升的空间。

(2) 基于数学模型的集装箱码头船舶智能配载技术

该类技术主要是将船舶配载问题抽象成数学模型并利用一些智能算法进行求解。该类技术与人工规则技术相比能够求解更复杂的配载问题。与此同时,模型的复杂度也严重影响了配载的求解效率。对于大型及超大型船舶该类技术很难在合理的时间内求得一个较为满意的解。

（3）混合集装箱码头船舶智能配载技术

该混合型的集装箱码头船舶配载技术主要是结合了基于规则的技术与基于模型技术的优势所形成的一种新技术。该技术通常会在简单的工况下使用基于规则的方法进行配载，在复杂情况下利用智能算法进行求解，从而在一定程度上提高了配载的求解效率，但在配载箱量达到一定程度时，其求解效率同样不能令人满意。

（4）基于学习导向的船舶智能配载技术

该技术有点类似于混合配载技术，但其核心内容却完全不同。从规则提炼方面，该技术采用了深度神经网络的学习方法进行学习，从而将普通的人工规则提升至配载特征的层次，克服了大多数抽象的配载策略无法用构造式的人工规则来描述的这一问题，同时在配载求解过程中也采用了智能算法，但是在算法的上层还构造了一层工作流引擎用于快速调用配载特征库进行配载，从而大幅提升了配载求解的速度。最后，该技术采用预演的方式实现了配载评估体系，该评估体系也是其他技术所不具备的。

6.8.5　智能配载的技术架构范例

技术架构：深度学习＋工作流引擎＋预演评估

随着智慧型港口概念的提出，以配载员个人经验为主的人工配载模式成为现有集装箱码头配载作业的一大瓶颈。而智能配载问题主要是应用智能优化方法来解决该问题，主要包含优化理论、系统分析与决策科学、人工智能等研究方向。下图是一种基于学习导向的智能配载系统架构经典范例。该架构将配载的决策过程分解成学习、决策及评估三大阶段，在各个阶段分别采用了深度学习、工作流引擎及生产预演技术解决了配载决策过程中知识存储难、求解速度慢、效果评估差这三大重点问题以最终实现智能配载。

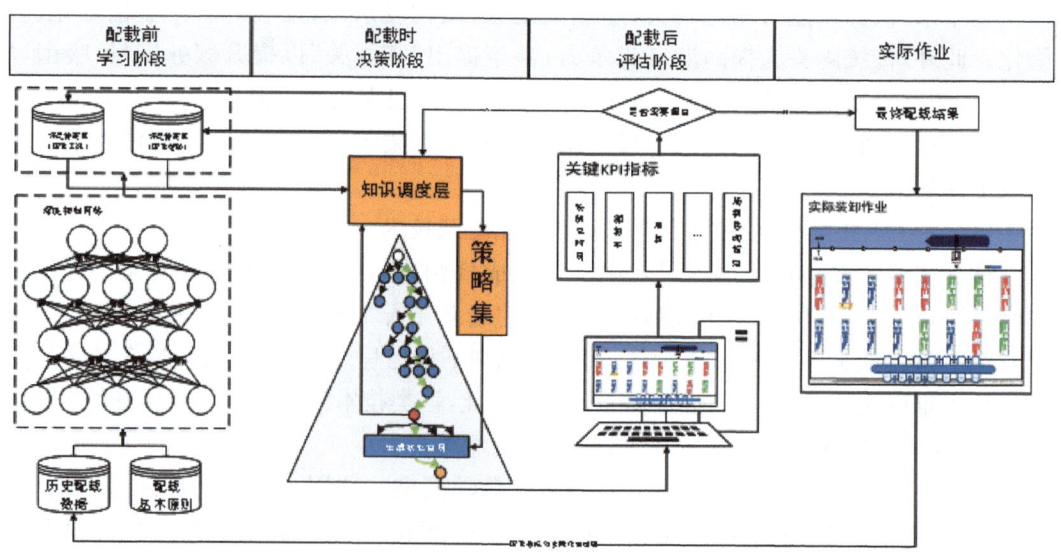

图 6-50　基于学习导向的智能配载系统架构图

该技术架构具有如下特点：

(1) 深度学习网络

该架构实现了配载策略和配载工况两大深度学习网络，突破了传统学习模式难以自动提炼数据特征这一技术瓶颈，从而解决了配载知识与复杂工况的准确提炼与存储这一难题。

集装箱码头配载决策过程中所面临的工况是千变万化的，有经验的配载员能够根据预配船图和场地分布准确地判断出当前的配载工况，但这些工况却很难用语言去准确描述。同样在面对不同工况下配载员所采用的配载策略也无法用简单的规则进行描述。而配载工况与配载策略是整个配载决策过程中最重要的决策依据。因此，为了解决这两大配载依据的提炼、表述与存储的问题，分别训练了两大深度神经网络。其中，配载工况网络将不同船舶每个贝位的历史配载数据转换成了一个大小恒定的稀疏矩阵，并通过卷积神经网络提取出了百余个特征映射矩阵，最后通过池化等一系列的处理再连接一个全联接的深度网络构建成配载工况网络。其配载工况网络如图 6-51 所示。

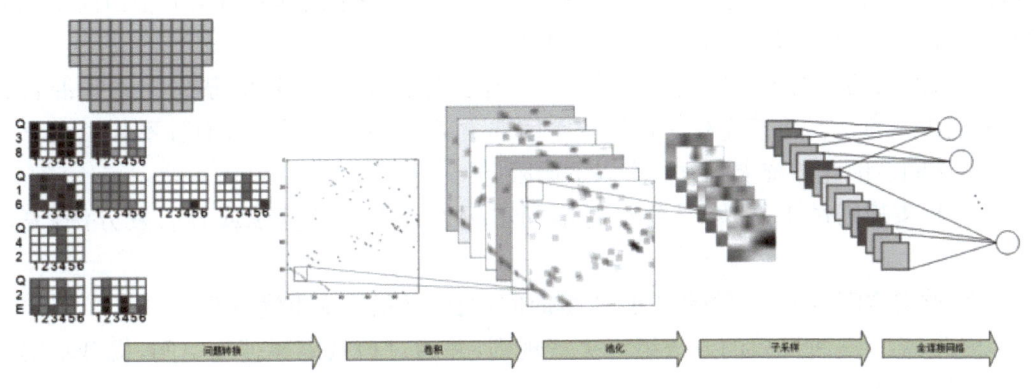

图 6-51 配载工况网络

配载策略网络的设计是为了将总结出的基本配载原则作为基本输入并将其抽象化从而形成更加复杂的配载策略。因此配载策略网络以历史配载步骤和配载依据作为输入采用级联自编码机的形式建立一个全联接的受限玻尔兹曼机从而构建出了配载策略网络。其配载策略网络如图 6-52 所示。

通过这两大网络训练出的结果为实现智能配载提供了核心决策依据。同时，当现有知识无法对当前船舶有效决策时，通过人工调整配载结果，并使用调整后的结果对网络进行增强训练，可进一步完善两大配载网络，从而实现智能配载技术的推进。

(2) 基于工作流引擎的规则调度

该架构运用了一种基于工作流引擎的规则调度方法，为复杂工况下的智能配载决策提供了一种合理的知识网络调度方案，攻克了大规模决策过程中解空间指数级增长从而无法实现高效决策这一技术难题，解决了智能配载求解过程中不同工况的剪枝策略组织的关键问题。

该引擎通过对当前决策工况进行模式匹配，识别并调度不同规则对当前决策空间

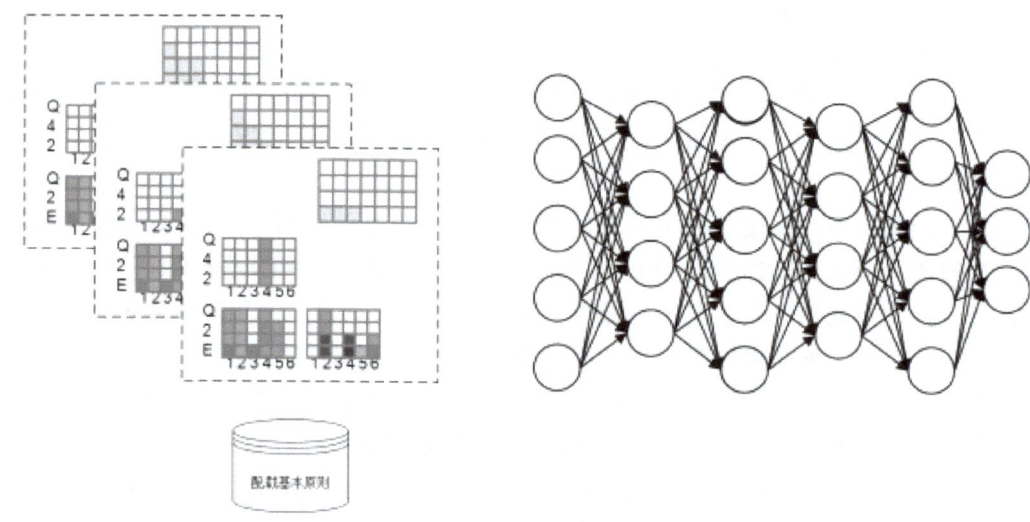

图 6-52 配载策略网络

进行剪枝,针对某些非简单工况,该引擎可以从知识网络中选择并重构适合当前工况的知识堆栈,优化求解需搜索的状态节点,大幅缩减决策空间。

针对配载问题的传统求解方法主要是智能算法(如遗传算法、禁忌搜索和混合算法)和启发式算法。由于配载问题搜索空间非常大,约束非常复杂,而且不同工况下约束不尽相同。因此传统求解方法有以下局限:

① 约束规则过于复杂,需要针对不同工况设计不同的算法或者启发方法,复用性低;

② 求解空间过大,收敛效率低,求解时间过长,且很难求得满意解。

因此,需要一种高效的方法组织决策规则,并通过剪枝缩减搜索空间,提升求解效率和求解效果。

该规则调度方法基于工作流引擎进行设计,有效处理作业流程与求解流程之间的关联关系。求解过程中,根据当前求解节点的特征,通过工作流引擎的历史数据分析和流程分析,匹配相应工况,获取当前节点的约束集,生成当前子搜索节点,并识别所需的求解策略。如果历史工况库中无工况匹配,说明当前节点是新工况,此时工作流引擎根据新工况的特征和业务流程特性分析,获取相应的求解策略。求解策略提取完成后,再根据策略优先级重构知识堆栈,组成针对当前节点的策略集,对各子节点进行搜索。求解完成后,针对构建的求解树,根据最终选择的最优路径,反向分析策略和剪枝的效果。通过每一步求解过程子节点的实际估值与实际值的差,进行残差学习,修正策略网络的相应参数,并通过工作流分析对修正的知识进行解释。然后对本次求解过程中新增的工况进行工况特征和策略特征更新,以便下次遇到相同工况时可以直接匹配特征求解。

(3) 作业预演

该架构运用集装箱码头装卸作业预演系统,在智能配载决策后对整船装卸过程进行动态模拟,估算目标决策方案下码头作业效率及其他关键绩效指标,从而突破传统配载计划在实际装卸作业之前无法进行合理评估这一技术瓶颈。

配载计划仅能确定各集装箱在船舱和堆场的堆存位置，以及岸桥和场桥的作业顺序，无法得知后续装卸作业的实际效率和成本。同时由于配载计划评价因素的复杂性，难以直接使用静态的函数方式表达实际的总评价指标。因此，需要开发动态的预演评价方法，对配载的实际效果进行全面分析。集装箱码头装卸作业预演通过模拟码头的实际装卸作业过程，对配载计划的实际作业效率和成本进行精细评价。

预演评估系统以配载计划作为输入，包括船舶的停泊位置、投入的岸桥数量、各岸桥的作业任务顺序及各任务的岸桥作业位置和场桥作业位置。装船任务可能以任务组的形式出现，同一组内的装船任务集中堆存在同一箱区的相邻贝内，且由同一场桥和同一岸桥依次装船。卸船任务同样可能形成卸船任务组，其定义与装船任务组类似。

对于给定的配载计划，预演模块能够得到两类输出。第一类输出用于支持配载计划决策，包括船舶装卸时间、岸桥作业效率和总装卸成本。第二类输出则用于提出配载计划的改进方向，包括各岸桥和场桥等待集卡的时间，这些时间按照不同的任务组进行分类统计。第一类输出是评价配载计划的主要指标。一般认为，船舶装卸时间较短、岸桥作业效率较平均、且总装卸成本较低的配载计划总是较优。第二类输出则用于指示配载计划中的不合理部分。若某任务组岸桥等待集卡的时间大于零，则意味着该任务组的岸桥作业效率仍有提升空间。若该任务组中场桥等待集卡的时间较长，则可以对配载计划中与该任务组有关的部分进行适当调整。

6.8.6 智能配载技术的国内应用情况

1. 宁波大榭招商国际码头

宁波港大榭集装箱码头作为国内首个使用智能配载技术的集装箱码头。截至目前（2018 年 12 月），应用智能配载船舶（装载量大于 300 UNIT 的船舶）千余艘次，其中大型超大型船舶应用率约占 90%。应用智能配载技术的船舶平均单机效率比往年同期显著提升，平均作业路数比往年同期有所减少，预计每年可节约成本千余万。智能配载技术大幅提高了配载计划的编制效率，1 000 UNIT 积载时间可以在 10 min 内完成，公司吞吐量达 300 万 TEU 时，计划岗位人员编制仍保持不变，特别是针对短截关期状况下的大型船舶，该技术可以平均将装船作业开工时间提前 3～4 h，节能减排的同时显著降低码头生产运营成本。

2. 上海港

上海港集团实行"不截关"服务，截关时间大大延后，原有人工配载由于决策时间较长，需在船舶靠泊前数小时根据出口箱进场放关情况进行一次配载，靠泊前根据出口箱放关情况进行后续的两到三次配载。应用智能配载技术后，由于配载决策所需时间显著缩短，可先根据放关情况提前数小时进行首次决策，靠泊前针对剩余出口箱进行二次决策，且首次决策时间大幅延后，减少了首次决策后放关出口箱数量，提升了决策效率和决策水平。

6.9 智能船控系统

6.9.1 定义

装船指令智能控制系统是指由计算机程序化模拟码头船控调度员的装船指令控制原则和方法，综合考虑重点作业路、设备状况、堆存情况等因素，替代人工实现装船指令智能发送的辅助决策系统。智能系统可动态计算取箱点及发箱顺序，并按照实时调整的发箱顺序依次自动激活堆场内等待装船的集装箱，从而实现计算机对装船作业过程的指令化、智能化控制。

6.9.2 发展现状

近年来，在智能制造 2025 的大背景下，国内掀起了一股自动化码头的建设浪潮。与此同时，传统人工码头智能化转型这一趋势也愈演愈烈，这对集装箱码头的日常生产计划、作业调度等各个环节都提出了全新的、更高的要求。

装船作业是集装箱码头出口业务的最后一个阶段，在此之前的堆场收箱和船舶配载均是为装船阶段铺垫的。装船作业指令的发送是装船阶段的第一道工序，也可以说是发令枪，指令控制的优劣程度直接影响到码头整体作业效率，如何合理控制装船作业指令是提升码头作业效率的核心问题。因此，实现集装箱码头出口箱发箱指令智能控制是传统人工码头智能化转型过程中最为关键的技术环节。

目前集装箱码头装船指令控制智能化程度尚处于初级阶段，绝大多数码头仍采用人工方式进行装船作业指令的控制，目前主要存在以下问题：

① 中控调度员指令控制过于依赖于人工经验，不同层级的员工对指令合理性的把控程度差别较大；

② 不同中控调度员决策不同船舶的发箱指令顺序，相互之间没有交流容易引发设备调配的不合理从而降低装船作业效率；

③ 缺少全岸线作业线作业效率平衡的机制，容易产生作业指令之间相互冲突的现象。

综上所述，目前的指令控制模式过于依赖人工经验，且各调度员之前缺少有效的沟通手段，也没有充裕的时间去合理思考调配相关资源从而导致码头整体作业效率无法始终保持在较高的水准。而智能化的指令控制系统可以从全局的角度出发，根据当前作业情况实时平衡各作业路生产效率，从而提高码头整体的装卸作业效率。

6.9.3 意义

下一代集装箱码头装船指令智能控制系统应当以指导生产作业，提高码头作业效率为主要目标，实现全岸线出口箱装船指令智能控制系统的意义在于：

（1）计算机有能力统筹优化多作业路之间的发箱过程

下一代集装箱码头出口箱装船指令智能控制系统一大优势在于能够同时接管整个码头全岸线当前正在作业船舶的所有发箱指令控制决策，能够从更为全局的角度出发计算各个作业路在堆场内的发箱点,从而保证了码头装船作业的整体效率。

(2) 细分工艺模式

计算机可根据不同航次不同装船工艺模式制定有针对性的指令控制规则。近年来超大型船舶的不断涌现为码头生产作业带来了更多的挑战,为了更好地为超大型船舶服务,码头运营方也提出了许多新的装卸工艺方案,如边装边卸等,而这些新的装卸工艺都对装船作业指令控制提出了新要求。通过细分作业工艺模式,实现可配置化的指令控制规则以保证不同工艺模式下的集装箱码头装船作业效率。

(3) 固化员工经验,降低劳动强度

指令智能控制的另一大优势便是免去了许多受限于人工经验和员工工作状态的繁复工作,通过智能计算的方式将人工经验固化,由计算机自动接管相关工作,而码头员工能够从琐碎繁复的工作中解放出来,有更充裕的时间去发现问题,总结规律,进一步提出优化系统的方案,帮助优化智能系统的决策结果。

由此可见,下一代集装箱码头装船作业指令智能控制系统是实现传统集装箱码头智能化转型的关键技术之一,对码头生产作业效率提升,智能化水平提升意义重大。

6.9.4 智能指令控制系统的技术架构范例

实现集装箱码头装船指令智能控制的方法有多种,下面谨以此技术框架为范例说明该类智能决策系统的基本构成和运作原理。该技术方案的基本架构如图 6-53 所示。

(1) 模块构成

系统由生产数据库、信息提取模块、信息处理模块、动态建模模块、模型求解模块及方案反馈模块组成。

① 生产数据库,用于存储和生产系统运行所需的数据。

② 信息提取模块,该模块是一个数据提取器,从生产数据库中获取相关装船贝内发箱顺序模型构建求解所需的原始生产数据,其中包括配载信息、贝内箱子的箱信息、场地堆存信息、贝内船箱位信息。为取得完整、准确的信息,必要时可借助视图工具来实现特定数据的提取。

③ 信息处理模块,由于从生产数据库中提取出的信息都是二维表信息,信息处理模块则用于将提取出的数据进行矩阵化处理,针对每个参数矩阵,通过兼并组合将需要的数据按照模型中定义的维度进行映射,从而得到模型需要的相应参数矩阵。

④ 动态建模模块,该模块是要根据实际业务需求,利用信息处理模块处理形成的参数矩阵构建相应的约束条件和目标函数,从而形成相应的装船贝内发箱顺序模型,以便用于发箱顺序的决策。为形成正确、高效的发箱顺序,动态建模模块中还包括若干用于构建约束条件和目标函数模块,主要包括防止装船悬空模块、场内翻箱控制模块、场桥移机控制模块、唯一性约束模块及模型归纳模块。

⑤ 模型求解模块,该模块的实现是通过调用 Cplex 求解器进行模型求解的。

⑥ 方案反馈模块,该模块也需要与生产数据库交互,使用 SQL 语句将求解出的装船指令发送方案反馈写入生产数据库中,从而使得生产系统自动按照相应贝位内的发箱顺序号进行发箱作业。

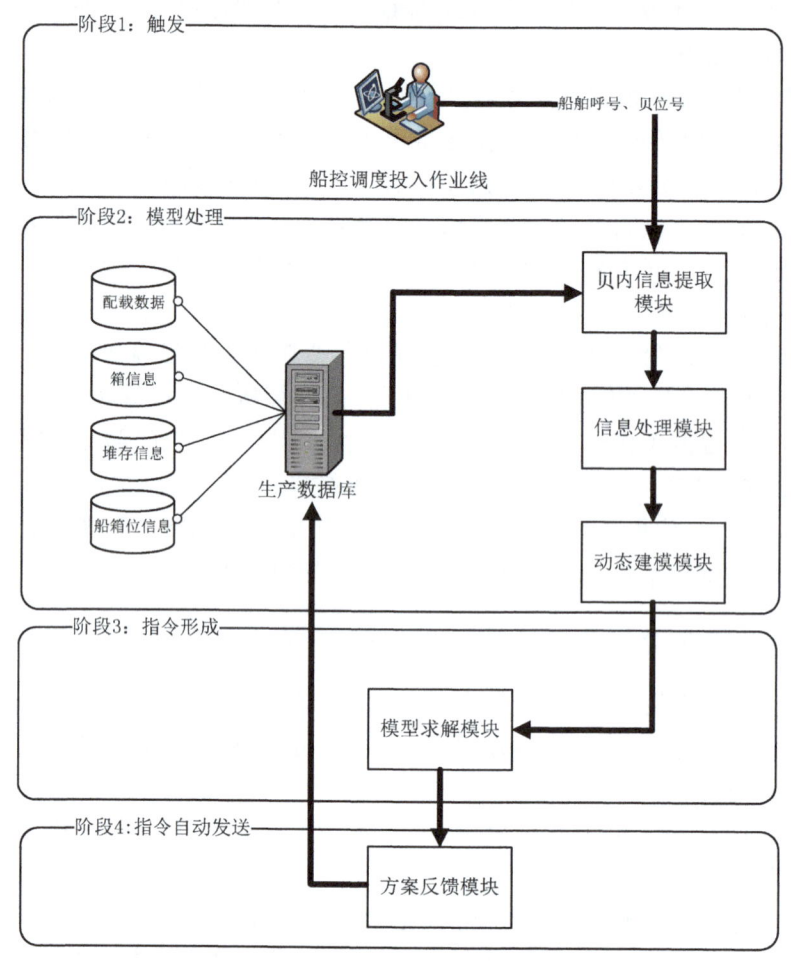

图 6-53 装船指令智能控制系统的架构示意图

(2) 运作原理

根据上述技术方案形成的决策系统,其运行过程如图 6-53 所示,该系统的 5 个功能模块是相互协调作业的,单次运行需要经过四个阶段:即事件触发、模型处理、指令形成、指令自动发送。

首先由船控调度为指定的作业贝投入桥吊,安排作业线内集卡、场桥等机械设备,之后触发装船指令自动生成模块。贝内信息提取模块收到船舶呼号和贝位号后进行相应信息提取,再由信息处理模块进行矩阵化处理,接着动态建模。模型和已知数据形成后由模型求解模块进行装船指令顺序的自动编排,编排方案形成后交给反馈模块写入生产数据库,即完成装船指令的自动发送。

由上述技术方案形成的决策系统能够根据装船集装箱的信息,集装箱场内位置及船贝内位置等情况,对装船集装箱的发箱顺序决策分析,实现装船作业中翻箱次数最小化,尽可能减少场桥移机频率,从而实现最终决策的最优化,最大限度地提高集装箱码头的装船效率。

附录 A　集装箱行业用词中英文对照

A

Actual handling operations 实际装卸作业
Advance notice 提前通知
Aft 在船尾
Alongside 船边
Annual turnover 年周转量
Annual capability 年作业量（TEU/年）
Annual container throughput 年集装箱吞吐量
Apron 码头前沿，岸肩
ASA 美国标准协会
Automatic Lifting Vehicle，ALV 地面自主车辆
Automatic Guided Vehicle，AGV 自动导引运输车
Automatic Gantry Crane，AGC 无人龙门吊
Availability of land 土地利用率（TEU/ha，TEU/公顷）

B

Bay 贝
Bay filling 凑贝
Bay plan 箱位图，船图
B.B. 件杂货
Berth 泊位
Berth allocation 泊位分配
Berth application 泊位申请
Berth utilization 泊位利用率
Berthing time 靠泊时间
Bill of Lading，B/L 提单
Bills for Collection，B/C 托收汇票
Block 箱区
Buffer area 缓冲区域
Bulk container 散装货集装箱

C

Cargo for Transhipment 转船货
Closure of container terminal 封港
Consignee 收货人
Consigner 发货人
Consignment 托付的货物
Consolidation function of the terminal 码头的整合功能
Container 集装箱
Container cleaning 集装箱清理
Container dwell time 集装箱堆存时间
Container for Transhipment 中转箱
Container Freight Station，CFS 集装箱货运站
Container handling capability 集装箱装卸作业能力
Container handling productivity 集装箱装卸作业能力
Container Inspection Report，CIR 集装箱检验报告
Container Load Plan，CLP 装箱单
Container on Flat Car，COFC 平板车装运集装箱
Container repair 集装箱修理
Container ship 集装箱船舶

Container Terminal, CT 集装箱码头
Container terminal operator 集装箱码头运营商
Container terminal productivity 集装箱码头生产能力
Container truck 集卡
Container Yard, CY 集装箱堆场
Control tower 控制塔
Cost effectiveness 成本有效性

D

Dangerous cargo 危险品货
Dangerous goods, DG 危险品
Dead weight tonnage, D.W.T. 载重吨
Deck 甲板
Delivery 交货
Delivering containers 发箱
Delivery order 发箱顺序
Destination 目的港
Discharge 卸
District 装卸区
Direct port 直达港
Documents against payment, D/P 付款交单
Dock 码头
Dock Receipt, D/R 场站收据
Draft fore draft aft 前后吃水
Draught 吃水
Dress hanger container 挂式集装箱
Dry cargo 干货
Dry cargo Container, DC 干货集装箱
Dry container 干货集装箱
Dwell days 堆存天数

E

EIR 集装箱设备交接单
Electronic data interchange, EDI 电子数据交换
Empty containers 空箱
Equipment control department, E.C.D. 箱管科
Equipment interchange receipt, EIR 设备交接单
Equipment supplier 设备供应商
Estimated time of arrival, ETA 预计抵达时间
Estimated time of birth, ETB 预计靠泊时间

Estimated time of departure, ETD 预计离港时间
Estimated time of sailing, ETS 预计开航时间
Export 出口
Export Declaration, ED 出口申报单

F

Flat rack container 框架集装箱
Floating crane 浮吊
Fore 船头
Forklift 集装箱空箱叉车
Forty-foot equivalent unit, FEU 4 尺集装箱
Free flowing bulk material container 散装粉状货集装箱
Fuel oil station 加油站
Full container load cargo, FCL 整箱货

G

Gantry crane 龙门吊
Gate 闸口
Gate house 闸口,出入口检查站
Gate in 进闸
Gate operation 闸口作业
Gate out 出闸

H

Handling efficiency 装卸效率
Harbor 海港,港口
Hatch cover 舱盖板
Hinterland 港口腹地
Hold 舱内
Hub center 枢纽中心

I

Import 进口
Insulated container 保温集装箱
Intermodal transport 多式联运

L

LCL 拼箱货
Lighter 驳船

Liner service 班轮业务
Liner ship 班轮
Load 装货

M

Maintenance shop 维修车间
Manifest，M/F 舱单
Mark 唛头，商标
Marshalling yard 前方堆场

N

Notice of Readiness 装卸准备就绪通知书

O

Open top container 开顶集装箱
Operational cost 运营成本

P

Pen container 牲畜集装箱
Pick up 提箱
Platform container 平台集装箱
Port authority 港口管理局
Port of Discharge，POD 卸货港
Post-Panamax 超巴拿马型集装箱船
Port-side 左舷

Q

Quarantine or customs clearance 检疫,海关放行（通关）
Quay 岸线
Quay crane 岸桥
Quay crane scheduling 岸桥调度
Quay length 岸线长度
Quayside container crane 岸边集装箱起重机（岸桥）
Quayside operation 岸边作业

R

Rail gauge 轨距
Rail-mounted gantry cran，RMG 轨道吊
Rail transport 铁路运输

Reach stacker 正面吊
Receiving containers 收箱
Reefer container 冷藏集装箱
Refrigerated containers 冷冻箱
Rehandling or shuffling 翻箱
Road transport 公路运输
Road vehicle 公路运输车辆
Ro-Ro cargo 滚装货
Rubber-tyred gantry crane，RTG 轮胎吊

S

Seaside 外档
Ship delay 船期延误
Ship loading operation 装船作业
Ship loading plan 船舶装载计划
Ship loading sequence 装船顺序
Ship stability 船舶稳性
Shipper 发货人
Shipping line 船公司
Shipyard 造船厂
Shoreside 里档
Shuttle carrier 梭车
Slot planning 拼槽
Slot utilization factor 箱位利用率
Stacking height 堆高
Starboard 右舷
Storage capacity 堆存容量
Storage volume 堆存量
Stowage 配载
Stowage plan 配载计划
Stowing capacity 配载容量
Straddle carrier 跨运车

T

Tank container 罐式集装箱
Tanker 油轮
Temporary storage facilities 暂存设施
The backreach/outreach of quay cranes 岸桥的后伸距/外伸距
The calling interval of containerships 集装箱船到港时间间隔

The closing time for receiving 收箱结束时间
The opening time for deliveries 发箱开始时间
The scale of container terminals 集装箱码头规模
The seal number 铅封号
The ships' call days 船舶到港日
The whole layout of the container terminal 集装箱码头的整体布局
Throughput capacity 吞吐能力
Tractor 拖车
Traffic lane 交通行车道
Transfer and storage 中转和堆存
Transhipment 转船运输
Transship container 中转集装箱
Transshipment handling 中转处理
Transshipped cargo 中转货物
Trolley crane 吊车式起重机

Twenty-feet equivalent units，TEU 国际标准箱单位
Twistlocks for containers 集装箱旋锁

V

Ventilated container 通风集装箱

W

Warehouse 仓库

Y

Yard crane 场桥
Yard crane scheduling 场桥调度
Yard container handling equipment 堆场集装箱装卸设备

附录 B　集装箱箱型尺寸对照表

箱　　型		对 应 类 型	95 码
20 ft	干货箱	GP	22G1
	干货高箱	GH(HC,HQ)	25G1
	挂衣箱	HT	22V1
	开顶箱	OT	22U1
	冷冻箱	RF	22R1
	冷高箱	RH	25R1
	油罐箱	TK	22T1
	框架箱	FR	22P1
40 ft	干货箱	GP	42G1
	干货高箱	GH(HC,HQ)	45G1
	挂衣箱	HT	42V1
	开顶箱	OT	42U1
	冷冻箱	RF	42R1
	冷高箱	RH	45R1
	油罐箱	TK	42T1
	框架箱	FR	42P1
45 ft	干货箱	GP	L2G1
	干货高箱	GH(HC,HQ)	L5G1
	挂衣箱	HT	L2V1
	开顶箱	OT	L2U1
	冷冻箱	RF	L2R1
	冷高箱	RH	L5R1
	油罐箱	TK	L2T1
	框架箱	FR	L2P1

参 考 文 献

[1] 陈戌源,等.集装箱码头业务管理[M].大连：大连海事大学出版社,1998.
[2] 杨志刚,等.国际集装箱码头实务、法规与案例[M].北京：人民交通出版社,2009.
[3] 黄有方.物流信息系统[M].北京：高等教育出版社,2010.
[4] 罗勋杰,等.集装箱码头操作管理[M].大连：大连海事大学出版社,2010.
[5] 罗勋杰,等.集装箱码头经营管理[M].大连：大连海事大学出版社,2010.
[6] 罗勋杰,等.集装箱码头控制优化管理[M].大连：大连海事大学出版社,2010.
[7] Patrick Alderton. Port Management and Operations. LLP[M]. 1999.
[8] 于汝民.现代集装箱码头经营管理[M].北京：人民交通出版社,2003.
[9] 薛华成.管理信息系统[M].北京：清华大学出版社,1993.
[10] 真虹,等.交通运输计算机辅助管理[M].北京：百家出版社,1996.
[11] 杨茂甄.港口企业装卸管理[M].北京：中国物资出版社,2011.
[12] 杨茂甄.集装箱港口装卸实务[M].北京：人民交通出版社,2007.
[13] 真虹,等.集装箱运输学[M].大连：大连海事大学出版社,1999.
[14] 真虹.港口管理[M].2版.北京：人民交通出版社[M],2009.
[15] 杜学森.集装箱码头操作与管理实训[M].2版.北京：中国劳动社会保障出版社,2008.
[16] 杨春霞,等.集装箱码头前沿生产系统优化调度理论与方法[M].北京：国防工业出版社,2012.
[17] 包起帆,罗文斌.港口物流前沿技术研究与实践[M].北京：人民交通出版社,2009.
[18] 包起帆,罗文斌.现代集装箱码头的建设与运营技术[M].上海：上海科学技术出版社,2006.
[19] 宗蓓华.港口装卸工艺学[M].北京：人民交通出版社,2003.
[20] 赵宁,宓为建,邓钟.集装箱码头卸船箱进场选位算法研究[J].中国工程机械学报,2010(1)：17-23.
[21] 张艳伟,石来德,宓为建,等.集装箱码头出口箱集港堆存模型研究[J].中国工程机械学报,2007(1)：32-38.